KB245556

하 부장의 中國 인사비책

하 부장의 中國 인사비책

초판 1쇄 인쇄 2016년 2월 19일 / 초판 1쇄 발행 2016년 3월 2일
지은이 하재철
발행인 유준원
고문 강원국
편집 박주연, 장선아
디자인 이완수
발행처 도서출판 더클
공급처 명문사
출판신고 제2014-000053호
주소 서울시 금천구 디지털로9길 65 백상스타타워 1차 511호
전화 (02) 6213-3222
팩스 (02) 6111-3919
전자우편 thecleceo@naver.com

ISBN 979-11-86920-04-6

이 도서의 국립중앙도서관 출판예정도서목록(CIP)은 서지정보유통지원시스템 홈페이지(http://seoji.nl.go.kr)와 국가자료공동목록시스템(http://www.nl.go.kr/kolisnet)에서 이용하실 수 있습니다. (CIP제어번호 : CIP2016002614)

하 부장의 中國 인사비책

人事秘策

서 문

출간을 수없이 망설였다.

'내가 책을 쓸 자격이 있는가?' 나 자신에게 물었지만, 선뜻 '그렇다' 라고 답할 수 없었다. 저작활동은 사회적 저명인사나 학자의 고유 영역이라 여겼기 때문이다.

생각을 활자로 남겨 한 권의 책으로 엮는 일에는 무거운 책임이 따른다. 일면식도 없는 어느 독자의 귀한 시간을 낭비 하면 어쩌나, 그릇된 해석이나 독단적인 판단이 그들의 혜안을 흐리지는 않을까, 정확하게 일치하는 상황이란 존재하지 않기에 급변하는 배경을 따라가지 못하는 건 아닌가 걱정이 앞섰다.

이러한 와중에도 시간은 조용하면서도 꾸준하게 흘렀다. 그리고 이제야 결정을 내리고 일을 저지른다.

질문에 대한 답을 완전히 찾았다고는 할 수 없지만, 출간에 대한 열망이 구실을 찾았다는 표현이 적절해 보인다. 책을 쓰는 사람의 자격 여부를 떠나서 내 의지에 따라, 부끄러움을 무릅쓰고 자유롭게 쓰고자 했다. 쓰지 않고 견딜 수 없었던 시간이 낳은 열매라 생각하고 이 책을 읽어주기를 당부하는 바다.

이 열매의 씨앗은 평범한 어느 날, 하나 밖에 없는 내 형의 질문으로 싹이 텄다.

"세상에서 제일 싼 것이 뭐라고 생각해?"

'세상에서 가장 싼 것? 물도 아니고, 태양열?'

나는 바로 답을 하지 못했다.

"난 책이라고 생각해. 작가는 그 책을 만들기 위해 자기가 아는 모든 것을 거기에 쏟아 붓는 데, 독자는 단지 2만 원도 안 되는 돈을 가지고 훌륭한 사람과 대화를 할 수 있기 때문이지."

형의 대답을 듣고 나는 무릎을 탁 치며 맞는 말이라고 생각했다.

대기업에서 주재원을 파견하는 데 1년에 20만 불, 한화로 2억 원이 넘게 소요된다. 내가 중국 주재원으로 근무한 지 벌써 7년이 되었으니, 당사는 이미 14억 원 이상을 내게 투자한 셈이다. 조금 불편한 표현이지만 나는 지금부터 14억 원의 수업료를 지불하고 얻은 경험과 지식들을, 완벽하든 완벽하지 않든 이 한 권의 책에 쏟아 부으려 한다.

이곳에서 인사부장으로 일하며 경험하고 깨닫고 배우게 된 것을 글로 정리하여 동료들에게 조금이나마 도움을 주는 게 회사에 대한 도리라고 생각한다. 그러니 나의 귀한 독자들은 내용의 옥석을 가려, 금액으로 환산할 수 없는 또 다른 역사를 이루어 가길 바란다. 한 권의 책으로 엮고 보니 미흡한 부분도 눈에 띄지만 HR을 담당하는 분들께는 귀한 참고서가 될 수 있으리라 자부한다.

지금 중국은 인사노무 분야에 있어 가장 큰 격변기를 겪고 있다고 해도 과언이 아니다. 중국에서의 사업 승패여부는 직원 노무관리에 달렸다고 강조하는 이도 있다. 이미 중국은 노동자의 세대교체가 이루어져 고학력의 80後, 90後 노동자들은 권익의식이 매우 높다. 기업의 불합리한 처우와 부당함의 개선을 요구하는 데 주저함이 없고 국가, 기업 성장의 과실果實을 노동자에게 나누어 달라고 요구 한다. 이제 친親노동자 정책을 추진할 수밖에 없다고 판단한 중국 정부의 태도 변화는 더욱 가속화될 전망이다.

또한 노동분쟁이 끊이지 않고 당분간 계속될 것이다. 한국의 근로환경과 큰 차이가 있는 중국에서 크고 작은 노사문제를 해결하기 위해서는 반드시 중국 노동법에 대한 인지와 이해가 필요하다. 그런데 중국의 노동법은 일반인이 이해하기에는 너무나 어렵고 복잡하다. 도대체 왜 이렇게 복잡하고 어려울까?

첫째, 중국 정부는 근로자들이 단결하여 자주적으로 근로자의 권익문제를 해결하는 것을 원하지 않기 때문이다. 투쟁 초기에는 임금과 복리후생 등 근로자의 권익문제에 국한하여 투쟁하던 노동자 단체가 시간이 지나 정치 세력화되면 체제에 도전하는 집단이 될 수 있음을 알기 때문에 제도적으로 노동자의 단결을 허용하지 않으려는 것이다. 이리하여 근로자의 모든 문제는 노동 관련법으로 해결해야 하니 복잡하고 세세하게 규정할 수밖에 없다.

둘째, 중국의 노동법은 중앙정부에서 법을 제정한 후, 지방정부가 각 지방의 사정을 고려하여 세부시행규칙을 만들고 이를 집행하기 때문이다. 이러한 이유로 어느 지방에서는 맞지만 다른 지방에서는 맞지 않는 경우가 종종 발생한다.

셋째, 현재의 노동현실에 비하면 지나치게 선진적인 노동법이기 때문이다. 예를 들어, 재직 중에는 소멸시효가 적용되지 않는 임금채권(한국은 3년 시효), 100시간 이상의 잔업이 만연한 현실에서 36시간 이상의 잔업금지 조항, 임금의 40%에 육박하는 세계 최고 수준의 사회보험 부담률, 회사가 전체 직원의 임금총액 2%를 공회비로 추가 납부하는 의무 등 현실적으로 수용하기 힘들 뿐 아니라 상식적으로 이해하기도 어려운 규정들이 산재한다.

한국에서 7년간 인사노무 분야에서 근무했고 2009년 11월부터는 포스코 중국법인에서 인사부장을 맡고 있으니 벌써 8년 차에 접어든 현지 부장이다. 더욱이 한 회사도 아니고 성省이 다른 두 회사에서 근무하다 보니 예상치도 못한 다양한 경험을 했다. 고비를 넘을 때마다, 문제를 해결할 때마다 실마리를 모아 단단한 내공을 쌓았다. 목마른 자가 우물을 판다고 중국에서 법학 석사 꼬리도 달았다. 하지만 아직도 중국 노동법이 너무나 어렵다. 알아가면 알아갈수록 모르는 것이 다시 나타난다. 내가 이 정도라면 다른 한국인 경영자나 관리자, 주재원들은 어떨까라는 생각이 이 책을 쓰게 만든 가장 큰 원동력이다. 아무쪼록 이 책을 통해서 중국의 인사노무관리, 노동법에 대한 독자 여러분의 이해에 조금이나마 도움이 되었으면 하는 간절한 바람이다.

이른 아침부터 업무에 매이는 직장인으로서 시간을 내서 글을 쓰는 게 쉬운 일은 아니었다. 책을 마무리할 수 있게 되어 무척이나 기쁘다. 이 책은 나만의 지식이 아니라 실제 중국 산업 현장에서 직원들과 몸으로 부대끼고, 마음으로 나눈 소통이 밑거름이 되어 만들어진 결실이라고 말하고 싶다.

인사에 대해서 많은 가르침을 주신 포스코에너지 윤동준 사장님, 아낌없이 지원해 주신 포스코 오형수 상무님, 양원준 상무님, 청도 HR연구회 이청 상무님, 최병학 사장님, 최동국 부장님, 백무학 사장님, 송시한 사장님, 이만순 팀장님, 부족한 글재주를 보완해준 오랜 친구 윤수희 님, 많은 중국자료를 찾아준 장루원 과장님, 기꺼이 출판을 결정해 준 더클 출판사 유준원 대표님께 감사드린다.

마지막으로, 누구나 쉽게 이해할 수 있는 책이 될 수 있도록 조언해주고 교정해 준 나의 아내 임현정, 글 쓴다고 주말에 함께 놀아주지도 못한 아빠를 이해하고 자랑스러워하는 우리 아들 하민종에게 많이 사랑하고 고맙다는 말을 전하고 싶다.

2016년 1월

하재철

人事! 어떻게 해야 하나?

'인사를 어떻게 해야 하는가' 라는 주제로 중국 청도에서 HR연구회 모임이 있었다. GS칼텍스의 인사담당 상무는 "인사는 자신의 몸을 관리하듯 평소에 잘해야 한다"고 말했다. 해외법인에 근무하다 보면 생산에 쫓기거나 영업실적에 허덕일 때가 종종 있어서 조직관리에 소홀해지기 쉬운데, 일단 문제가 발생하게 되면 수습하기 어렵고 정상화에 많은 시간이 소요된다. '인사가 만사' 라고 말하면서도 실상 조직관리에 투자하는 시간은 5%에도 미치지 못한다. 건강은 건강할 때 관리해야 한다는 것을 알기에 피트니스센터에 다니고 등산을 하고 건강보조식품을 챙겨먹지만, 인사를 그와 같이 관리하기는 쉽지 않다.

본사 인사실에서 근무할 당시에는 조직관리의 중요성을 지금처럼 절실하게 느끼지 못했는데, 중국법인에서 인사를 책임지는 부서장의 자리에 있다 보니 인사 전반에 대한 고민을 피부로 느낀다. 인사를 단행하는 것은 인사부서가 아니라 CEO이다. 따라서 인사를 담당하는 부서에서 근무하는 사람은 CEO를 충분히 조력할 수 있는 능력을 갖추어야 한다. 모든 관리자는 CEO의 인사권 일부를 위임받아 행사한다. 이에 관리자는 인사에 대한 철학과 능력을 갖춰야 하며 그 책임은 지위가 높아질수록 더욱 중차대하다 할 수밖에 없다. 경영자나 고급 관리자에게 요구되는 가장 중요한 덕목이 인사관리 능력이 아닐까 생각한다. 인사적 관점에서 리더에게는 어떠한 자질과 행동철학이 필요한지에 대한 생각을 아래와 같이 정리해 보았다.

① **천리마상유 백락불상유**千里馬常有 伯樂不常有

천리마는 도처에 있지만 천리마를 알아보는 백락은 흔하지 않다.

인재를 알아보는 능력의 배양이 필요하다.

② **축소인봉**築巢引鳳

봉황이 잘 살 수 있는 둥지를 만들어 봉황을 끌어들인다.

우수한 인재가 근무할 수 있는 환경을 조성해야 한다.

③ **분조양마 합조위저**分槽養馬 合槽喂猪

천리마는 구유를 나누어 키우고 돼지는 구유를 합쳐서 키운다.

인재의 능력에 따라 관리 방법도 달라져야 한다.

④ **방민지구 심어방수**坊民之口 甚於防水

백성의 입을 막는 것은 홍수를 막는 것보다 어렵다.

회사 정책을 일방적으로 강요하기보다 직원과의 진정한 소통이 필요함을 알아야 한다.

⑤ **당단부단 반수기란**當斷不斷 反受 其亂

단호히 끊어야 할 때 끊지 않으면 종국에는 화를 부르게 된다.

인사는 인정에 끌려 판단하지 말고 적시에 분명한 결단을 내려야 한다.

첫째, '천리마상유 백락불상유千里馬常有 伯樂不常有' 천리마는 도처에 있지만 천리마를 알아보는 능력을 가진 백락은 흔하지 않다는 뜻으로, 인재를 알아보는 능력이 필요하다는 의미이다. 백락은 춘추전국시대의 인물로 본명은 손양이다. 하루는 소금마차를 끌고 가는 여러 말들 중에서 한 마리가 천리마인 것을 알아보고, 마차나 끌기에는 너무 아까운 말이라 이른다. 보통 사람들은 알아보지 못한 그 말의 능력을 정확하게 알아차린 인물이다. 일반적으로 인재를 알아보는 능력을 백락이 천리마를 알아본 능력에 비유한다. 그야말로 백락이 있어야 비로소 천리마가 천리마일 수 있듯이, 관리자가 첫째로 갖추어야 하는 능력은 바로 인재를 알아보는 혜안이다.

인사부서에서 채용심사가 진행될 때는 여러 가지 툴을 통해 지원자의 능력이나 적성, 성향에 따른 업무 적합성을 심사한다. 그러나 항상 분명한 한계를 느낀다. 기껏해야 얼마나 좋은 대학을 졸업했는지, 어떤 경력을 가졌는지 등과 같은 주마간산식 잣대를 들이대는 것도 기실은 지원자 중 정말로 훌륭한 인재를 골라낼 능력이 부족하기에 그러한 것이 아닌가.

둘째, '축소인봉築巢引鳳' 봉황이 살 수 있는 둥지를 만들어 놓고 봉황을 끌어들여야 한다. 인재를 알아보았다고 다 회사에 채용할 수 있는 것도 아니고, 인재를 채용했다고 해서 계속 회사에 남아 있지도 않는다. 우수한 인재가 남을 수 있는 환경, 그것은 돈이 될 수도 있을 것이고 개인적인 성장 가능성이나 회사의 비전이 될 수도 있을 것이다. 어느 회사의 인재는 한 달에 한 번 최고경영자와 대면할 수 있는 기회를 달라는 조건을 내걸었다는 얘기를 들어본 적이 있다.

셋째, '분조양마 합조위저分槽養馬 合槽喂猪' 천리마는 구유를 나누어 주고 돼지는 구유를 합쳐야 잘 자란다는 뜻이다. 옛날 한 농부가 천리마 망아지 두 마리를 샀다. 잘 키워 팔아서 돈을 벌 셈이었으나 웬일인지 망아지들은 잘 먹지도 않고 계속 여위는 것이다. 걱정이 되어 마의를 찾아가니, 천리마는 자존심이 세고 고상한 성격이어서 한 마구통에 같이 먹이를 먹게 하면 먹지 않으니 필히 마구통을 분리해 주라고 하였다. 농부는 마의의 처방에 따라 마구통을 분리하고 따로 먹이니 두 망아지는 하루가 다르게 무럭무럭 잘 자라 훌륭한 천리마가 되었다. 농부는 비싼 값에 천리마를 팔고 이번에는 돼지를 사서 기르게 되었다. 잘 키워서 돈을 벌 요량으로 열심히 먹이도 주고 성심껏 보살폈지만 돼지는 잘 먹지 않았다. 돼지전문 수의사를 찾아가니, 돼지는 구유를 합쳐서 서로 경쟁적으로 먹게 해야 한다는 것이다. 두 마리, 세 마리, 더 많은 돼지에게 한 구유를 쓰게 하니 정말 더 잘 먹고 잘 자랐다.

어떤 이는 분리하라 하고 어떤 이는 합치라 하니. 무엇이 맞는 말인가? 바로 인재를 판단해서 그에 걸맞은 업무를 맡겨야 한다는 것이다. 회사에는 모두 우수한 인재만 있는 것도 아니고 우수한 사람만 필요한 것도 아니다. 우수한 인재와 평범한 인재가 모두 필요하다. 이들이 각자 역할에 맞춰 역량을 발휘할 수 있는 환경을 만들어 주는 것이 회사가 할 일이다. 즉, 우수한 사람에게는 개별 프로젝트 등 단독 업무를 부여하여 자신의 능력을 발휘할 수 있게 해 주어야 한다. 그리고 평범한 인재들은 경쟁을 통해서 목표를 달성할 수 있도록 개개인의 역량을 이끌어 내고, 서로 다른 성향들로 초래될 수 있는 불협화음을 조율해가야 한다. 하지만 대부분의 회사들은 평범한 인재들의 경쟁만을 강요하는 제도 위주의 인사에만 몰두하고 있는 듯하다. 회사가 도약하기 위해서는 우수한 인재가 더 큰 역량을 발휘할 수 있는 환경을 조성하는 방안에 대한 연구에 더 많은 노력이 필요하다.

넷째, '방민지구 심어방수坊民之口 甚於防水' 백성의 입을 막는 것은 홍수를 막는 것보다 어렵다. 리더는 회사의 정책을 직원들에게 강요하기 전에 직원들과 소통을 해야 한다. '인사가 만사다' '현장에 답이 있다' 라고 하면서도 직원들의 의견을 듣고 반영할 준비가 되어 있지 않다. 인사부서도 해당 부문 사람만 모여 제도를 정하고 박수치지 말고, 현장의 문제가 무엇인지 직원들을 직접 만나서 많은 의견을 들어야 한다.

다섯째, '당단부단 반수기란當斷不斷 反受其亂' 응당 결단해야 할 것을 적시에 결정하지 않으면 결국 화를 초래하게 된다는 것이다. 사마천 사기에 의하면 옛 전국시대 초 나라에 고열왕과 재상인 춘신군이 있었는데, 조나라 이원은 실세인 춘신군에게 누이를 보낸다. 임신한 누이는 춘신군에게 일러, 후손이 없는 고열왕에게 자신을 보낸다면 임신한 아이를 고열왕의 자식으로 키울 수 있으니 장차 당신의 아들이 왕이 될 것이라고 했다. 춘신군은 이 말에 현혹되어 아내를 고열왕에게로 보내고 자신의 아들이 왕의 후계자로 자라는 것을 지켜보았다. 세월이 흘러 왕이 병석에 눕자 충복인 주영이라는 자가 춘신군에게 말하기를, 왕이 죽으면 아직 어린 왕자 대신에 이원이 왕의 자리를 욕심내고 춘신군도 죽이려 할 것이니 이원을 죽여 후환을 없애야 한다고 주장했다. 그러나 결단력이 부족한 춘신군은 주영의 말을 듣지 않고 머뭇거려 적절한 시기를 놓쳤고, 결국엔 이원에게 목이 베어 죽임을 당한다.

인사를 하다 보면 가장 어려운 것이 바로 인력을 조직에서 내보내는 것이다. 어떤 리더는 인정 때문에 혹은 나쁜 소리를 듣기 싫다는 이유로 결단을 내리지 못하는 경우가 많다. 분명한 판단이 섰을 때는 반드시 처리해야 하며, 그것을 회피하는 것은 리더의 직무 유기이다. 이러한 행동은 본인 또는 조직 전체에 악영향을 주게 되어 있다. 주재원은 보통 임기가 정해져 있어 보임 기간이 무사히 지나가기만을 바라는 경우도 많은데, 문제가 있을 때 조치하지 않는 것은 조직에 시한폭탄을 방치하는 행위와 같다는 사실을 명심해야 한다.

위 내용은 필자가 인사부서장으로서 늘 염두에 두고 모든 판단에 앞서 되새겨 보는 인사 행동철학이다. 강의를 하면서 “인사가 무엇입니까?”라고 질문을 받으면 “인사는 만사지요”라는 말이 자동적으로 나온다. 언제부터, 누가 이 말을 말했는지는 모르지만 모든 사람이 알고 있고 아주 오랜 시간 회자되어 온 것을 보면 불변의 진리임이 분명하다. 우리는 지난 역사를 통해서 한 나라가 융성할 때는 현신賢臣이 많았고, 망할 때는 간신배가 판을 쳤음을 익히 알고 있다. 국가와 같이 큰 조직이든 소규모 기업과 같은 작은 조직이든 ‘인사人事가 만사萬事다’라는 말이 구호에 그치지 않고 경영철학이 되어야 할 것이며, 이를 실행으로 옮기는 기업이 해당 분야에서 최고의 기업으로 구가할 것임을 확신한다.

목차

1부

2부

episode

하부장의

—

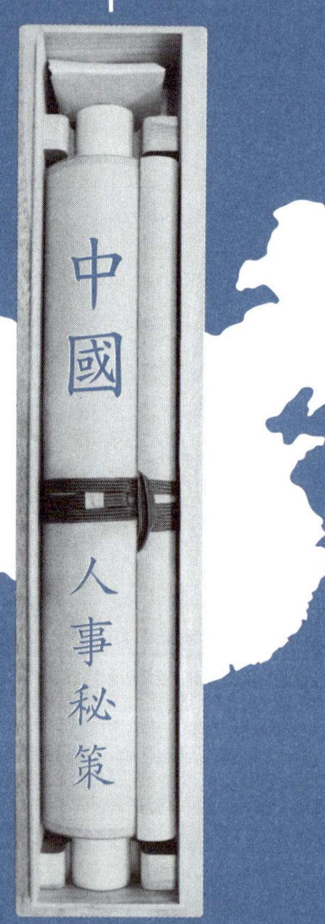

—

1부

1. 중국의 인력현황
2. 중국의 파업과 그 대응
3. 채용
4. 시용기
5. 노동합동(勞動合同, 근로계약) 체결
6. 근로관계의 종료
7. 훈련교육
8. 임금
9. 휴가와 휴무
10. 사회보험과 주방공적금
11. 중국 노동법상의 3금(경제보상금,배상금,위약금)
12. 공상(산업재해)
13. 규장제도(사규)
14. 중국의 공회와 집체합동(集體合同, 단체협약)
15. 노동쟁의와 그 해결

중국의 인력현황

- 농민공의 세대교체
- 중국의 인력난과 취업난의 공존
- 직업관의 변화

1. 농민공의 세대교체

2014년 2월 중국 인력자원사회보장부(한국의 노동부에 해당)의 발표에 의하면 중국의 농민공(도시 이주 농촌 출신 근로자) 수는 2.69억 명이며 이 중 70%가 1980년 이후에 출생한 2세대 농민공(중국에서는 신생대新生代 농민공이라 칭함)이라고 발표했다.

중국의 시장개방과 개혁은 1980년대 동남부 연안 지역을 중심으로 급속히 진행되었다. 이에 따라 수많은 농민이 돈벌이를 위해 도시로 흘러들어왔다. 특히 1990년대 말 시행된 중국 정부의 도시 이주제한 완화정책으로 민꽁차오(民工潮, 근로자의 이촌향도 러쉬)라는 새로운 용어가 생겨날 정도로 농민들의 이동은 폭발적으로 증가했다.

당시 농촌에서 도시로 이동한 이들이 중국의 1세대 농민공이다. 그들이 도시로 이주해 가정을 꾸리고 태어난 자녀들이나 고향에서 데려

온 자녀들 대부분은 부모 세대를 이어 도시에서 근로하게 되는데, 이들을 2세대 농민공이라고 부른다. 1세대 농민공들은 고향에 있는 부모와 형제에게 돈을 부쳐 가족을 배불리 먹이고, 자녀가 학교에 다닐 수 있는 것만으로도 만족했다. 또 언젠가는 많은 돈을 벌어서 금의환향하겠다는 꿈을 갖고 살아갔다. 그래서 열악한 노동환경이지만 더 많은 급여를 받을 수 있는 철야근무도 마다치 않고 감내했다.

지금 중국의 주력 근로자 집단은 2세대 농민공으로 바뀌었다. 그들은 자신들이 농민공으로 불리는 것을 싫어한다. 호적이 농촌으로 되어 있지만 한번도 농사를 지어 본 적이 없고 도시에서 성장해 왔기에 돈을 벌어 고향으로 돌아가야 한다는 생각도 없다. 도시에서 당당하게 도시민으로 살아가고 싶어 한다. 하지만 그들 앞에 놓인 현실은 녹록하지 않기에 1년을 부지런히 일해도 도시 아파트 1평조차 살 수 없고, 결혼하고 싶어도 집이 없는 사람은 싫다고 여자들에게 퇴짜를 맞기 일쑤다. 그들 대부분은 일명 개미굴이라고 불리는 낡은 아파트 방에 7~8명이 모여 살고 있다. 미래를 위해 고군분투해 보지만 쉽게 변하지 않을 미래를 비관하며 좌절하고, 도시에서도 고향에서도 주변인으로 살아야 한다. 쭉쭉 뻗은 빌딩 숲을 지나며 그곳에서 근무하는 꿈을 꾸지만 언감생심일 뿐이다. 이런 현실에 대한 울분이 파업이나 시위로 표출되기도 하고, 극단적인 방법으로 자살을 선택하기도 한다. 이는 현재 중국 사회의 가장 큰 이슈로 '신세대 농민공의 문제' 이다.

2. 중국의 인력난과 취업난의 공존

청도 총영사관이 주최한 모임에서 만난 한 중소기업 사장은 이제 중국에 일할 사람이 없으니 공장을 이전해야겠다고 말했다. 인구 13억이 넘는 중국에서 인력을 구하지 못해 떠나야겠다고 할 만큼 인력난은 심각하다. 청도만 하더라도 인력난과 이에 따른 인건비가 급속히 상승하여 베트남과 라오스, 인도네시아 등 동남아시아 국가로 공장을 이전한 회사가 많다. 그런데 또 한편으로는 대학 졸업자들이 일자리를 구하지 못해 채용 박람회를 기웃거리고 공무원 시험은 수백 대 일의 경쟁률을 보이고 있다. 도대체 왜 이런 현상이 발생하게 되었을까?

(1) 중국의 인력난과 노동집약적 산업

"우리 회사에 참 재미있는 친구가 들어왔어요. 자기 꿈이 중국의 모든 성에서 근무하는 거랍니다. 광동성에서 시작해서 지금 산동성까지 올라왔대요" HR연구회에서 만난 어느 회사 총경리의 말이다. 중국에는 23개의 성이 있는데, 1년씩 일을 한다고 치면 23년이 걸리고 6개월씩만 일해도 11년하고 반년이 더 걸린다. 그녀의 꿈은 실현 가능할까? 어느 기업에서나 그녀를 다 받아줄까? 물론이다. 왜냐하면 현장의 인력난은 우리가 상상하는 것 이상으로 매우 심각하며 가까운 시일 내에 해결될 기미가 보이지 않기 때문이다.

이렇게까지 인력난이 심화된 이유가 무엇일까? 특히 동부 연안 지역의 인력난이 더 심각해진 이유를 이야기해 보고자 한다.

첫째, 30년간 꾸준히 추진된 '한 자녀 낳기 정책'으로 노동편입인구가 지속적으로 축소되었기 때문이다. 중국 통계국에 따르면 노동편입인구(15~24세)는 2005년에 2억 2,700만 명을 최고점으로 해서 매년 600만 명씩 줄어들었다. 하지만 노동인구 총량은 일정하게 유지되었다. 그러나 2012년에 들어서면서 총 노동인구도 감소세를 보였다. 노동인구(15~60세)는 2011년 대비 345만 명이 줄어든 9억 3,700만 명이 되었다. 2012년을 기준으로 노동인구의 비율과 함께 노동인구 총량의 감소가 계속되어 2015년에는 9억 1,100만 명에 이르렀다. 노령화는 급격하게 진행되고, 노동인구는 줄어듦에 따라 2013년 11월 15일 공산당 18기 3중전회의에서 부부 중 한쪽만 독생자獨生子여도 두 자녀를 가질 수 있도록 조건을 완화했다. 1,100만 쌍이 두 아이를 가질 수 있게 되었지만 중국 정부의 기대와 달리 실제로는 145만 쌍만 둘째 아이를 가지겠다고 신청했다.[1] 그래서 중국 정부는 더욱 조건을 완화하여 2016년부터는 전면적으로 두 자녀를 허용하기에 이르렀다.

둘째, 1980년대 이후 출생한 세대(중국에서는 80후後 라고 칭함)의 3D업종에 대한 기피현상이 심각하기 때문이다. 청도 모 기업의 인사부장은 이렇게 말했다. "현장 직원을 뽑을 때 인성 같은 건 중요하지 않아요. 얼마나 견딜 수 있는가가 관건이지요. 우리 작업현장이 워낙 고온이라서 먼저 견학을 시킵니다. 그러면 면접하러 온 구직자의 1/3이 그냥 가 버려요" 인력을 채용할 때 열악한 작업한경을 잘 견딜 수 있는가를 평가할 수밖에 없는 것이 중소기업의 현실이다.

최근 입사하기 시작한 1990년대 출생한 세대(90후後)는 더 심각한 3D업종 기피현상을 보이고 있으니 문제가 아닐 수 없다.

---

1) 중국에서는 아이를 가지기 위해서는 준생증準生證 즉, 국가의 출산허가증을 받아야 출생신고를 할 수 있고, 의료보험 혜택이 있음.

셋째, 중국의 균형발전정책 실시 및 중서부 지역과 동부연안 지역의 임금 격차의 축소 때문이다. 중경, 서안, 무한, 란주, 창사 등의 지역은 서부대개발과 중부굴기中部屈起 계획에 따라 대규모 공사가 동시다발적으로 진행되고 있다. 한 언론에 따르면 중부 지역 무한에서는 5천여 곳에서 공사가 진행되고 있고, 대만계 폭스콘은 중부 지역에 3~4만 명을 고용할 수 있는 공단을 건설하고 있다.

중국의 통계국에 의하면 동서부의 임금 격차는 2004년 15%, 2009년 5%, 2012년에는 3%로 축소되었다. 임금 차가 거의 없으니 동부연안 지역으로 이주해 근무했던 농민공은 더 이상 이주노동의 필요성을 느끼지 못하고 가족이 있는 고향에서 근무하는 것을 택하게 되었다. 이러한 이유로 구인이 쉽지 않자 인력쟁탈전이 벌어졌다.

춘절이 되면 거의 모든 기업이 짧게는 9일, 길게는 한 달씩 장기간 휴무에 들어간다. 농민공들은 선물꾸러미를 들고 고향으로 가는데, 기업은 이들이 고향에서 돌아오지 않는 것을 막기 위해 회사에 복귀한 후 성과금을 주기로 하거나 왕복전세버스를 대절해주기도 한다. 고향에서 친구를 데리고 오면 포상금을 지급하거나 복귀하는 직원에게는 여비를 실비로 지원하는 등 주로 동남부 연안의 기업들이 다양한 유인책을 내놓고 있다. 바야흐로 민족 최대의 명절인 춘절에 이르러 인력쟁탈전이 최고조에 달하는 것이다. 또한, 내륙 중소도시의 기업들은 이 시기에 맞춰 기차역과 터미널에 현수막을 내건다. '고향 방문 환영' '고향에도 일자리는 많다' '얼마 이상의 급여 보장' '가족도 없는 타지에서 왜 고생하는가?' 등의 현수막을 걸어 고향으로 돌아온 인력들이 다시 타지로 떠나는 것을 막으려 고군분투한다. 심지어 중부 일부 지역에서는 공무원들이 역전에 나가 공공아파트 제공, 자녀의 학교 알선, 보조금 지원 등을 약속하며 고향에 돌아온 농민공을 놓치지 않으려 노력하기도 한다.

한편, 중국의 루이스 전환점Lewisian Turning Point 진입에 대한 의견은 다양하다. 루이스 전환점은 개발도상국에서 농촌의 잉여노동력을 확보하는 데 한계에 도달하여 임금상승이 시작되고, 이로 인해 고성장이 둔화하는 현상을 말한다. 중국의 수석경제학자 가오산원은 2006년을, 중국경제일보는 2014년을 루이스 전환점에 진입하는 시기로 보았다. 2013년 1월 IMF에서 공개한 논문에서는 그 시기를 2020년경으로 내다보고 있다. 그 시기에 대한 평가는 제각기 다르지만, 중국은 현재 인력확보가 힘들고 임금이 급격히 상승하고 있으며 고성장이 둔화하고 있으니 실제로는 이미 루이스 전환점에 진입했다고 말하는 것이 옳은 듯하다.

(2) 중국의 취업난

중국에는 3대 취업난 시기가 있다.

첫째는 문화대혁명(1966~1976)이 끝나고 하방下放되었던 청년들이 도시로 돌아온 시기이다. 1968년 모택동은 지식청년들이 농촌으로 들어가 중하층 빈농을 가르쳐야 한다며 하방 지시를 내렸다. 중고등학교와 대학교, 심지어 초등학교를 졸업한 이들을 지식청년知青으로 칭하고 1,200만 명을 파견하였는데, 문화혁명이 끝나고 돌아온 청년들 앞에는 실업이 기다리고 있었다. 당시 산업 구조상 그 많은 인원을 한

꺼번에 수용할 수는 없었기 때문이다.

두 번째 시기는 1990년대 국유기업 개혁 기간이다. 2000년대에 중국어를 공부했다면 하강下岗이라는 단어를 많이 접할 수 있었을 것이다. 원래 뜻은 '퇴근하다'라는 뜻이지만, 1990년대 말에 시작된 국유기업의 인력 구조조정으로 직장을 잃고 구직에 나선 상황을 일컫는 일종의 유행어였다. 그 당시 국유기업 2/3 이상이 막대한 적자에 허덕이고 있었다. 이에 중국 정부는 주룽지 총리의 주도하에 1997년부터 국유기업에 대한 대대적인 개혁을 단행하게 된다. 이는 '공기업=철밥통铁饭碗'이라는 공식을 깨는 대규모 구조조정으로, 실직한 사람들이 대거 구직에 나서게 되었다.

마지막 시기는 최근 대두된 대졸자의 취업난이다. 당사는 학력 수준에 따라 급여에 차이가 있다. 직원들과의 면담 중에 "지금 들어오는 직원들은 예전 전문대학(3년제) 수준에도 못 미치니 학력에 따른 급여의 차별은 옳지 않다"고 주장하는 이가 있었다. 자신들이 대학에 입학할 때였다면 전문대학에도 들어가지 못할 사람들이 대졸자로 입사하고 있다는 것이다.

이는 중국 교육정책의 변화로 발생한 입학정원 확대가 원인이다. 1999년 교육부는 '21세기를 향한 교육진흥 행동계획面向21世纪教育振兴行动计划'을 시행했다. 자본주의 시장경제 체제에 맞도록 인력의 학력 수준을 향상시키고, 그 인원을 양적으로 확대하기 위해서였다. 그 결과 대학의 입학 정원은 1999년부터 지속적으로 증가하게 되는데, 1998년 대비 2012년 입학 정원이 630%로 대폭 상승하게 된다.

〈연도별 대학 졸업생 인원〉

단위 : 만 명

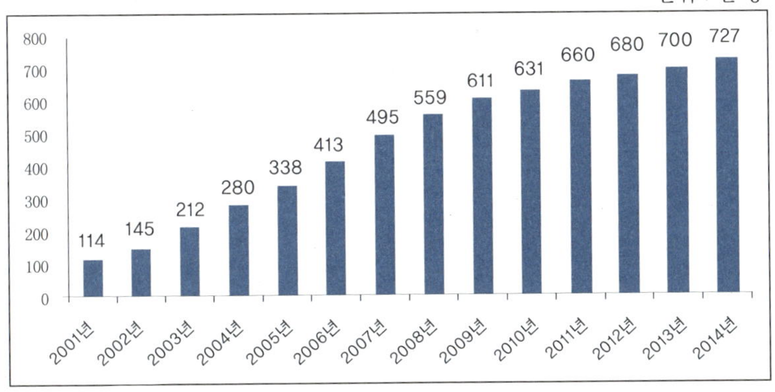

* 자료출처: 中國教育在線

위 표에서 확인할 수 있듯이 2001년 114만 명이었던 대학졸업생이 2014년에는 727만 명에 이른다. 이제 90후 세대들은 마음만 먹으면 누구나 다 대학에 갈 수 있고 졸업할 수 있지만, 직장에 대한 이상이 높아 취업벽에 부딪혀 실업이 지속되고 있는 실정이다.

〈취업박람회 현장〉

〈공무원 시험 고사장 현장〉

3. 직업관의 변화

개혁과 개방은 중국인의 의식에도 큰 변화를 가져왔다. 어쩔 수 없이 받아들여야만 했던 출신성분의 족쇄를 풀 수 있는 열쇠가 존재한다는 사실을 깨닫게 된 것이다. 본격적인 글로벌 경쟁체제에 돌입하면서 본인의 능력과 노력으로 사회적, 경제적 지위를 상승시킬 수 있는 기회가 생겼다. 1980년대 후반부터 국영기업은 글로벌 경쟁에서 생존을 위해 대규모 인력 구조조정을 단행했다. 계획경제 하에서 근로자들은 직장이 평생의 철밥통이라고 여겼는데, 하루아침에 쫓겨나 거리로 내몰렸고 평생직장의 개념이 깨지기 시작한 것이다. 우리나라는 1997년 IMF 사태를 겪으면서 평생 고용의 개념이 사라지기 시작했고, 중국은 한국보다 10년이나 앞서 잔혹한 현실을 맞이하여 그 속에서 치열한 생존방식을 터득해 왔다.

내가 몸담은 직장이 평생의 울타리가 되어 줄 수 없다는 것을 알게 된 근로자들은 조금 더 처우가 나은 곳으로 이직하게 된다. 중국의 한 조사기관의 통계에 따르면, 현재 30세인 사람은 평균 5년에 한 번 직장을 바꾸고 평생 7개 이상의 직장에서 근무하게 될 전망이다. 처음 취직한 대졸자의 경우 50%가 1년 이내에 이직하였고, 2년 이내에 이직하는 경우는 75%에 이른다.

〈중국, 미국의 업종별 평균 재직기간(월)〉

구분	컨설팅(법률, 회계)	금융	인터넷	방송통신	교육	의료	판매	석유화학에너지	제조
중국	29	30	31	33	35	37	35	37	39
미국	51	54	45	55	63	57	55	57	71

* LinkedIn사 조사

중국은 노동의 유연성이 매우 높다. 특히 신세대 직원의 이직은 세계 최고수준이다. 1억 명 이상이 가입된 세계 최대 비즈니스 네트워크 LinkedIn사가 2014년 10월에 발표한 〈중국 직장인의 이직 관련 리포트〉에 따르면 중국은 한 직장에서 재직하는 기간이 평균 34개월로 미국의 56개월보다 약 24개월가량 짧으며 대부분 18개월을 전후로 이직을 생각하고 있다. LinkedIn사는 '중국은 급속한 산업 구조 변경으로 내부인력 육성에 시간과 자원을 투자하기 어려웠고, 더 나은 대우로 외부에서 인력을 수혈해 왔다' 고 분석했다.

중국의 한 자녀 정책도 신세대 직원들의 직업관에 크게 개입된다. LinkedIn사의 2013년 조사에 따르면, 46%에 이르는 학생들이 부모가 직장을 찾아줘야 한다고 생각하고 있다. 이는 가정에서 '소황제'

로 자라온 탓이다. 그래서인지 중국에 근무하다 보면 회사와 관련된 정부 관계자나 직원들의 친척, 심지어는 전우까지 그들 자녀의 이력서를 들고 찾아와 인사청탁을 하는 사람들과 빈번하게 대면하게 된다. 자신이 노력하여 얻은 직장이 아니라 부모의 인사청탁으로 쉽게 취직한 직원들의 퇴직률이 높은 것은 어쩌면 당연한 일인지도 모른다. 한편, 중국 젊은이들의 우상인 알리바바의 창업자 마윈馬雲은 "직원들이 이직하는 여러 가지 이유 중 가장 실질적인 원인은 두 가지, 바로 돈과 마음"이라고 했다. 즉, 급여가 기대치에 미치지 못하거나 부당한 지적과 대우로 마음이 상했을 때 이직을 결심하게 된다는 것이다.

강소성 남경시 공회와 HR컨설팅업체가 발표한 〈2013년 신세대 직원의 직업 가치관 보고서〉에 의하면 중국의 신세대 근로자들은 자유롭게 소통할 수 있는 분위기를 원하여 전통적이고 권위적인 상사의 일방적 지시에 거부감을 느낀다고 한다. 자기주장이 분명하고 자존심이 강해 자신의 견해를 무조건 관철시키기도 하고, 업무 자체가 재미있어야 한다고 생각하며 상사의 질책에 본능적으로 반발한다는 것이다. 또한 일과 사생활의 조화를 매우 중시해서 회사의 목표를 위해 자신을 희생하는 것을 용납하지 않는다. 희생을 감내하고 일하던 과거의 근로자들과는 뚜렷하게 다른 양상을 보인다.

정부의 내수진작을 위한 임금배가 정책, 노동자 위주의 입법, 신세대 근로자의 권익의식 제고와 직업관의 변화 등 중국의 인사노무 분야는 유사 이래 최대의 격변기에 놓여있다고 해도 과하지 않을 정도이다. 이제 중국에서의 사업의 승패는 인사노무 관리에 있다고 말하는 전문가들도 늘어나고 있다. 과거와 판이한 중국 현지 상황에 맞는 인사 정책을 세우고 추진해야 하며, 노동법에 따라 모든 제도를 바꿔 나가야 한다. 하지만 중국에 진출한 투자기업들은 인사노무 부문의 중요성에 대한 인식이 미비하여 안일한 태도로 일관하고 있다. 또한 격변하는 중국 노동자의 변화를 읽어내지 못하여 현실적인 문제에 직면하면 속수무책일 경우가 허다하다.

중국의 파업과 그 대응

- 노동운동의 압축성장
- 최근 중국의 노사동향
- 중국의 파업사례 유형
- 파업 초기 진화 실패 사례
- 외자기업 위주 파업 발생 이유
- 중국 파업의 특징
- 파업 예방 대책

1. 노동운동의 압축성장

중국 경제는 짧은 기간 동안 급격히 성장하는 압축성장을 이루었다. 압축성장의 대표적 국가는 우리나라다. 급속한 성장의 결과는 양면적 결과를 낳기 마련이다. 산업체와 고용주에게는 압축성장의 가시적인 분배가 이루어지지만, 근로자들은 성장의 혜택을 누리지 못했다. 중국 또한 마찬가지 문제를 안고 있다.

2013년 7월, 중국 청도의 한 골프장에서 한국 금융권 주최 소규모 골프대회가 있었다. 시합이 한창 진행되던 중 골프장 캐디들의 파업으로 대회가 엉망이 되고 말았다. 이러한 사태를 겪고 보니 중국은 경제뿐만 아니라 노동운동도 압축성장을 했다는 생각이 들었다. 중국의 골프장에서 일하는 캐디는 학력이 낮은 순진한 시골 소년, 소녀들이 대부분이었다. 이런 사람들이 회사에 대응하여 자기들의 권익을 쟁취하기 위해 집단행동을 한 것은 하나의 사건이라 할 수 있다.

근대 노동운동사와 관련하여 한국과 중국을 비교해 보자. 우리는 1970년 11월에 있었던 전태일 열사 분신사건을 노동운동의 시발점으로 기억한다. 앞으로도 계속 회자될 이 사건은 우리 사회의 노동문제의 심각성을 깊이 인식하게 된 계기가 되었다. 그리고 1987년 6월항쟁과 7월과 8월의 노동자 대투쟁을 계기로 전국 각지에서 노동쟁의가 발생하였고, 이즈음 현대중공업, 현대자동차와 대우조선 등에서 노동자들의 투쟁은 과격화, 장기화되었다.

한국에서도 2005년경, 골프장 캐디들의 집단적 파업이 사회적 이슈가 된 적이 있었다. 주목할 만한 노동운동 사건은 1970년을 전후로 발발했지만, 골프장 캐디들이 근로기준법상의 근로자성 인정 등을 외치며 파업 이슈를 만든 것은 그때가 처음이었다. 첫 노동운동 이후 무려 30년 이상의 세월이 지나서다.

중국의 경우 2010년 초, 중국 폭스콘 근로자 투신자살 사건이 사회적 문제로 대두했다. 이에 중국 정부는 농민공에 대해 '정부 차원의 관심' 을 갖게 된다. 같은 해 5월에는 중국 노동사에 큰 획을 긋는 사건이 발생한다. 바로 불산 난하이 혼다자동차 부품공장의 대규모 파업이다. 이 사건을 계기로 도미노처럼 전국적인 대규모 파업이 일어났고, 근로자들의 급여는 급증하게 되었다. 또한 중국 정부는 적극적으로 농민공을 달래기 위한 여러 가지 대책을 쏟아 놓게 되었다. 지금 중국에서는 골프장 캐디들이 자신들의 권익을 위해 집단행동을 하는 것조차 매우 자연스러운 일이 되었다. 한국 노동사에서 30년 이상 걸린 여정이 중국에서는 불과 3년 안에 이루어진 셈이다.

2. 최근 중국의 노사동향

문화대혁명, 천안문사태 등을 겪은 작은 거인 등소평이 말하던 정치의 기본 지침은 '신중과 안정' 이었다.

"배를 흔들지 말라, 도시의 대중을 동요시키지 말라, 어떠한 희생을 치르더라도 농민들을 불안하게 만들지 말라."

그의 지침은 여전히 중국 위정자들에게 가슴 깊이 새겨진 교리와 같다.

2010년 상반기에 외자기업을 중심으로 도미노처럼 번져가는 농민공의 파업 확산에 중국 정부는 당황할 수밖에 없었다. 중국은 이미 다른 국가들의 노동자 집단행동의 사례를 수없이 목격했기 때문이었다. 초기에는 임금인상과 회사복지 등의 단순 처우개선에 초점이 맞추어진 시위가 발생하지만, 점차 사회 전반적에 대한 비판과 민주화 요구 등으로 시위의 목표와 성질이 변질되기 때문이다.

중국 정부는 서둘러 노동자들을 달래기 시작했다. 원자바오 총리가 직접 농민공들의 작업현장을 방문해서 좌담회를 가졌다. "우리는 농민공을 자식처럼 대해야 한다" "농민공은 중국 산업의 주력군이며, 중국 사회의 부와 높은 건물은 모두 그들의 땀에서 나온 것이다" "당신들의 노동은 영광이요, 사회로부터 존중받아야 한다"고 발언하는 등 농민공들의 입장에 서서 강한 메시지를 던져 주었다. 몇 해 전까지만 해도 근로자가 파업을 하면 지방정부에서 공안, 공회 등을 동원하여 파업진화에 발 벗고 나섰던 일과는 상반되는 자세였다. 정부는 기업에 "문제는 우리가 처리할 테니 사업에 전념해달라"고 할 정도였으니, 기업들은 격세지감을 느끼기에 충분했다. 당시 정부는 5년 내 급여의 2배 인상 유도, 최저임금 인상, 공회 역할 확대, 사회보험법의 조속한 시행 등 노동자 편향의 정책을 쏟아내기도 했다. 그러면서 공산당 선전부는 2010년 6월 28일 '관영신화통신의 보도 외 다른 언론들의 독자적 보도 금지' 라는 파업사태 보도 통제지침을 하달했다.

2010년 말 중동을 휩쓸었던 '자스민 민주화 운동' 이 중국에서도 일어날 조짐을 보였고, 실제 일부 일어남에 따라 이러한 언론통제 대책을 펼친 것이다. 이러한 통제와 집단행동에 대한 강경책을 통해 파업은 수그러들었다. 하지만 2011년 하반기부터 시작된 세계경기 불황에 따른 중국 기업의 경영악화는 다시 파업의 불씨를 살렸다. 수출주문 축소와 내수침체 등으로 잔업비와 경제보상금(퇴직금과 유사) 미지급, 공장이전 반대, 인수합병 시 과거 근무경력 불인정 등의 원인으로 파업이 급격하게 늘어나게 된 것이다.

중국 정부에서 보도 통제까지 동원했지만, 통제에는 한계가 있다. 그리고 2012년 5월, 운남 곡정시의 이치홍다一汽紅塔라는 중국 자동차회사에서 대규모 파업이 일어났다. 회사는 대외적으로 파업 상황을 부인하였지만, 바이두(중국 최대 포털사이트)의 커뮤니티를 통해 파업 소식이 지속적으로 전파되었다. 결국 파업상황을 공식적으로 인정하고, 회장이 직접 파업현장을 방문하여 사태 해결을 위해 적극적으로 노력하기에 이르렀다.

이처럼 중국 정부가 언론을 통제한다 하더라도 IT에 능숙한 젊은 세대들이 웨이신이나 QQ 등의 커뮤니티를 통해 소식을 전하여, 사실상 이를 완전히 차단하는 것은 불가능함을 보여준 사례다.

기업들의 파업 성공사례 학습 효과로 다른 기업 노동자들의 파업이 급속히 확산되는 경향이 있다. 중국 강소성 소재 한국 대기업 관리자는 본인의 기업에도 파업의 물결이 다가오는 것을 느낀다고 했다. 한 협력 회사에서 파업이 일어났는데, 급여 등 처우 개선으로 파업이 진정되자 다른 협력회사의 노동자들도 파업을 해서 어쩔 수 없이 급여를 인상하게 되는 상황이 계속 발생한다고 했다. 당사에도 그 파업의 영향이 미치지 않을까 걱정이 될 수밖에 없다.

2011년 절강성 항주에서 발생한 택시 파업은 중국 전역의 택시 파업으로 번졌으며, 택시뿐만 아니라 버스, 트럭 파업으로 퍼졌다. 또한, 2012년 1월 사천성 청두에 있는 사천화 공공사의 파업 성공은 바로 인근의 청두강범 공사의 파업으로 이어졌다. 이처럼 중국의 파업은 주위 기업의 근로자에게 급속하게 전파되는 경향을 보인다.

3. 중국의 파업사례 유형

▣ 임금, 근무환경 및 복지대우 개선을 위한 파업
(대부분의 파업 원인)

- 2012년 2월, 소주 홍콩계 화고과기공사 1,000여 명 파업

사유) 연말 상여금이 아무런 통보 없이 삭감되었다. 또한 점심시간이 짧고 음식이 부족하여 배부르게 먹을 수 없어 이를 회사에 여러 차례 건의하였으나 답변이나 개선이 없었음.

- 2011년 2월, 영파(닝보) 폭스콘 3,000여 명 파업

사유) 설 연휴에 근무하였으나 법적으로 보장되는 3배 잔업수당을 받지 못했을 뿐만 아니라, 연장근무 시간도 축소하여 계산됨. 12시간을 서서 근무하는 힘든 근로 여건임에도 불구하고 처우가 너무 낮다며 파업. 4개의 공장 중 B 공장이 먼저 파업한 후 차례로 C, A, D 공장으로 확산됨.

▣ 승진, 임금 인상 등에 대한 인사노무제도 적용 차별에 의한 파업

– 2010년 3월, 청도 인근의 한국 대기업 100여 명 파업

사유) 승진 발표 후, 일부 직원들이 승진 탈락에 대한 불만을 제기함. 한국인 부장 측근에서 근무하는 사무직 직원들의 승진이 빠른 이유를 설명해 달라고 요청하였으나 해당 HR부서장이 명확한 해명 없이 공장으로 돌려보내자, 사무직 대비 차별적 승진에 대해 공장 직원들이 선동하여 조업을 중단함.

– 2012년 3월, 태원 폭스콘 2,000여 명

사유) 일반 공장직원들이 관리자 및 기술직 직원들의 임금만 인상한데 반발하여 파업을 결정함.

– 2013년 7월, 심천 폭스콘 사무직 200여 명 파업

사유) 생산직 직원의 급여만 20% 인상하여 사무직 직원 200여 명이 파업함.

– 2012년 3월, 심천 홍콩계 유타식품 1,000여 명 파업

사유) 급여를 인상하기로 하였으나 잔업수당을 삭감하는 등의 방법으로 실제 수령액이 더 감소한 데 반발. 일부 직원이 '폭스콘 자살시도'를 모방하여 건물 옥상에서 자살시도를 하며 파업을 선동함.

▣ 공장 매각에 따른 처우 및 경제보상금, 기존 근속인정 등에 기인한 파업

– 2012년 3월, 심천 홍콩계 화아우 금속공장 900여 명 참가

사유) 회사가 소유권 이전이 아닌 사명 변경으로 직원들과 재계약을 체결하였으나 기존의 근속을 인정하지 않는 데 반발. 노동자들은 "금패와 황금 열쇠를 돌려달라"는 구호를 내걸고 파업을 실시함. 이는, 회사가 사명을 변경하기 전에는 장기근속을 장려하면서 10년 근속 시 금패를 지급하고 15년 근속 시에는 황금 열쇠를 지급해왔기 때문임.

– 2012년 1월, 심천 일본계 삼양기전공사 3,000여 명 참가

사유) 회사가 타사에 매각되자 직원들은 실업과 급여인하 등에 대하여 우려하게 됨. 인근 회사의 경우 매각된 후 직원들에 대한 보상이 있었으며, 과거 삼양기전도 공장이전 시 직원에게 이주비 등을 지급한 사례를 들어 보상을 요구함.

▣ 특정 직원 해고에 항의한 파업

– 2010년 5월, 청도 한국기업 300여 명 참가

사유) 모 주임의 직무태만을 사유로 인사위원회가 열렸고, 해고의

절차를 밟게 될 것이라는 소식이 전해짐. 그 주임은 한국 관리자들이 부당한 이유를 들어 자신을 해고하려 한다며 직속 직원들에게 작업 중단을 지시하고 파업을 선동함.

– 2012년 2월, 상해 서문자개관공사 600여 명 참가

사유) 4명의 직원이 휴가 중에 해고되자 동료 노동자들도 신변의 불안을 느끼고 불합리한 해고에 대해 복직을 주장하면서 파업함.

▣ 기업 구조조정으로 인한 파업

– 2011년 11월, 펩시콜라 중국 공장

사유) 펩시콜라는 중국 내 사업권을 캉스푸에게 넘기면서 중국 24개 공장 전 직원에게 펩시콜라와 계약을 해지하고 캉스푸와 노동합동을 재체결하라고 통지함. 이에 단체협약에 명시된 주요 경영상황 변화를 직원에게 알려주지 않고 일방적으로 추진했다며 배상을 요구하고 파업함.

– 2013년 7월, 강소성 용성조선소 파견근로자 주도 1,000여 명 파업

사유) 경영난으로 인해 수개월 동안 정규직과 외주 직원 일부에게 급여가 지급되지 않음.

4. 파업 초기 진화 실패 사례

파업은 화재처럼 초기에 진화되지 않으면 그 불길이 한없이 커지기 마련이다. 우선적으로 파업 초기에는 직원들을 자극하지 않아야 한다. 그리고 요구가 타당하다면 회사는 잘못을 시인하고 개선하여, 마무리 짓는 방법이 바람직하다. 파업이 조속하게 마무리되지 않는 경우는 첫째, 회사의 일방적이고 위협 일변도의 태도다.

앞서 언급한 서문자개관유한공사 파업의 경우, 회사는 24시간 내 복귀하지 않으면 전원 해고한다고 통보하였다. 이에 직원들은 더욱 광분하여 파업은 과격해지고 말았다. 파업의 주도세력은 젊고 혈기왕성한 80후 세대들로 끝까지 가보자는 강경파인데, 파업 초기에는 강경파의 발언권이 더 크다.

둘째, 직원의 신뢰를 받지 못하는 직원대표(공회주석)가 회사 입장을 옹호하며 파업 중단 등의 요구를 하는 것이다. 2010년 3월 혼다자동차 파업과 2012년 3월 일본 구모전자 파업처럼 공회주석의 조업복귀 발언이 상황을 더욱 악화시키는 경우도 있었다. 파업이 공회의 주도가 아니라는 것은 이미 공회가 직원의 대표성을 상실했다는 것을 의미한다.

중국 기업 공회는 회사와 친화적인 것이 사실이다. 대부분 회사에서 간부 사원이 공회주석을 맡는다. 직원들의 투표로 공회주석이 선출된다고는 하나 간접선거이므로 대부분 회사의 영향을 받을 수밖에 없다. 또한 공회의 경비 대부분을 회사가 지원하고 있다는 이유 때문이기도 하다.

리더십이 없는 공회주석이 회사 입장을 대변할 경우 직원들의 야유를 받는 것은 물론, 오히려 공회주석을 새로 선출하거나 직원의 권익을 대표할 수 있는 공회설립 등을 추가로 요구하는 경우도 발생한다.

5. 외자기업 위주 파업 발생 이유

강소성의 사강그룹은 세계 8대 철강 회사 중 하나이다. 점심시간이 되면 직원들은 군대에서 사용하던 것과 비슷한 개인별 반합을 들고 가슴에 숟가락을 꽂고 식당으로 몰려간다. 식당은 매우 비위생적이며 시설이 낙후되었다. 급여는 높은 편이 아니며 복리후생도 결코 좋다고 할 수 없음에도 불구하고 파업이 발생하지 않고 있다.

중국 상무부의 2012년 통계에 따르면 대중국 투자기업의 대만계는 8.9%, 일본 6.3%, 한국 5.2%를 차지하는데, 이들 외자기업에서 파업이 더 빈번하게 발생한다. 왜, 상대적으로 급여나 복리후생이 나은 외자기업에서 더 많은 분쟁과 집단행동이 일어나는 것일까?

첫째, 외자기업의 경우 파업을 유도할 수 있는 명분을 찾기가 쉽다.

파업을 하기 위해서는 '명분'과 '효과성'이 전제되어야 한다. 단체로 뭉칠 수 있는 명분이 있어야 하며, 파업이 발생했을 때는 회사에 타격을 입힐 수 있는 효과가 나타나야 원하는 바를 쉽게 얻어낼 수 있기 때문이다. 외자기업은 직원들이 단결할 수 있는 명분을 만들기에 용이하다는 약점을 가지고 있다.

중국이 세계의 중심이라는 중화사상은 젊은 노동자들에게도 뿌리 깊게 박혀 있으며, 특히 역사적으로 얽혀있는 한국과 일본의 관리자들이 민족성을 자극하는 발언과 행동을 하였다면 더욱 쉽게 선동된다. "한국○, 일본○이 우리 중국인을 때렸다, 욕을 하고 무시한다"는 말이 들리면 직원들은 순식간에 단결한다. 언젠가 파업 중이던 한국 회사의 직원 커뮤니티를 들어가 보았는데, 한국인 관리자가 중국인 직원을 때리는 영상, 중국인이 맞아서 피를 흘리는 영상이 올라와 있었고 그 아래에는 회사의 한국 관리자뿐만 아니라 한국인 전체를 욕하는 글들이 도배되어 있었다. 물론, 한국인 관리자도 문제가 있는 것은 분명했지만 중국인과 한국인이라는 지점에서 더 큰 간극이 존재하고 있었다.

2011년 말, 남경의 L 공장에서는 일부 직원들이 한국 관리자들은 많은 액수의 성과금을 받으면서 중국인 직원들에게는 몇 푼 되지도 않는 연말 성과금을 주지 않으려고 한다며 TV를 부수고 회사 설비를 망가뜨리는 일이 있었다. 연말 성과금이라는 화두를 떠나 한국인 직원과 다른 처우를 받는다는 부분에서 과격한 파업이 일어난 것이다.

2014년 7월에는 광동성 소재 중일 합작법인인 전자부품 회사에서 파업이 있었다. 일본 본사 사장이 법인을 방문하여 경영 회의를 주재한 자리에서 "2차대전 당시 일본은 결코 중국을 침략하지 않았으며 미국 등 다른 서구국가의 식민지가 되는 것을 벗어나게 도와준 것뿐이다"라고 말했다는 이유였다. 이처럼 회사 업무, 복리후생 등과 관련이 없지만, 민족성을 자극한 발언이 명분이 되어 파업이 발생하기도 한다.

둘째, 외국인 관리자가 가진 '소통의 한계'다.

필자도 HR을 담당하는 부서장으로 직원들과 간담회를 자주 갖는다. 중국어를 어느 정도 구사하는 편이지만, 산동성 지방색이 깊게 묻어나는 현장 직원들의 사투리는 알아듣기가 쉽지 않다. 직원들과 이야기를 나누기 위해서는 무한한 끈기와 눈치가 있어야 한다.

기본적인 언어조차 한계가 있는 관리자라면 직원들과의 소통 자체를 기대하기 어려울 것이다. 일부 관리자들은 중국어 실력이 부족하고 익히고자 하는 의욕도 별로 없다. 상황이 이러한데 어떻게 직원들의 고충을 이해하고 그들의 목소리에 귀를 기울일 수 있단 말인가. 직원들이 먼저 호소하고 부탁해도 그들이 외치는 말은 공허한 메아리로 돌아갈 뿐이고 불만은 곪아서 결국 행동으로 나타나게 된다.

셋째, 행동으로 보여주는 솔선수범형 리더가 아닌 기숙사 사감 같은 리더의 관리방식 때문이다.

2011년 초 청도 HR연구회에서 "왜 일본과 한국 기업에서 파업이 많이 일어날까요?"라는 질문을 했더니, 이곳에서 오래 근무한 현대자동차 협력업체 K 전자의 총경리가 "한국과 일본 기업 관리자들은 모두 기숙사 사감이 되려고 하기 때문이 아닐까요?"라고 대답을 했다. 미국과 유럽계 기업의 관리자들은 업무 성과를 가지고 판단을 하지만 동아시아 기업은 직원 하나하나를 다 관리하려고 한다. '인사를 하지 않는다, 두발이 불량하다, 인터넷을 자주 본다, 화장실에 자주 간다, 잡담이 많다, 잘 씻지 않는다' 등 일일이 다 지적하니 소황제 세대로 자유롭게 살아온 중국인 직원들은 스트레스를 받을 수밖에 없을 것이다. 해소되지 않는 스트레스가 쌓여가다 빌미만 주어지면 폭발하게 될 것이다.

일부 관리자들의 경우 자신에게는 관대하고 직원에게는 엄격한 잣대를 대는 것을 종종 보게 된다. 관리자 자신들의 행동을 스스로 돌아보지 않고 직원들만 질책하니 더욱 감정만 쌓이게 된다. 직원들의 업무와 역량이 각기 다른 것처럼, 그들 나름대로 개성과 생활 방식도 다를 수 있음을 이해하고 존중해야 한다. 또한 관리자는 자신의 관리방식이 개인의 생활을 통제하고자 함이 아니라는 사실을 직원들에게 잘 전달해야 한다.

넷째, '人' 보다는 '錢' 위주의 관리를 들 수 있다.

금전 사고가 많은 중국에서 재무를 담당하는 관리자는 본사에서 직접 파견하는 경우가 대부분이다. 아직까지도 인사업무는 누구나 담당할 수 있다는 생각이 만연한 탓에 재무인력이 인사노무 분야까지 총괄하는 경우가 많다. 직원관리에 있어 조직의 분위기, 직원의 정서, 제도의 수용성 등을 고려하기보다는 인력 투입의 정량적 효과, 인건비, 인력 수 등 재무적 관점에 치우쳐 문제의 불씨를 키우게 될 가능성이 열려 있다. 회사는 숫자의 집합체가 아니라 사람의 집합체라는 사실을 인식하고, 조직 분위기와 직원들의 정서 등을 고려하여 균형 있는 인사관리를 해야 한다.

6. 중국 파업의 특징

중국 파업의 가장 큰 첫 번째 특징이자 해결을 어렵게 만드는 난제는 '대표성을 가진 대화 상대' 를 구성하기 힘들다는 것이다.

한국은 일반적으로 단체협상을 통해 타협되지 않으면 정당한 단체행동권으로서 파업을 한다. 중국은 회사에 불만을 가진 일부 직원들이 의기투합하여 비밀리에 파업을 주도하거나 혹은 불만을 토로하는 중에 우발적으로 발생하는 경우가 대부분이다. 그래서 일단 파업이 시작된 후 협상 상대를 찾는 것은 아주 어렵다. 또한 직원들은 협상대표자가 되면 추후에 기업으로부터 불이익을 받을 것이라는 불안함을 가지고 있다. 그래서 대표 없는 단체행동이 일어나기도 하는 것이다.

2013년 상반기, 청도 소재 한국 H 조선에서 발생했던 사건이다. 세계적인 경기침체는 조선산업도 비껴가지 않았다. 수주물량이 없어 기업 생존이 위태로울 정도로 경영은 악화되었고, 인력 구조조정을 할 수밖에 없는 상황이었다. 기업은 구조조정 대상 직원 80여 명을 교육부로 발령하고 현장투입 없이 기본 교육을 했다. 이에 신변 불안을 느낀 직원들은 금전적인 보상을 해 주든지 그에 상응하는 대책을 내놓으라고 주장하며 인사부장을 감금하기에 이르렀다. 인사부장은 협상을 위해 대표를 뽑아달라고 했으나 직원들은 '우리 모두가 대표' 라며 다 함께 모여서 협상하자고 주장하여 농성이 장기화되었다. 청도의 또 다른 회사의 경우, 파업 주동자에 대한 회사의 조치가 두려웠던 나머지 협상대표로 뽑힌 사람에게 나머지 직원들이 퇴직금 명목으로 돈을 모금해 주기도 했다.

두 번째 특징은, 특정 조직이 구성된 게 아닌데도 많은 인원이 일사불란하게 움직인다는 것이다. IT에 능숙한 젊은이들이 파업의 주도세력이 되어 웨이신, QQ 등을 통해 파업동참 여부를 파악하고 행동지침 등을 전달하는가 하면, 실시간 메시지를 주고받은 후 바로 행동에 나선다. 실제로 불산 혼다 파업 시에는 '공장 산보工厂 散步' 라는 메시지로 일제히 조업을 중단했으며, 산시성 시베이西北공대는 기숙사에 있던 학생들이 '같이 산보一起散步' 라는 메시지를 통해 약속된 장소에 모여 민주화 집회를 추진하기도 했다. 정보의 전달이 용이해진 만큼 더욱 은밀하고 신속하게 대규모 인원이 참여할 수 있는 여건이 조성되었다.

세 번째, 회사가 1차 파업에 적절히 대처하지 못할 경우 여러 차례에 걸쳐 계속 발생할 수 있다. 오주화성이라는 회사 파업의 경우, 협상을 통해 파업을 종료하기로 했지만 협상 결과에 불만을 가진 직원들이 다시 주도하여 6차에 걸쳐 파업이 발생했다. 이것은 첫 번째 특징과도 연관된 것으로, 리더십이 있는 공식적인 대표가 없기 때문에 회사대표와 직원대표가 협상을 마무리해도 직원 모두가 만족하지 못한다면 불만 세력이 다시 파업을 이끄는 것이다.

7. 파업 예방 대책

첫째, 직원과의 끊임없는 소통을 통한 신뢰회복이 가장 우선이 되어야 한다. 직원과의 약속은 반드시 지키려고 노력해야 하며, 지키기 어려울 경우 충분한 설명을 통해 이해를 구해야 할 것이다.

남경 L 공장의 파업 사례에서 보듯이 파업의 불씨는 오해에서 시작된다. 필자가 근무한 회사도 과거에 파업이 발생했었다. 연말 상여금의 분할 지급을 결정하면서 직원들에게 충분히 설명하지 않은 채 일방적으로 통보했기 때문이었다.

어떤 문제에 대해서든 직원의 불만이 폭발하기 전에 선제로 대응해야 한다. 끓는 물의 수증기는 육중한 무쇠 기차를 움직일 수 있는 강력한 힘을 발휘할 수 있다. 하지만 작은 구멍을 내면 주전자 뚜껑을

딸각거리게 하는 수준에 머문다. 터지기 전에 김을 빼 주기 때문이다.

관리자들은 수시로 직원과 면담을 하고, 고충을 확인한 뒤 먼저 해결해 주려고 노력해야 한다. 또 공회가 자체적인 리더십을 가질 수 있도록 만들고, 직원들이 불만이나 의견을 제기할 수 있는 창구를 마련해 놓는 것도 중요하다. 한 직원은 "영도들이 시간을 내서 대화하고 우리 입장을 들어주는 것만 봐도 문제의 절반 이상은 이미 해결된 기분이 든다"고 말한다.

둘째, 회사 규정의 정비와 합리적인 제도의 운용이다. 사규를 법에 의거하여 합리적으로 정비하고 적법한 제도를 시행함으로써 파업의 빌미를 최소화해야 한다. 또한 무단 파업행위는 엄격하게 조치할 수 있음을 사전에 명시하는 것도 반드시 필요하다.

셋째, 회사에 대한 직원의 로열티, 만족도를 높여 주어야 한다. 다양한 동호회를 조직하고 적극적인 참여를 유도한다면 스트레스 해소에 도움이 될 것이다. 직원들의 가족을 초청하는 행사를 개최하고 사회에 공헌할 수 있는 활동을 통해 회사에 대한 자부심과 긍지를 제고시킬 필요가 있다. 또한 한국어 교육을 지속적으로 실시하고 다양한 문화체험의 기회를 제공한다면 한-중 문화적 차이에서 오는 갈등도 다소 해결할 수 있을 것으로 생각한다.

넷째, 회사 안팎에서 노사동향에 관심을 가지고 정보를 수집해야 한다. 회사 내에서는 Opinion Leader를 발굴하여 사적인 만남을 통해 직원들의 동향을 미리 파악하고, 제도운용과 경영상황에 대한 명확한 설명을 제공할 수 있도록 해야 한다. 또한 파업의 사례에서 살펴보았듯이 중국의 파업은 인근 업체로 전이되는 경향이 있으므로 당해 회사뿐만 아니라 인근 회사의 상황에도 귀를 기울여야 할 것이다.

마지막으로, 유사시에 대비한 대책을 마련해야 한다. 파견 나온 관리자가 아무리 배짱 좋은 사람이라 해도 막상 파업이 발생하면 당황하기 마련이다. 따라서 사전에 파업에 대비한 행동계획을 마련해 체계적으로 대응할 수 있는 준비가 필요하다.

한편으로는 지방정부와의 유대를 강화하고 특히, 공안이나 지역총공회 등과 협력적인 관계를 유지하여 유사시에는 적극적으로 지원받을 수 있어야 한다. 파업 발생 시 협상대표단 구성 방법에 대해 단체협약에 미리 반영해 놓는다면 대화창구 구성을 위해 낭비하는 시간을 줄이는 방안이 될 것이다.

채용

- 채용 일반
- 취업차별과 관련된 법률
- 채용 관련 유의사항

1. 채용 일반

'천리마상유 백락불상유千里馬常有 伯樂不常有'를 다시 한번 되새겨 보자. 천리마는 도처에 있지만 천리마를 단번에 알아보는 능력을 가진 백락은 흔하지 않다는 말이다. 경영자가 갖추어야 하는 최고의 덕목 중의 하나가 인재를 알아보는 능력임을 부인할 수가 없다. 사장이나 인사부서장이 백락의 능력을 갖춘다는 건 결코 쉽지 않은 일이기 때문에 발전 가능성이 있는 직원을 채용하기 위해서는 더 많은 노력과 시간을 투자해야 한다. 그러나 아쉽게도 중국으로 와서 일하고 있는 여러 경영자와 관리자들은 채용에 대한 관심이 부족한 듯하다. 인사의 시작이자 가장 중요한 과정인 채용 면접에 직접 참여하는 현지 사장도 찾아보기 어렵다. 나중에 일부 직원이 문제를 일으키면 때늦은 후회를 하기도 하지만 중국 문화에 익숙하지 않고 중국말도 서툴러 면접으로 직원을 선발하기가 쉽지만은 않다. 그러므로 대상자를 관찰할 수 있는 시간을 확보하여 최대한 오래 지켜보는 것이 하나의 방안이며, 중국 대학의 긴 여름방학을 이용해 대학졸업 전에 인턴으로 채용하는 것도 하나의 방법이다. 또한 입사 지원자에게 에세이를 작성하게 해서 지적 수준과 사회현상에 대한 생각 등을 확인해 보는 방법도 유용할 것이다.

채용을 담당했던 부서장의 경험에 비추어 중국 현지에서 채용할 때 반드시 챙겨봐야 할 몇 가지 사항을 기술하고자 한다.

첫째, 중국은 근로 관련 법규상 연령, 학력, 성별, 외모, 출신 지역(호구), 경력 등의 차별을 금지하고 있는데, 이는 한국과 크게 다르지 않다. 그런데 중국에서는 민족(한족, 소수 민족 등)에 대한 차별금지가 추가로 존재하므로 채용에 있어 위법사항이 없도록 주의해야 한다.

둘째, 자격증이나 성적증명서, 경력증명서 등 채용 시 요구하는 증빙서류의 진위에 주의를 기울여야 한다. 중국은 공문서의 위조, 변조, 매매가 만연하고 이에 대한 인식이 관대한 편이다. 따라서 채용 담당자는 증빙서류의 확인은 물론 해당 업무에 대한 능력을 검증할 수 있는 별도의 장치를 마련해야 한다.

청도에서 근무할 당시, 크레인 운전자를 채용하는 데 당사에서 거절하기 곤란한 인사가 인력을 추천한 적이 있다. 그런데 꼭 필요한 자격증을 갖추고 있지 않아 정중히 거절하였더니 며칠 만에 자격증을 취득하고 다시 채용을 부탁하는 어처구니 없는 일이 발생했다. 자격증은 구비했지만 크레인 운전대는 잡아본 적이 없었을 사람이었다.

확인해보니 일정 금액의 돈을 지불하면 얼마든지 자격증을 구할 수 있다는 것이다. 이후 당사는 인력을 채용할 때 자격증명서 제출은 기본 요건으로 하되 실제 역량을 검증하기 위한 현장테스트를 거치게 되었다.

셋째, 중국은 이직률이 높은 편이기 때문에 이를 고려하여 회사마다 기존 직원의 이직 발생 요인을 분석해 두는 것이 필요하다. 통계에 의하면 중국의 산아제한 정책이 시행된 80후 세대는 이직률이 아주 높다. 80후 세대의 평균 이직률은 연간 26%로 이전세대의 평균 이직률 9%와 비교하면 3배가량 높다. 즉, 10명을 채용하면 일 년 내에 4분의 1이 퇴직을 한다는 것인데, 최근 노동집약적 산업현장에서 체감하는 이직률은 이보다 더 높다. 따라서 인력관리 비용을 줄이기 위해서는 채용 과정에서부터 이직률을 줄일 방안을 강구해 두어야 한다.

넷째, 채용 과정에서 비윤리적인 행위가 개입되지 않도록 확인해야 한다. 중국은 아직도 리베이트 문화가 기승을 부린다. 당사의 채용과 관련해서 서류 전형 통과와 면접 통과, 그리고 최종 합격일 때 각각 금액이 다르다는 식의 소문이 지역사회에 돌아서 매우 황당했던 적이 있다. 인사부서장은 채용 전형 전체에 대해서 공정하게 진행될 수 있도록 면밀하게 확인하고 신경 써야 할 것이다.

2. 취업차별과 관련된 법률

'취업차별' 이란 용인단위가 법적인 근거 없이 잠재 구직자에게 각종 제한을 정해서 근로자가 법률에 따라 누려야 하는 평등취업의 권리를 침해하는 것이다. 〈노동법〉과 〈취업촉진법〉 등의 여러 법률에는 민족, 성별, 종교, 연령, 신체 등과 관련한 취업차별을 금지하는 내용이 있지만 현장에서는 아직도 취업차별이 만연한 것이 사실이다.

최근 중국에서는 근로자들의 인권 신장에 대한 요구가 급격히 높아지고 있어 불필요한 법적 논쟁을 피하기 위해서는 채용 공고 등을 낼 때 세심한 주의가 필요하다. 한국법과 큰 차이는 없지만 중국법에서 말하는 차별을 요약하면 주로 다음과 같은 내용이다.

① 연령 제한: 25세 이하, 30세 이하 등 특정 연령을 들어 제한
② 학력 제한: 주로 전과(전문대), 본과(대졸), 석사와 박사 4가지로 구분하여 제한
③ 성별 제한: 주로 여성 취업자를 대상으로 제한
④ 신장 제한: 일반적으로 남자는 165cm 이상, 여자는 158cm 이상으로 제한
⑤ 용모 제한: 아름다움, 예쁨 등의 표현 사용
⑥ 지역 제한: 특정 지역의 호구[2]를 가진 사람을 우선으로 하거나 특정 지역의 대학 출신자로 제한하여 채용
⑦ 직장 경험이나 연한 제한: 관련된 직장 경험을 요구하거나 2년 혹은 3년 이상, 5년 이상의 재직 연한을 요구
⑧ 질병 유무의 제한: B형 간염 등의 전염병을 가진 자의 취업을 제한
* B형 간염에 대한 취업 거부는 노동법에 위반임.

---

2) 호구제도 : 한국의 호적과 비슷한 것으로 그 지역의 호구를 가진 사람과 외지인에 대해서 교육, 사회보험 등 차별이 있다. 1958년 중국 정부가 농촌과 도시의 호구를 구분해 농촌인구의 과도한 도시이동을 제한하자는 취지로 도입되었는데, 해마다 실효성, 폐지 논란이 끊이지 않고 있다.

⑨ 결혼과 출산 상태의 제한: 구직자의 결혼상태와 출산 여부에 따른 제한

다만, 채용 과정에서 위와 같은 제한을 두더라도 해당 업무와 관련된 객관적인 사유가 있다면 취업차별이라고 판단할 수 없다. 법률적 위험을 줄이기 위해 회사는 채용 광고 등에서 가능한 한 취업차별과 관련한 표현을 자제하고 향후 분쟁 발생 등을 대비하여 해당 광고 등을 보관하는 것이 바람직하다.

3. 채용 관련 유의사항

(1) 입사서류 허위작성의 위험과 회피

한국과 마찬가지로 중국도 취업난이 심각하다. 언론들은 구인난과 구직난이 심각하다고 연일 보도하고 있다. 2014년도 공무원 채용 응시결과 평균 51 대 1의 경쟁률을 보였으며 최대 경쟁률이 6,900 대 1이 넘는 분야도 있었다. 한 자녀 정책으로 인해 학력 인플레가 심해졌고, 소황제들은 현장 생산라인의 근무를 기피하는 성향이 높아 봉제나 조립 등과 같은 노동집약적 산업체에서는 극심한 인력난을 호소하고 있지만 반대로 공무원이나 사무직은 취업경쟁이 날로 치열해 지고 있는 것이 현실이다.

이로 인해 구직자가 자신의 불리한 요소를 숨기고 학력, 자격, 경력 등의 개인정보를 과장하거나 허위로 증명서류를 꾸며 제출하는 경우도 있다. 회사가 이를 미리 확인하지 못하고 채용하면 임용된 직원이

직무를 감당할 수 없고, 회사의 요구와 맞지 않아 업무에 차질을 빚어 경제적 손실이 발생할 수 있다. 따라서 회사는 취업자의 허위 행위를 미리 파악하여 예방해야 하는데, 다음과 같은 방법이 도움될 수 있을 것이다.

먼저, 모집광고나 모집요강에 '허위 행위가 발견되었을 시 채용 무효'라는 말을 명시하고, 용인단위(用人单位, 사용자, 기업을 지칭)는 취직자의 경력이나 자격증 등을 검증해야 한다. 또한 채용 과정에서 취업자에게 노동합동과 관련된 기본사항을 적극적으로 물어보고 증거도 남겨야 한다. 예를 들어,' 기업은 취업자에게 입사 관련 서류인 〈개인기본정보등록표〉, 〈취직신청서〉, 〈입직등록표〉 등을 작성하도록 주지시켜야 한다. 관련 서류에는 응시자의 기본사항과 신체사항(병력, 전염병 여부), 직업기능, 직장경력과 직위, 근무한 회사 및 사직원인 등의 내용이 있어야 할 것이다. 이외에도 회사는 취업자들이 취직 시 이력서나 개인기본정보등록표에 서명하게 하여 진실성을 재확인하고, 노동합동서에도 상기 내용의 허위 사실이 발각되면 입사를 취소할 수 있음을 명시해야 한다.

한편으로는 채용할 인원의 배경 조사와 자료의 진실성을 확인하는 과정이 필요하다. 특히 관리직의 경우는 필수라고 할 수 있다. 조사는 주로 채용할 사람의 과거 직장의 관련 인사담당자에게 질문하고 채용 예정자가 제공한 자격증을 전문기관에 보내 확인하는 등의 과정으로 진행된다.

당사는 중국고등교육사이트(http://www.chsi.com.cn)에서 학력 정보를 조회하고(물론 유료이다), 근무경력 등은 사회보험 기관에서 재확인하는 과정을 거치고 있다.

(2) 채용 프로세스 - 채용 전 신체검사의 필요성

일부 회사들의 경우 신체검사의 중요성을 알면서도 비용을 아끼기 위해 입사예정인 직원의 신체검사를 지나치는 경우가 있는데, 이는 매우 위험하다. 정식 노동합동(勞動合同, 근로계약의 중국식 표현)을 체결한 후에 직원의 잠재 질병이나 직업병 등을 발견하게 되면 그에 대한 처리가 곤란해진다. 이미 직원의 채용 여부에 대한 주도권을 잃었기 때문이다. 채용된 직원에게 질병이 있다는 것만으로 노동합동을 해지하는 것은 취업차별일 뿐만 아니라 노동법 위반일 가능성이 크다.

채용통지서를 보내기 전이나 입사하기 전까지는 회사에 임용 주도권이 있고, 신체검사의 결과에 따라 채용 여부를 결정할 수 있다. 근무처의 특징을 고려하여 합리적으로 확인하고, 특히 직업병에 걸리기 쉬운 근무처나 신체적으로 특별한 요구가 있는 근무처라면 더욱 엄격한 검사를 해야 한다. 원거리 학교를 방문하여 졸업예정자를 채용할 때 인근 병원에서 실시한 신체검사 결과서를 가지고 오라고 하는 경우가 있는데, 이는 추천하고 싶지 않은 방식이다. 검사결과서를 조작할 소지가 충분하므로 검사기구나 의료기구를 지정해주거나 회사에 와서 신체검사를 받게 하는 것이 바람직하다. 덧붙여 일반병원보다 직업병 관리중심(센터)이라는 국가기관이나 직업병을 진단할 수 있도록 허가를 받은 병원을 추천한다. 채용 시점뿐만 아니라 향후 직업병 등의 문제가 발생하였을 경우 일반병원의 기록은 잘 채택되지 않기 때문이다.

〈신체검사 불합격에 따른 정식 채용 거부 관련 판례〉

진 씨는 2009년 7월에 산동성 모 대학의 공정과를 졸업하고, 취업 박람회에서 강소성 IT 회사에 지원했다. 최종면접을 통과하여 7월 27일에 채용통지서를 받고 8월 21일 회사의 요구절차에 따라 노동합동서를 작성하고 신체검사도 받았다. 검사결과 B형 간염균 보균자임이 확인되어 8월 26일 당해 인사부로부터 신체검사 불합격으로 인한 노동합동 해지통지서를 받았다. 진 씨는 인사부에 부당함을 호소했지만 인사부에서는 노동합동서 상에 명시되어 있는 바, 당사 규정대로 신체검사에 불합격하여 채용할 수 없다고 통보하였다. 이에 진 씨는 9월 16일 지방인민법원에 기소하였다.

[쟁점] 채용 후 신체검사 불합격을 이유로 채용을 거부할 수 있는가?

[결과] 회사 패소, 진 씨를 채용하거나 경제보상금을 지급하라는 판결을 받음.

[분석] 우선, 채용 프로세스가 바람직하지 못했다. 반드시 채용을 확정하기 전에 신체검사를 해야 한다. 또한 노동법이 취업차별로 판단하고 있는 B형 간염균 보균자의 채용을 거부하는 것은 불가능함을 인지해야 한다.

(3) 이전 회사와의 노동합동 해지여부의 확인

〈노동합동법〉 제91조는 '용인단위는 다른 단위와 계약을 해지하지 않거나 중지하지 않은 직원을 채용해서 다른 단위에게 손해가 된 경우 공동배상책임을 져야 한다' 고 규정하고 있다. 회사는 채용할 인원이 이중 혹은 다중으로 근로관계에 놓여 있는가를 정확하게 파악해야 한다는 말이다. 이와 같은 일로 발생한 손해에 공동배상책임을 면하기 위해서는 아래와 같은 구체적인 관리가 필요하다.

가장 직접적이고 확실한 방법은 채용 시 전 회사와의 계약 해지나 계약만료를 증명하도록 하는 것이다. 취업희망자가 증명을 제공할 수 없는 경우에는 전 회사의 연락처 및 담당자 등의 증인을 요구할 수 있도록 해야 한다. 취업희망자의 배경조사에서 아직 계약을 해지하지 않았거나 계약 만료가 되지 않은 경우에는 채용을 피해야 한다. 만약 전 회사와 정리되지 않은 사람을 채용하고 싶으면 전 회사로부터 당사에 입사하는 것을 허락하는 서면증명을 제공받아야 한다.

또한 근로자와 용인단위의 노동합동서 작성 시 다른 용인단위와의 노동합동을 해지하거나 중지할 것을 약속한다는 것을 명시하여 이후 법률분쟁이 생기면 근로자 스스로 법률책임을 질 수 있도록 해야 한다. 물론 이런 약속으로 회사가 공동배상책임을 완전히 피할 수는 없지만 근로자에게 배상을 요구하는 근거는 될 수 있다.

(4) 채용통지서 송부 시점

통상적으로 기업은 면접을 하고 신체검사를 통과한 임용자와 노동합동서를 작성하기 전에 채용통지서를 송부한다. 임용결정과 관련된 일련의 사항과 함께 입사시점 등의 구체적인 내용을 미리 알려주는 것이다. 이때 채용통지서는 법적 효력이 있으므로 주의해야 한다. 일단 송부하게 되면 구속력이 생기고, 자칫 실수라도 하면 회사가 법률적 위험에 처할 수 있으므로 반드시 필요한 상황이 아니라면 구두로 통보하고 회사에 온 후 확정하는 것이 회사 입장에서는 유리하다.

〈채용통지서의 법적 효력 관련 중재 사례〉

모 회사 법무실에 근무하고 있던 후 씨는 한 외자기업에서 매니저급인 법무주관을 채용한다는 신문광고를 보고 지원하게 된다. 이 기업은 후 씨가 적합한 인력이라 판단하여 근무직위와 임금 등을 밝힌 채용통지서를 발송했다. 후 씨는 통지서를 받고 다니던 회사에 사표를 냈는데 얼마 후 새 회사로부터 법무주관 직위가 필요 없어졌으니 출근할 필요가 없다는 통지서를 다시 받게 되었다. 이에 후 씨는 외자기업에 5만 위안의 경제보상금을 요구했지만 기업은 노동합동서도 체결하지 않은 상태이니 정식 채용으로 볼 수 없고 전에 보냈던 통지서는 법적 구속력이 없다며 배상을 거부했다. 이에 후 씨는 노동중재를 신청했다.

[쟁점] 채용통지서의 법적 효력의 여부

[중재결과] 비록 노동합동서를 체결하지는 않았지만 회사가 구체적 직무와 임금 등을 기재한 채용통지서를 통해 채용 의사를 구체적으로 밝혔고, 이에 구직자는 이전 회사에 사직서를 제출하여 기업이 승낙했다고 판단함. 그러므로 당해 회사는 경제보상금을 지급할 의무가 있음.

[분석] 현행 노동법에서 채용통지서의 효력에 대한 규정은 없지만 계약법의 견지에서 보면 채용통지서는 상대방과 계약을 체결하려는 청약offer이며, 이에 응낙acceptance을 하면 계약이 유효하다고 볼 수 있다. 따라서 리스크 예방을 위해서 채용 통지는 가능하면 서면으로 하지 않는 것이 좋으며, 승낙의 기간도 구체적으로 명시해야 한다. 또한 임금이나 계약 기간 등은 채용통지서에 삽입하지 않는 것이 바람직하다.

중국의 학력구분

인사를 담당하게 되면 중국과 한국의 학제가 달라 혼란이 있을 수 있다. 중국은 소학교(초등학교), 초급중학교(중학교), 고급중학교(인문계 고등학교), 중등전문학교(실업계 고등학교)가 있는데, 일반적으로 고급중학교에서 대학으로 진학한다. 대학과정은 본과(4년제)와 전과(대전이라고도 하며 3년제, 한국의 전문대에 해당)로 구분된다. 석사와 박사는 한국과 동일하나 중국의 석사과정은 일반적으로 3년제이다.

〈중국의 기본 교육 과정〉

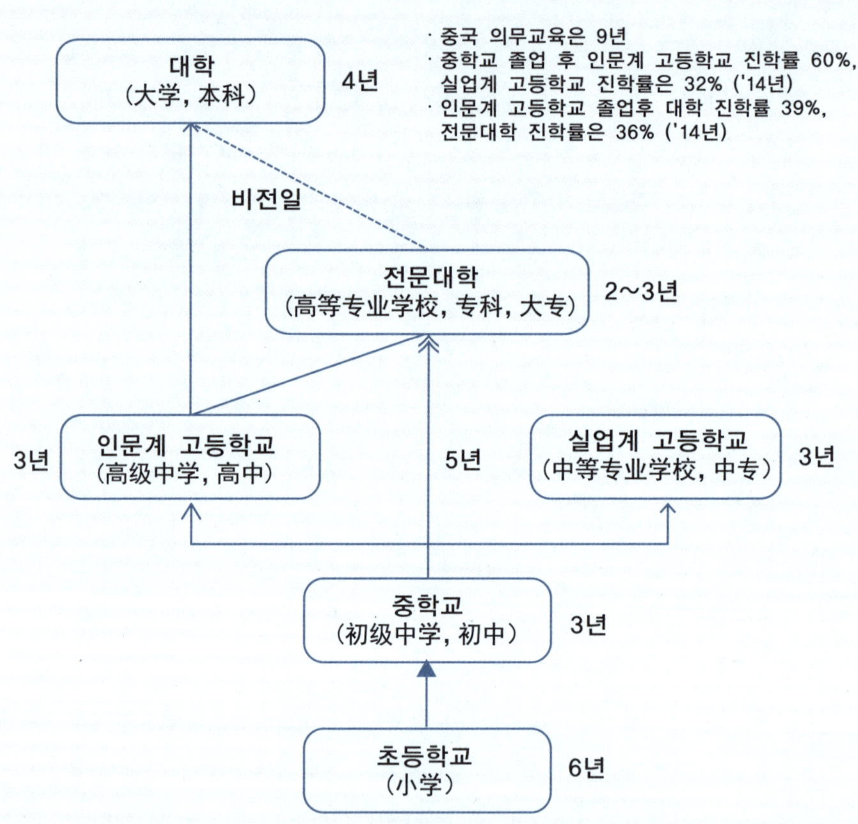

· 중국 의무교육은 9년
· 중학교 졸업 후 인문계 고등학교 진학률 60%, 실업계 고등학교 진학률은 32% ('14년)
· 인문계 고등학교 졸업후 대학 진학률 39%, 전문대학 진학률은 36% ('14년)
대학
(大学, 本科)
4년
비전일
전문대학
(高等专业学校, 专科, 大专)
2~3년
인문계 고등학교
(高级中学, 高中)
3년
5년
실업계 고등학교
(中等专业学校, 中专)
3년
중학교
(初级中学, 初中)
3년
초등학교
(小学)
6년

시용기

- 시용기 약정 방법
- 시용기 약정의 제한
- 시용기 내 노동합동 해지

중국의 시용기는 우리나라의 수습 기간과 같은 개념이다. 시용기는 본 채용 즉, 확정적 노동합동을 체결하기 전에 일정 기간을 두어 근로자의 직업적 능력을 파악하고 해당 업무에 적격한가를 판단하기 위하여 시험적으로 노동력을 제공하게 하는 제도이다. 근로자의 입장에서는 회사와 정식계약을 체결하기 전에 미래를 함께 할 만한 회사인지, 자기개발에 도움이 되는 회사인지 판단할 기회가 될 수 있다.

시용기에 관련한 분쟁은 대부분이 시용기 내 계약을 해지하는 과정에서 발생한다. 일반적으로 시용기 기간 중에 있는 직원은 회사 마음대로 계약을 해지해도 된다고 생각하기 때문에 객관적 근거 자료도 없이 계약을 해지하기도 한다.

〈노동합동법〉이 시행되기 전까지 중국 〈노동법〉에서는 시용기 계약체결이 가능하다는 것과 최장 허용 기간에 대해서만 규정할 뿐이었다. 중국의 많은 기업들은 시용기의 근본 취지에서 벗어나 노무비 절감을 위한 수단으로 시용기를 최대한 길게 하여 지나치게 낮은 급여를 책정하기도 하고, 시용기가 끝나면 쉽게 해고하는 방식으로 악용하기도 했다. 기업에서는 시용기 직원만 채용한다는 말이 돌 정도였으니 폐해가 어느 정도인지 짐작이 간다.

이러한 기업의 부정적 관행은 사회문제로 대두되었다. 근로자의 직업 안정성을 제고한다는 차원에서 2008년부터 시행된 〈노동합동법〉은 시용기의 기간, 체결횟수와 급여, 계약 해지 등의 조건을 더욱 엄격하게 제한하기에 이르렀다. 그러나 노동합동법에서 시용기에 대해 엄격하게 규정한다 하더라도 시용기 중의 근로관계는 일종의 해약권 유보부 노동합동이다. 시용기 중의 해고 및 본 채용 거부라는 유보된 해약권의 행사는 '시용' 자체가 근로자의 자질, 성격, 능력 등 직무수행의 적격성을 결정하는 단계이므로 통상적인 해고 조건보다 광범위하게 인정될 수 있다. 회사의 입장에서 시용기를 본다면 정식 계약 전에 옥석을 가려낼 수 있는 마지막 기회인 셈이다.

적성에 맞지 않는 일을 하게 되는 것은 기업이나 근로자 모두의 입장에서 시간과 비용의 낭비가 될 수 있으므로 시용기 계약에 신중해야 할 것이다.

1. 시용기 약정 방법

〈노동법〉과 〈노동합동법〉에서는 '용인단위와 근로자는 노동합동서 안에 시용기 약정이 가능하다' 고 규정하고 있다. 즉, 약정이 '가능하다' 는 말은 필수 조항이 아니라 협상가능 조항이라는 의미이다. 입사

전에는 계약의 주도권이 회사에 있으므로 법적 허용 한도 내 회사는 시용기 약정을 강제할 수 있고, 회사 입장에서는 한 번 더 직원을 고찰할 수 있는 기회이므로 약정하는 것이 바람직하다.

시용기 약정은 아래 세 가지 방식으로 가능하며 회사 상황에 따라 적절한 방식을 선택하면 된다.

① 노동합동서 안에 시용기 조항을 삽입하는 방식이다. 일반적으로 대부분의 기업이 이 방법을 선택하고 있다.

② 시용기 계약서를 별도로 작성할 수 있다. 회사와 입사예정자는 노동합동서 외에 별도의 시용기 계약서를 체결하고 노동합동서에 첨부하게 된다. 계약 당사자가 시용기 내 권리와 의무를 약정하는 방식으로 노동합동서에 시용기 조항을 약정하는 것보다 더 구체적이고 상세하다.

③ 위 두 가지 방식을 모두 활용하는 것으로 노동합동서에 기본적인 시용기 조항을 넣고 상세한 내용들은 별도로 첨부하여 시용기 계약서를 작성한다.

기업과 입사자는 시용기 계약을 체결함과 동시에 노동합동서노 반드시 체결해야 한다. 간혹 채용한 근로자가 직무에 적합하지 않다고 판단한 기업이 계약 해지가 어려워질 거라는 생각으로 본 노동합동서 체결을 미루는 경우가 있다. 그러나 노동합동서 없이 시용기 계약만 있을 경우에 시용기 계약은 무효가 되고 그 계약은 본 노동합동서의 체결로 간주된다. 그러므로 어떤 방식의 시용기 계약을 체결하든 회사와 입사자는 시용기를 약정함과 동시에 반드시 노동합동 기간을 약정해야 하며, 시용기는 노동합동 기간에 포함되어야 한다. 이는 〈노동합동법〉에서 새롭게 규정한 것이므로 주의해야 한다.

〈노동합동법〉 **제19조** 시용기는 노동합동 기간 안에 포함된다. 노동합동서상 시용기만 정해질 경우 시용기는 성립되지 않고 그 기간은 노동합동 기간으로 본다.

노동합동서 상의 시용기 조항은 기본적으로 다음 내용을 반드시 포함해야 한다.

① 시용기 기간, ② 정식 채용 조건, ③ 시용기 급여, ④ 시용기 내 노동합동 해지의 사유

노동합동서 상 시용기 조항을 약정하는 경우에는 ③, ④항을 일반적으로 급여 및 노동합동의 해지 사유 조항에 추가하면 된다. 상기 4가지 내용 외에도 시용기 계약서에 근로자가 시용 기간에 준수해야 할 규칙, 시용 기간 중 테스트 내용, 정식 직원으로의 신청 절차 등을 포함한다면 시용기와 관련된 분쟁의 소지를 줄일 수 있다.

2. 시용기 약정의 제한

노동합동기간	시용기 한도	시용기 임금	계약해지	기타
3개월~1년 미만	1개월 이하	동일직무의 최저임금/노동합동 약정임금의 80% 이상이며 해당 지역의 최저임금 이상	기업의 해지 요구 시 직무 부적합 증명 필요	약정 횟수는 1회 시용기간 변경은 상호 합의 시 가능
1년~3년 미만	2개월 이하			
3년 이상	6개월 이하			
3개월 미만, 비전일제, 프로젝트 완성형 계약	시용기 설정 불가			

첫째, 시용기는 계약 기간에 따른 기한의 제한이 있다. 시용기는 기업과 입사자의 협상을 통해 결정할 수 있지만 법에서 규정한 상한을 초과해서는 안 된다. 〈노동법〉에서는 6개월을 초과해서는 안 된다고 규정했지만 2008년에 시행된 〈노동합동법〉은 6개월을 초과하지 않는 범위 내에서 노동합동 기간 등을 고려하여 더욱 세분화된 시용기 기간을 제한하였다.

그렇다면 시용 기간의 변경은 가능한 것일까? 시용기 기간의 변경은 노동합동의 변경을 의미한다. 따라서 기간을 연장하거나 단축할 때 당연히 입사자의 동의가 있어야 가능하며, 서면으로 동의서를 받는 것이 바람직하다. 또한, 기간 연장에 대해 입사자와 합의했다고 하더라도 법적 한도 기간을 초과할 수 없음을 유념해야 한다. 시용 기간 연장은 당연히 당사자의 동의가 필요하다는 게 이해되지만, 단축에도 동의가 필요한가에 대해서는 의문이 생길 수 있다. 시용기는 근로자가 회사를 고찰하는 기간이기도 하다. 회사에 부여된 '근로자의 자유로운 계약 해지 권리' 의 일정부문을 제한하는 것이므로 근로자의 동의가 필요하다. 예를 들면, 일반 직원은 30일 전에 사직의사를 통보해야 의무가 면책되며 시용기 직원은 사직 3일 전 의사를 표명하여야 위약금이나 교육훈련비용 등에 대한 배상의 의무가 없다.

인사실무를 담당하다 보면 해당 부서장이 직원의 직무 적합성에 대하여 확신이 서지 않아 관찰할 시간이 좀 더 필요하다며 시용 기간 연장을 요구하는 상황이 생긴다. 그리고 한 달쯤 지난 후에 정식 직원으로 채용해 달라고 요청한다. 대부분의 경우가 이미 직무에 적합하지 않다고 판단되었지만, 인정에 이끌려 한 번 더 기회를 주겠다는 시혜적인 조치에 불과하기에 얼마간의 시간이 지나면 그 직원의 부서변경이 필요하다는 말이 나오는 일이 다반사이다.

둘째, 급여 책정에 제한이 있다. 〈노동합동법〉 제20조에 의하면 용인단위는 시용기 급여를 동일 직무 최저급여의 80% 수준보다 낮지 않게 책정해야 하며 노동합동서에 약정된 급여의 80% 수준보다 낮거나 소재지 최저임금 표준보다 낮으면 안 된다.

일부 기업의 경우에는 등기 소재지와 계약이 이행되는 장소 즉, 근로자의 근무지가 다른 경우가 있다. 〈노동합동법 실시조례〉 제14조는 노동합동 이행지와 용인단위의 소재지가 불일치하는 경우 최저임금, 안전보호, 노동조건 등은 계약 이행지의 규정에 따라 집행해야 한다고 명시한다. 따라서 시용기 급여 최저임금 적용은 실제 근무지의 기준에 따라 집행해야 하며, 회사 등기지역의 최저임금이 높아 이를 적용했을 때는 문제가 되지 않는다.

셋째, 시용기 약정횟수에 제한이 있다. 〈노동합동법〉 제19조 2항은 한 명의 근로자에 대해 한 번의 시용기를 약정할 수 있다고 규정하고 있다. 예를 들어, 한 근로자가 A 회사에 3년간 근무한 후 B 회사에서 1년간 근무하다가 다시 A 회사에 재입사하게 된다면 시용기를 다시 설정할 수 있을까? 할 수 없다는 게 다수의 의견이다. 근무지의 변경도 마찬가지다. 현지 법원과 노동중재 위원회 등의 판단을 고려해야 하는데, 일부 지방법원과 중재 위원회는 직원이 1년 이내 다시 원 회사에 근무하게 되면 시용기를 약정할 수 없고, 1년이 초과하였다면 시용기 재설정이 가능하다고 구체적인 기간을 명시하기도 했다.

넷째, 가장 분쟁이 많은 시용기 내 계약 해지 제한에 대해서는 구체적이고 상세한 설명이 필요하므로 별도로 기술하겠다.

기업은 〈노동합동법〉, 〈노동합동법 실시조례〉 및 기타 관련 법규와 법률을 엄격하게 준수하여 근로자의 시용기를 약정해야 하는데, 법률에서 정한 시용기에 대한 제한을 위반하면 다음과 같은 책임을 져야 한다.

첫째, 근로자의 신고 또는 노동행정 부문의 점검으로 시용기 약정의 법률 위반 사실이 발견되면 노동행정 부문은 수정 명령을 내리고 회사는 이를 이행하여야 한다.

둘째, 시용기 약정 법률을 위배하여 근로자에게 피해를 입혔다면 배상금을 지불해야 한다. 법률에서 정한 시용기 기간을 초과하였거나 약정을 위반했다면 회사는 시용기 급여를 기준으로 근로자에게 배상금을 지불해야 한다.

셋째, 급여와 관련한 법률 위반이 있는 경우에는 차액을 지불하고 추가적 경제보상금을 지불해야 한다. 약정된 시용기 급여가 법률에서 정해진 표준급여보다 낮을 경우에는 시용기 급여를 상향 조정하고, 기 지불된 급여에 대해서는 차액을 지불해야 한다. 한편, 시용기 급여가 해당 지역의 최저임금보다 낮은 경우에는 차액을 보충하여 지급함과 동시에 차액의 25%를 추가로 지불해야 한다.

〈노동합동법〉 **제83조** 용인단위는 본 법률을 위반하여 근로자와 시용기를 약정한 경우, 노동행정 부문은 수정 명령을 내려야 할 책임이 있으며, 법률을 위반하여 시용기를 이미 이행한 경우, 용인단위는 시용기의 월 급여를 기준으로 시용 기간을 초과한 기간에 대해 근로자에게 급여를 지불해야 한다.

〈노동합동서를 위반하거나 해지할 때의 경제보상 방법〉 **제4조**

채용 업체가 근로자에게 지불하는 급여는 소재지 최저임금 표준보다 낮을 경우 차액을 보충하여 지불하는 동시에 차액의 25%를 경제보상금으로 지불해야 한다.

3. 시용기 내 노동합동 해지

(1) 회사의 노동합동 해지

시용기 기간에 있는 근로자라 하더라도 조건에 합당하다면 회사는 노동합동을 해지하고 직원을 해고할 수 있다. 〈노동합동법〉 제21조는 시용기 내 용인단위는 본법 제39조와 제40조 1항, 2항에서 명시한 상황 외에는 계약을 해지할 수 없으며, 만일 계약을 해지하려면 근로자에게 그 사유를 설명해야 한다고 규정하고 있다.

회사의 시용기 내 계약 해지의 사유는 아래와 같다.

① 근로자 과실성 계약 해지 조건 중에 해당하는 경우

② 근로자 비과실성 해지 조건 중에 해당하는 경우

③ 직원이 시용기 내 채용 조건에 부합되지 않는다는 것이 증명되는 경우

회사가 계약을 해지하려면 위 세 가지 조건 중 하나 이상이 부합되

어야 한다. ①, ②항에 관해서는 일반적인 노동합동 해지 가능 조건과 같으므로 문제 발생의 소지가 적다. ①항의 경우 사규의 엄중한 위반, 사기나 협박 등으로 입사한 경우, 회사에 중대한 손해를 끼친 경우 등으로 본인의 과실로 인한 계약 해지 사유에 해당한다. ②항은 부상이나 질병, 업무능력 부족 등의 사유로 당해 직무를 감당할 수 없는 경우이다. 직원이 질병이나 산재를 제외한 부상으로 인해 일정의 의료기간이 만료되어 직무를 수행할 수 없는 경우와 업무능력의 한계로 교육과 직무를 조정한 후에도 해당 직무를 수행할 수 없는 경우로 비과실 계약 해지 사유에 해당된다.

한편, 대부분의 분쟁이 발생되는 지점이 바로 ③항의 계약 해지 사유이다. 회사는 사전에 철저히 준비하여 부적합한 인재는 걸러내고 인적 경쟁력을 확보하는 효과적인 수단을 마련해야 한다. '채용 조건에 부합되지 않는다는 것을 증명해야 한다'는 것보다 우선되어야 할 점은 '채용 조건이 무엇인지 명확해야 한다'는 것이다. 조건이 명확하게 정의되지 않으면 이에 부합되지 않는 것을 가려내기 위한 전제가 없기 때문이다. 아직도 많은 회사에서 채용 조건을 명확히 하지 않고 관리자의 주관적인 판단으로 정식 채용 여부를 결정하여 통보하기 때문에 종종 분쟁이 발생하고 있다.

채용 조건은 다음과 같은 몇 가지 방면에서 구체적으로 설정하는 게 바람직하다.

① 업무능력: 직무요구 기술, 전문 능력, 필수 자격의 유무 등

② 근무태도: 회사규정 준수, 지각, 무단 결근, 안전규정 위반 등

③ 건강이상: 직무에 부적합한 질병, 전기 관련 업무자의 색맹 등

④ 법적요구: 기존 회사와 노동관계 해지 여부, 사회보험 등 필수 유관자료 제출의 의무

그렇다면 회사에서 규정한 일련의 채용 조건은 모두 법적 효력을 가지는가? 기본적으로 그 규정은 합법적 테두리 안에 있어야 한다. 예를 들어, 시용 기간 내 결혼과 임신, 출산을 하면 안 된다고 규정했을 때 이는 합법성을 인정받을 수 없다. 인간의 기본권을 침해하는 규정이기 때문이다. 또한 채용 조건에 대해서는 근로자에게 미리 고지해야 한다. 근로자에게 알려주지 않은 조건을 기준으로 근로자를 평가하고 계약을 해지하는 것은 유효성을 인정받기 어렵다. 따라서 정식 채용 조건에 대해서 통지하고 그 근거를 확보해야 하는데, 그에 대한 조건과 통지한 부분을 시용기 계약서에 명시하고 서명하는 것이 가장 확실한 방법이다.

그렇다면 채용 조건에 부합하지 않는다는 것을 어떻게 증명할 것인가? 해당 부서장 한 사람의 평가는 지극히 주관적일 수 있으므로 객관성을 인정받을 수 있는 방식을 채택해야 한다. 업무능력의 평가, 회사 규정의 위반여부, 동료 평가 등 자료를 수집하여 이를 근거로 판단해야 한다. 더불어 형식적인 절차일 수 있으나 인사위원회의 의결을 통하는 것이 유효성 인정의 가능성을 더 높일 수 있다.

(2) 근로자의 노동합동 해지

〈노동합동법〉은 시용기 내의 근로자는 사직 3일 전에 회사에 통보하면 노동합동을 해지할 수 있다고 규정하고 있다. 회사의 사규에 30일 전 통보, 인수인계 후 사직 가능 등 사직의 권리를 제한하는 조항

이 있더라도 이는 위법이므로 효력이 없다. 근로자는 시용기 내 3일 전에만 회사에 사직의사를 통보하면 되고, 그 형식에 있어서도 강제적인 규정이 없으므로 서면이나 구두로 의사를 분명히 전달하기만 하면 된다. 따라서 직원의 예측 불가능한 행동에 대비해서 회사는 시용기 직원에 대해 연속성이 강하고 주요한 업무는 가능한 배제하는 것이 좋다.

일반적으로 회사는 입사한 근로자가 시용기 동안 교육을 받은 후 갑작스레 사직하겠다고 했을 때 괘씸하게 여겨 이를 제한하려고 한다. 그렇다면 시용기에 사직한 근로자에게 위약금이나 교육비용을 배상하라고 할 수 있을까? 노동부의 〈시용기 내 노동합동 해지와 관련한 답변〉에서는 회사가 교육비용을 지불하여 여러 가지 기술교육 등을 실시했다고 하더라고 직원이 사직하고자 했을 때, 그 비용을 청구할 수는 없다고 명시하고 있다. 따라서 회사는 시용기의 직원에 대해서는 입사 관련 신입사원 교육과 기본교육만 시행하고 정규직으로 전환된 후 직무와 관련된 전문교육을 받도록 하는 것이 바람직하다. 단, 회사가 직원을 채용하기 위해 별도의 스카우트 비용 등을 지불한 경우에는 스카우트 비용은 물론 교육 관련 비용을 청구할 수 있다고 규정하였다.

〈노동합동법〉 **제37조** 시용기의 근로자는 3일 전에 노동합동 해지를 용인단위에 통보하면 노동합동 해지가 가능하다.

노동합동 해지 시 교육 관련 비용 배상 문제에 대한 노동부 〈시용기 내 노동합동 해지와 관련한 답변〉

용인단위가 비용을 지불하여 근로자에게 여러 가지 기술교육을 제공해 준 상황에서 근로자가 노동합동을 해지하고자 할 때, 시용기 내에 있다면 회사는 이에 대한 교육비용을 지불하라고 요구할 수 없다. (중략) 용인단위가 금액을 지불하여(스카우트 비용 등) 채용된 근로자가 계약 기간 내(시용기 포함) 계약을 해지하고자 하면 용인단위는 〈유관 노동합동 위반 시 배상방법〉(노부발[1995] 233호) 제4조 1항의 규정에 따라 직원에게 배상을 청구할 수 있다.

〈노동합동 위반 시 배상 방법〉 **제4조** 채용자는 규정이나 노동합동의 약정을 위반하며 채용 업체에게 손실을 줄 때 채용자는 채용 업체에 손실을 배상해야 된다.

① 회사가 직원을 채용할 때 지불된 비용
② 용인단위가 교육하기 위해 지불한 비용, 쌍방 별도약정이 있을 경우 그 약정 대로 진행
③ 생산, 경영과 관련된 직접적인 손실
④ 노동합동서에서 약정된 기타 배상 비용

〈시용기 관련 판례〉

왕 씨는 2009년 10월 기계제작 회사와 3년의 노동합동을 체결하고 3개월은 시용기로 약정했다. 왕 씨는 1차 기본작업교육, 2차 기능심화교육을 받기로 하였다. 그러나 더 좋은 조건의 회사를 찾게 된 왕 씨는 11월 15일 사직의사를 밝히고 19일부터 출근하지 않았다. 다음달

급여일에 입금을 기대하고 있던 왕 씨는 급여를 받지 못하자 회사에 문의한다. 그러나 사측은, 사직하려면 1개월 전에 미리 통지해야 하는데 왕 씨의 경우는 15일 연속 무단결근으로 징계규정에 따라 1개월의 급여를 지급할 수 없으며 계약서상의 약정을 들어 왕 씨에게 제공된 1차 교육에 회사가 지불한 비용이 있으므로 오히려 손해를 입었다고 답하였다.

[쟁점 및 분석]

1. 시용기 동안 사직의사는 며칠 전에 통지하여야 하는가? 노동합동서의 사전 통지 약정은 유효한가?

〈노동합동법〉 제37조에 따라, 정식직원은 30일 전 서면형식으로 회사에 통지하면 계약 해지가 가능한데 반해 시용기의 직원은 3일 전에 통지하면 계약 해지가 가능하다. 설사, 회사 사규와 노동합동서에서 30일 전에 회사에 통지하도록 규정하였다 하더라도 노동법에 위배한 사규나 노동합동은 무효로 판단된다. 따라서 왕 씨의 행위는 합법적이다.

2. 회사는 왕 씨에 대하여 급여 미지급 처분을 내릴 수 있는가?

회사에서 설명한 왕 씨의 급여공제 사유는 두 가지이다. 첫째는 사직 30일 전에 통지해야 하는 의무를 위반하였으며, 둘째는 15일 연속 무단으로 결근하였으므로 징계규정에 따라 1개월 급여를 미지급한다는 것이다.

왕 씨는 사직의사를 3일 전에 통보하였으므로 법률규정에 부합하여 무단결근으로 볼 수 없다. 설사 무단결근이라 하더라도 급여에 관해서는 법에서 엄격히 보호하고 있으므로 회사에서 급여를 공제할 수 없다.

다만, 〈급여지급잠정 시행규칙〉 제15조에서는 아래 4가지 상황에서 급여공제가 가능하다고 규정하고 있다.

① 개인소득세의 원천징수, ② 근로자 부담의 각종 사회보험 비용 원천징수, ③ 법원이 결정한 양육비와 부양비의 원천징수, ④ 법률규정에 따른 근로자 급여 원천징수 가능 비용

중국의 많은 회사에서는 위 규칙조항과 더불어 1982년 국무원에서 제정한 〈기업직원 상벌조례〉의 벌금규정에 의거하여 사규를 위반한 직원에 대해 벌금제도를 운영하고 있지만 이것은 위법이다. 왜냐하면 〈노동법〉, 〈노동합동법〉이 시행되면서 〈기업직원 상벌조례〉는 폐지되었으므로 회사의 벌금규정 근거가 사라졌기 때문이다.

3. 전문교육 협의를 약정하였으므로 왕 씨는 교육비용 등을 배상해야 하는가?

〈노동합동법〉 제90조에 따르면 규정을 위반한 계약 해지, 기밀협의 혹은 경쟁업체의 취업제한 규정을 위반하여 회사에 손실을 유발하였을 경우 근로자는 배상책임이 있다. 그러나 본 안건은 정당한 노동합동 해지이므로 왕 씨는 배상책임이 없으며, 왕 씨가 받은 교육을 전문기술교육으로 간주하기도 어렵다. 또한 〈노동법〉 제3조는 근로자는 기본직무교육을 받을 권리가 있다고 규정하고 있다.

노동합동(勞動合同, 근로계약) 체결

- 노동합동 당사자의 적격성
- 노동합동서 내용
- 노동합동상의 고지의무

2010년 10월 인사과장이 신입사원과 노동합동을 작성하는데 회사 직인이 필요하다며 결재서류를 들고 왔다. 필자는 별다른 의문 없이 결재를 했다. 그러나 문득, 인사부장으로 부임한 지 1년이 다 된 시점임에도 당사의 노동합동서를 제대로 읽어본 적이 없다는 것을 깨달았다.

노동합동은 회사와 직원이 맺는 첫 번째 계약이자 모든 사규 적용의 근간이다. 그래서 마음먹고 일독하기로 했다. 인사노무 분야에서 근 10년을 근무한 필자도 그 내용을 명확히 이해할 수 할 수 없는 부분들이 있었다. 필자조차도 이런 상황인데 중국에 진출해 있는 한국회사의 사장들과 관리부장들은 어떠할까? 한번이라도 노동합동서를 제대로 읽고 분석해 봤을까? 각각의 조항들이 어떤 의미를 가지는지, 왜 삽입되었는지 이해하고 있을까?

제대로 읽어보고 이해한 기업이 거의 없을 거란 걱정이 앞선다면 기우일까? 경영자가 노동합동서를 확실하게 이해하고 있는 회사라면 타사에 비해 노동문제가 확연히 적을 것이다. 물론 코트라나 중국 노동국에서 정한 표준양식이 있어 많은 회사가 이를 활용하고 있지만 말이다.

한국계 기업들의 실상을 보면 계약서를 통해 근로 조건을 확정하지 않고 필요에 따라 변경하며, 계약 미이행에 따른 위험을 회피하고자 노동합동서를 아예 작성하지 않는 곳도 있다. 어떤 기업은 직원들의 유동성이 높아 상황을 보고 체결하고자 차일피일 미루기도 한다.

그러나 노동합동을 체결해야 하는 시점을 분명히 명시하고 그에 따른 배상책임이 있음을 숙지해야 한다. 입사 후 30일 이내 노동합동을 체결하지 않을 경우에는 매월 급여의 200%를 배상금으로 지급해야 하며, 1년이 지나면 무고정계약(한국 무기계약, 정규직 근로계약과 유사하며 계약 기간이 정해져 있지 않은 근로계약의 한 종류)을 체결했다고 간주한다.

노동합동도 민법상 계약의 범주이다. 계약 자율의 원칙은 중국에서도 적용된다. 따라서 기업과 근로자는 자유롭게 계약을 체결할 수 있다. 하지만 상대적으로 우월한 지위에 있는 기업의 일방적 강요가 있을 수 있으므로 노동법에서 여러 가지 제약을 두고 있다.

1. 노동합동 당사자의 적격성

〈노동법〉 제16조에서 노동합동은 '근로자와 용인단위가 근로관계를 형성하고 쌍방의 권리와 의무를 명확히 하는 협의' 라고 정의하고 있다. 노동합동의 주체는 노동합동 양쪽 당사자 즉, 용인단위와 근로자이다. 다른 계약과 마찬가지로 당사자의 적격성을 갖추는 것은 노동합동이 효력을 가지는 데 있어 필수조건이다. 계약 당사자가 적격성이 없으면 노동합동 자체가 무효가 될 수 있고, 상대방에게 손실을 끼쳤다면 잘못이 있는 쪽은 배상책임을 가진다.

다만, 적법한 계약 당사자에게 자격이 없어 노동합동 자체가 무효가 된 경우라도 근로 보수 등의 문제는 여전히 별개의 사안으로 계약 조항에 따라 집행할 수 있음을 유의해야 한다.

(1) 용인단위의 적격성

〈노동합동법〉 및 〈실시조례〉의 규정에 따르면 용인단위는 중화인민공화국의 국경 안에 있는 모든 기업, 개인사업자, 민영비기업기관 등 법에 따라 설립한 회계 사무소, 변호사 사무소 등의 조직과 재단을 모두 포괄하고 있다. 국가기관과 사회단체 내 고용도 노동법 용인단위의 범위에 속한다. 그러나 포괄 범위가 넓더라도 모든 근로관계가 노동법 범위에 들지는 않는다.

중국에는 많은 사람들이 가사도우미를 고용하고 있고 필자도 마찬가지다. 가사도우미는 계약을 맺은 상태이지만, 나와 노동합동을 체결했다고 볼 수는 없다. 필자는 용인단위의 자격을 갖추지 못했기 때문에, 노동법의 적용을 받지 않는 상법상의 노무제공 계약을 체결한 것에 불과하다.

(2) 근로자의 적격성

노동합동의 다른 한쪽인 근로자는 법정 연령과 근로행위 능력보유의 조건을 갖추어야 한다. 〈노동법〉상 용인단위는 16세 미만의 근로자를 채용할 수 없다. 다시 말해서 만 16세 이상인 자만이 근로자 자격을 가지게 된다. 또한 정신질환이나 질병, 장애로 인해 근로행위능력을 완전히 상실한 사람도 근로자의 적격성이 없다. 언급된 두 가지 조건 외에 특별한 규정도 있으므로 사전에 잘 파악해야 할 것이다. 정년퇴직한 근로자(남성은 만 60세, 여성간부는 만 55세, 여성일반직원은 만 50세)를 용인단위가 다시 임용하는 경우에는 노동합동을 체결할 수 없다. 하지만 〈노동합동 제도를 실시하는 여러 문제에 대한 통지〉의 규정대로 용인단위가 이미 양로보험 대우를 누리는 이직자 혹은 퇴직자를 채용하면 서면협의를 체결해야 하고 그 기간에 맡길 업무, 보수, 의료, 보험 등의 권리와 의무를 명확히 해야 한다. 이는 노동법의 범주에서 벗어난 순수한 민법으로 중국 노동법의 적용을 받는 노동합동이 아니라 노무제공 계약이라고 할 수 있다.

학생이 여유시간을 이용하여 일하고 근로의 대가를 받는 경우에 대해서 〈중화인민공화국 노동법 집행과 관련한 여러 문제의 의견〉의 규정에 따라 정식채용으로 여길 수 없고, 근로관계가 성립되지 않으며 노동합동을 체결할 수 없다. 또한 외국인도 노동합동의 당사자가 될 수 없다. 외국인이 중국에서 취업을 하기 위해서는 〈재중국외국인 취업관리규정〉에 의거하여 취업허가증을 취득해야 노동합동 당사자의 자격을 갖출 수 있다. 각 지방마다 차이는 있겠지만 최근 외국인취업증 발급이 점차 엄격해지고 있다. 기본적으로 대졸이상의 학력과 일정 기간의 경력을 보유하고 있어야 하며, 만 60세 이상인 경우에 투자자를 제외하고는 원칙적으로 취업허가증이 발급되지 않는다.

〈노동합동주체의 적격성 관련 중재 사례〉

2006년 2월, 학생 신분인 이 씨는 에어컨 설비 회사 직원채용 소식을 듣고 재학 중인 서주직업기술학교의 취업추천서를 받아 채용공모에 응시했다. 면접에 합격하여 쌍방은 2006년 2월 27일 노동합동서를 체결했다. 그런데 그해 4월 출근길에 교통사고를 당하여 출근을 할 수 없게 되자 2006년 11월 노동행정 부문에 공상인정 신청을 했다. 하지만 회사는 재학 중인 학생은 노동합동 당사자의 자격이 없으므로 이 노동합동서는 무효임을 주장하며 노동중재를 신청했다.

[쟁점] 재학생 신분의 학생이 적법한 노동합동의 당사자가 될 수 있는가?

[중재결과] 졸업을 앞둔 대학생이 졸업논문을 준비하며 직장을 찾고 있었고, 비록 정식으로 졸업하지는 않았으나 기본 학업을 모두 완수하였다고 간주한다. 또한 학교가 취업추천서를 발급해 주었다면 노동합동의 당사자의 '적격성' 을 갖추었다고 볼 수 있어 회사와의 노동합동 체결은 유효하다. 따라서 공상신청이 적법하다.

2. 노동합동서 내용

(1) 노동합동서 필수 조항

노동합동을 체결할 때는 〈노동합동법〉의 규정에 따라 필수조항과 상호약정할 수 있는 사항이 무엇인지 파악해야 한다. 노동합동 필수 기재조항은 아래와 같다.

① 용인단위의 명칭과 주소, 법정대표
② 근로자의 성명과 거주지, 주민등록증이나 기타 유효 신분증번호
③ 노동합동 기간
④ 작업 내용과 근무 장소
⑤ 근무 시간과 휴게 시간 및 휴가
⑥ 근로 보수
⑦ 사회보험
⑧ 근로 보호, 근로 조건과 작업 위해요소 방지
⑨ 기타 법률의 규정에 따라 노동합동에 포함해야 하는 사항

위 언급된 필수조항 이외에 용인단위는 근로자와 시용기, 교육훈련, 영업비밀 보호, 추가보험과 복지대우, 근로 규율 등의 사항에 대해 약정할 수 있다. 이런 조항을 반드시 노동합동서에 기재해야 하는 것은 아니나 향후 발생할 수 있는 분쟁의 예방을 위해 명시하는 게 바람직하다(시용기는 4장에서 설명했으며, 교육훈련협의는 논란이 많은 사안이므로 별도의 장에서 설명하겠다).

〈고용계약서 송부의 효과와 관련한 중재 사례〉

2010년 8월 1일 이 씨는 한 기업의 면접 시험을 통과하였다. 기업에서는 이 씨가 적합한 인재라고 판단하고 직무, 급여, 고용 기간이 기재된 고용계약서에 직인을 찍어 보냈다. 이후 이 씨는 출근을 했지만, 기업과 이 씨 간에 정식 노동합동서는 체결되지 않은 상태였다.

2011년 8월, 1년간의 고용계약서 기한이 만기 되었다. 기업은 이 씨에게 재계약을 하지 않겠다고 통보했다. 이 씨는 쌍방이 노동합동서를 체결하지 않았으므로 기업에 2배의 급여를 요구하였다. 하지만 기업은 당사가 송부한 고용계약서가 노동합동서를 의미하는 것이므로 노동합동을 체결하지 않았다는 이유로 2배의 경제보상금을 지급할 근거가 없다고 주장하였다.

[쟁점] 고용계약서 송부가 노동합동서 체결로 간주할 수 있는가?

[중재결과] 고용계약서 송부는 노동합동서 체결로 간주할 수 없다. 그러므로 회사는 입사 후 30일이 지난 시점으로 기산하여 2배의 배상금을 지불해야 한다.

[분석] 본 사안의 관건은 고용계약서가 노동합동서로 간주할 수 있는지에 있다. 만약 서면 노동합동서로 간주할 수 있다면 이씨에게 별도로 2배의 급여를 지급할 필요가 없다. 반대의 경우라면 응당 30일 지난 시점부터 매월 이 씨한테 2배의 급여를 지불하여야 한다.

〈노동합동법〉 제82조에 의하면 용인단위에서 채용일로부터 1개월 미만 혹은 1년 이내에 근로자와 서면 노동합동을 하지 않으면 응당 노동자에게 2배의 급여를 지불하여야 한다. 사실 고용계약서는 서면 노동합동서에 속하지 않는다. 왜냐하면 본 사안의 고용계약서는 단지 노동합동서의 요약일 뿐이다. 그리고 노동합동서가 성립되려면 요약, 승낙, 체결 등 3가지 절차가 있어야 한다. 그러므로 고용계약서는 회사에서 이 씨에 대한 면접을 실시한 후 이 씨와 노동관계를 건립하려 한다는 일방적인 의사표현이다.

〈노동합동법〉 제17조에 의하면 노동합동서에는 응당 아래 내용이 포함되어야 한다.

① 용인단위의 명칭, 주소, 법정대표인 혹은 주요 책임자
② 근로자의 성명, 주소, 신분증 혹은 기타 유효 신분증번호
③ 노동합동 기간
④ 업무 내용 및 근무지
⑤ 업무 시간과 휴식, 휴가 시간
⑥ 급여
⑦ 사회보험
⑧ 노동보호, 노동조건 및 작업 위해 보호 이밖에 법률, 법정규정 등도 노동합동서 상에 기타사항에 표기해야 한다.

본 사안 중 이 씨에게 보낸 고용계약서에는 단지 직종, 급여, 고용기간만 설명되어 있다. 회사 직인만 찍고 다른 법적 조항은 포함하지 않았으며, 이 씨의 서명도 받지 않았기에 노동합동서라고 할 수 없다. 그래서 중재위원회에서는 노동합동서를 체결하지 않았으므로 2배의 급여로 배상해야 한다고 판단하였다.

(2) 노동합동상 담보금지

현재 중국 노동시장은 직원의 유동성이 매우 크다. 이 때문에 직원 고용의 안정성을 확보하고 채용과 교육 등에 대한 비용 낭비를 막기 위해 많은 기업들이 여러 가지 방법을 활용하고 있다. 최근 들어 다수의 기업들이 활용하는 방안은 근로자로부터 보증금을 받거나 보증인을 요구하는 것이다. 기업에 근무하는 근로자에 대한 보증을 금전이나, 타인을 통해 확보하겠다는 식이다.

그러나 이러한 사례는 기업이 자신의 우월한 지위를 이용하여 근로자의 합법이익을 침해하는 행위다. 당연히 법률로 금지하고 있다. 〈노동합동법〉 제9조는 '용인단위는 근로자를 채용할 때 근로자의 신분증과 다른 증명서류를 압류해서는 안되며, 근로자에게 담보를 요구하거나 다른 명의로 근로자에게 금품 등을 받으면 안 된다' 고 명시하고 있다. 다수의 기업이 활용하는 방안이라고 해도, 노동합동법에 위배되는 건 피해야 한다.

3. 노동합동상의 고지의무

노동합동 체결 시, 기본적으로 서로에게 필요한 사항을 충분히 알려주어야 하는데 이를 고지의무라고 한다. 이는 노동합동을 체결함에 있어 기업과 근로자가 충분히 알기 위함이며 노동합동 체결이 진실한 정보를 확보한 상황에서 이루어져야 한다는 기본 취지이다. 고지의무와 관련하여 〈노동합동법〉 제8조는 '용인단위는 근로자를 채용할 때 진실되게 근로자에게 근무내용, 근무조건, 근무장소, 작업 위해

요소, 안전생산 상황, 근로 보수 및 근로자가 인지를 원하는 사항 등을 고지하여야 한다' 고 하고, '용인단위는 노동합동과 관련된 근로자의 기본사항을 파악할 권리가 있으므로 근로자는 용인단위에 사실대로 설명해야 한다' 고 규정하고 있다.

(1) 기업의 고지의무 사항과 방법

〈노동합동법〉의 규정에 따라 용인단위는 근로자에게 다음과 같은 내용을 고지하여야 한다.

① 근무내용: 직무, 책임범위 등

② 근무조건: 근무와 관련된 시설, 서비스 등

③ 근무장소

④ 작업 위해요소: 〈직업병 방치법〉 제30조에서 '용인단위는 근로자와 계약을 체결할 때, 일할 때 생길 수 있는 직업병과 그 결과, 직업병 예방 조치와 대우 등의 내용을 사실대로 알려줘야 하고 노동합동에서 숨겨서는 안 된다' 는 것을 규정하고 있다.

⑤ 안전생산 상황

⑥ 근로 보수, 성과금, 복리후생 등

⑦ 근로자가 인지를 원하는 사항: 근무 시간, 휴가 기간, 노동합동 기간, 교육 계획 등기업은 근로자에게 다양한 방식으로 고지할 수 있다. 〈노동합동법〉에는 구체적인 제한이 없어 법률적으로는 구두방식과 서면방식 모두 가능하다. 하지만 향후 발생할지도 모르는 노동분쟁에 대비하여 기업은 근로자에게 서면으로 고지하는 것이 바람직하다고 보아 다음의 몇 가지 방식을 활용하기를 추천한다.

① 노동합동서에 각 내용을 상세히 명시

② 정보를 고지하는 동시에 서면 기록과 서명 날인

③ 고지 내용으로 별도의 부속문서를 만들고 노동합동서에 첨부

기업은 근로자에게 계약과 관련된 정확한 정보를 알려줄 의무가 있다. 이를 이행하지 않았다면 기업은 다음과 같은 내용을 포함한 법률적 책임을 져야 한다.

첫째, 근로자는 업무를 거부할 수 있는 권리가 있다. 기업이 근로자에게 정보를 알려주지 않았거나 고지한 내용이 사실과 다를 경우, 혹은 고지 받지 않은 작업 위해요소를 발견했을 경우 그 작업을 거부할 수 있다.

둘째, 근로자는 계약을 해지할 수 있는 권리가 있다. 근로자는 기업이 허위 정보를 고지하여 노동합동대로 근로 조건이나 보수를 제공하지 않았을 경우 노동합동을 해지할 수 있다. 기업은 근로자가 계약 해지를 원할 경우에는 경제보상금도 지불해야 한다.

셋째, 근로자는 기업에 배상을 요구할 수 있다. 기업에서 법률대로 정보를 고지하지 않았거나 허위 정보를 제공하여 근로자에게 손해를 입혔다면 기업은 이에 상응한 배상책임을 져야 한다.

넷째, 기업이 고지 의무를 소홀히 했을 때 노동합동의 무효나 일부분 무효를 초래할 수 있다. 중요한 정보를 숨기거나 허위 정보를 공표하는 것은 기만행위이다. 근로자의 진실한 뜻을 반하는 계약을 한 경우 노동합동은 그 자체, 혹은 일부분이 무효로 판단될 수 있다.

(2) 근로자의 고지의무

〈노동합동법〉은 근로자가 고지해야 하는 정보범위를 상세하게 기술하지 않고 개괄적으로 '노동합동과 관련된 기본정보'라고 표현한다. 실무적으로는 근로자의 기본정보(연령, 결혼상황, 학력, 유효한 연락처 등)와 근로자의 건강, 전공지식과 직업기능, 직장경력과 업무경력, 상벌상황 등이 고지의무 사항이라 할 수 있다. 근로자는 노동합동과 관련된 기본정보를 알려줄 의무가 있지만 노동합동과 관련이 없는 사생활(예를 들면, 애인유무), 용모 등 개인적인 정보는 알려줄 필요가 없으며 회사는 이를 이유로 채용을 거부할 수 없다. 기업이 정보를 서면으로 고지하는 것과 같이 구체적 근거를 위해 기업은 근로자에게 서면으로 정보를 제공할 것을 요구할 수 있다. 이때 〈구직신청서〉나 기업에서 자주 사용하는 〈개인이력서〉를 사용해도 무관하다. 근로자가 기업에 알려주는 정보는 계약을 체결함에 있어 매우 중요하므로 진실되어야 한다. 정보를 숨기거나 허위 정보를 제공하는 경우 다음과 같은 법률적 책임을 져야 한다.

첫째, 노동합동이 자체가 무효가 될 수 있다. 근로자가 정보를 숨기거나 허위 정보를 제공하는 것은 기만 행위에 해당한다. 만약 그 기만 행위가 노동합동 체결에 영향을 미친다면 노동합동은 전체 또는 일부 무효가 될 수 있다.

둘째, 기업에서 노동합동을 해지할 수 있다. 기업은 근로자가 정보를 숨기거나 거짓 정보를 제공하는 행위에 대해 계약과 사규를 위반하는 행위로 여길 수 있고, 실증되면 노동합동을 해지할 수 있다. 주의해야 할 것은 모든 허위 정보에 대해 심각한 규율을 위반하는 행위로 간주하여 획일적으로 처리하면 안 된다. 기업은 근로자의 어떤 행위를 심각하게 규율을 위반하는 행위로 정하는 자주권을 갖지만 그 규정은 사회통념상 합리성을 갖추어야 한다. 예를 들어, 결혼 여부를 허위로 작성했다고 해서 노동합동 전체를 무효라고 한다면 과한 조치라고 볼 수 있다.

셋째, 배상책임이 있다. 근로자의 허위행위 등으로 인해 기업이 손해를 입는다면 근로자는 그에 대한 배상책임을 져야 한다.

〈고지의무 위반과 관련한 중재 사례〉

2009년 5월 상해에 있는 IT 회사는 소프트웨어 개발 담당직원을 채용한다는 공고를 냈다. 모집공고에는 학사 이상의 학력, 소프트웨어 개발에 능숙한 자로 한정하였다.

장 씨는 대전(3년제 전문대)을 졸업한 후 상해로 와 소프트웨어 관련 교육을 받았고 타 회사에서 3년가량 근무한 경력도 있었다. 장 씨는 그 회사에 취업을 하고 싶은 욕심에 학사 이상 학력을 요구함에도 불구하고 이력서를 제출했고, 회사의 필기시험과 면접을 거쳐 채용에 합격하였다. 기업에는 컴퓨터 전공의 석사학위증을 위조하여 제출하였다.

장 씨는 회사 내에서 능력을 인정받아 소프트웨어 개발에서 중요한 역할을 맡았다. 회사는 향후 관리자로 육성할 인재라고 판단되어 장씨를 발탁하여 상해 지역 호구로 변경[3]해 주기로 결정하였다. 호구를

3) 호구 변경: 대도시의 호구를 가지면 지역 내 사회보험, 자녀교육 등의 혜택이 있음. 대도시 호구를 취득하기 위해서는 일정 학력 이상의 자격을 요구하기도 함.

변경하던 중 해당 기관에서 장 씨가 제출한 대학 졸업증명서가 위조되었다는 사실을 발견했고 회사는 장 씨가 회사를 속이고 회사의 명예를 크게 실추시켰으므로 노동합동을 해지하기로 하였다. 장 씨는 비록 학력은 속였지만 회사가 요구하는 능력을 갖추었으며, 회사도 그것을 인정하였으므로 노동합동을 해지하는 것은 타당하지 않다고 주장하며 중재를 신청하였다.

[쟁점] 학력위조가 노동합동을 해제할 수 있는 수준의 고지의무 위반에 해당하는가?

[중재결과] 고지의무를 위반한 근로자에 대한 회사의 노동합동 해지는 정당하다고 판단

[분석] 민법의 기본원칙에 의하면 쌍방은 계약서 체결에 있어 성실원칙을 지켜야 한다. 쌍방이 성실하게 신용을 지키는 조건으로 민사관계를 건립하여야 한다. 마찬가지로 용인단위와 근로자 간에도 성실하게 신용을 준수하여야 한다. 쌍방이 노동합동서를 체결할 때 서로간에 알 권리가 있다. 용인단위는 근로자에게 작업 내용, 작업 조건, 작업 지점, 작업 위해요소, 안전생산 정황, 급여 등을 근로자에게 사실대로 알려주어야 한다.

〈노동합동법〉에 의하면 근로자는 연령, 학력, 외국어 능력, 업무 경력 등에 대해 증명서를 제출하라고 할 때 허위 없이 성실하게 설명을 해야 한다. 근로자가 허위증명서를 내거나 무언가를 숨기고 진실을 말하지 않을 때 업체로부터 노동합동 해지를 요구 받을 수 있다. 다만, 학력과 관련해서는 충분한 직무능력을 갖추었다면 학력 위조만으로 노

동합동을 해지하는 것은 과한 처분이라고 판단하는 판례도 있으니 유의해야 한다.

계약체결 시 유의사항

실무를 처리하는 부서장으로서 다년간의 근무경험에 비추어 계약체결 시 한번쯤은 반드시 챙겨봐야 할 사항을 다음과 같이 정리해 보았다.

첫째, 노동국에서는 직무기재를 구체적이고 명확하게 명시할 것을 요구하지만, 노동합동서에는 포괄적으로 기재하는 것이 좋다. 여러 직원과 근무해보면 어떤 직원의 능력이나 성향, 적성 등이 해당 업무에 적합하지 않는 경우가 종종 있다. 그래서 부서를 변경하려고 하면 일부 직원들은 노동합동서상 명기된 직무가 아니므로 부서를 변경할 수 없다고 주장한다. 노동합동을 변경하기 위해서는 직원의 동의가 있어야 한다는 법적 근거를 내세우기도 한다. 가능하다면 행정직, 기능직 등 포괄적인 용어로 기재해 향후 기업에서 부서변경 시 문제 발생 소지를 줄여야 한다.

둘째, 경력인정에 관해서도 분명히 규정할 필요가 있다. 회사 입장에서는 실무경력에 따라 급여를 차등 지급할 수 있다. 그런데 경력을 인정함에 있어 규정이 명확하지 않고 형평성이 떨어지면 직원들의 불만을 사는 요인이 될 것이다.

어느 날, 입사한 지 두 달 된 직원이 나를 찾아왔다. 입사동기와 비교했을 때, 다른 회사에서 근무한 경력이 비슷한데 자신의 급여가 적다는 것이다. 그의 입사동기는 타 기업에서 동종업무를 담당했기에 경력을 더 인정해 주었던 터였다. 그 이유를 차분히 설명해 주었지만 납득하지 못하겠다며 다소 불만에 찬 표정으로 돌아갔다. 이러한 전례가 있어 당사는 당사와 동일 규모 이상의 기업에서 동종직무에 근무했을 때 경력을 100% 인정해 주고, 비교적 규모가 작은 기업에서 동종직무에 근무한 경우에는 80%, 동종직무가 아닌 경우에는 50%만 인정하는 것으로 규정해 놓았다.

셋째, 노동합동은 입사 후 30일 내 체결해야 한다. 어느 중소기업의 사례를 소개하겠다. 한 직원이 회사에 들어왔고, 노동합동을 체결하자고 했으나 그 직원은 이런저런 핑계를 대며 체결을 미루었다. 인사담당자가 대수롭지 않게 여겨 노동합동을 체결하지 않은 채 반년이 지나게 되었는데, 그 직원은 회사가 마음에 들지 않아 다른 회사를 찾아 입사하기로 했다. 그리고 회사에 이직의사를 밝혔고, 회사가 노동합동을 체결하지 않았으니 200%의 배상금을 지불하라고 요구했다. 사장은 해당 직원이 괘씸했지만 회사의 분명한 실책을 인정하지 않을 수 없었다. 흔한 경우는 아니지만, 우리가 짐작하지 못하는 생각을 가진 직원들이 얼마든지 있음을 명심해야 한다.

한국에는 근로계약서 체결에 관한 명확한 시점과 배상 등에 대한 구체적 규정이 없다. 그래서 소규모 기업의 경영자들은 한국식 인사의 타성에 젖어 계약체결을 소홀히 하는 경우도 많다. 그러나 이는 향후 문제가 될 소지가 농후하다. 기업은 반드시 정해진 기한 내에 노동합동을 체결하고, 계약체결을 요구한 메일이나 문서를 증거로 남기는 등 노동합동 체결상황을 명확하게 남겨야 한다.

근로관계의 종료

노동합동의 종료 劳动合同的 终止

노동합동의 해지 劳动合同的 解除

"버스는 탈 때와 내릴 때 제일 주의해야 합니다. 인사도 마찬가지입니다." 포스코 인사실에 입사한 지 얼마 되지 않았을 때 어느 선배가 해 준 조언이다. 일리있는 말이라고 생각했지만 솔직히 가슴에 와 닿지는 않았다. 그러다 중국법인에서 인사부문을 책임지는 부서장으로 근무하면서 그 말이 새삼 떠올랐다. 제대로 된 우수한 인재를 확보하는 일도 아주 중요하지만 채용만큼이나 퇴직관리도 중요하다고 느껴질 때가 많기 때문이다.

중국에서는 퇴직과 관련된 분쟁이 빈번하다. 이유가 무엇일까?

첫째, 많은 기업이 노동법을 제대로 준수하지 않기 때문이다. 종종, 퇴직을 앞둔 직원들이 경제보상금 기수가 잘못되었다거나 잔업수당이 잘못 계산되었다고 항의하는 경우가 있다. 회사가 법적한도를 초과하여 잔업을 시켰고 법에 위배되는 벌금을 받아냈으며 사회보험을 제대로 납부하지 않았다는 등 회사의 부당함을 고발하기도 한다. 이런 상황을 일부 삐뚤어진 직원들만의 물의로 치부할 수 있을까? 사장들은 "그동안 얼마나 잘해줬는데, 있을 때는 간도 쓸개도 다 빼줄 것 같더니 이제 와서 이럴 수 있냐?"고 노기를 드러내지만 실상은 직원들의 말이 맞는 경우가 많다. 회사가 노동법을 어기고 있다는 걸 알고 있지만 당 회사에 소속되어 있는 한 누구라도 감히 말할 수가 없을 뿐이다.

실례를 소개하면 이렇다. 운전기사를 외주하기로 결정하고 기존의 기사들을 공장 내 직무로 전환시켰다. 그러자 한 기사가 사직 의사를 밝히며 정산할 것이 있다고 찾아왔다. 그는 3년간 보관해 오던 차량 운행 기록지를 근거로, 잔업비가 제대로 계산되지 않았고 휴일(공휴일)과 법정 근무 시간 외 초과근무를 하였으므로 이에 대한 보상으로 13만 위안(한화 약 2,000만 원)을 회사가 지급하라고 요구하였다. 향후를 대비해서 몇 년 동안의 차량운행 기록을 집에 보관하는 치밀함에 배신감이 들었지만 그의 주장이 틀린 건 아니었다. 업무 특성상 대기 시간이 긴 근무상황을 파악하고 있었음에도, 법대로 계산하는 것은 합리적이지 않다고 생각했기에 임의로 잔업수당을 계산해 왔던 터였다. 결국 4만 위안을 지급하는 것으로 협상이 타결되었다. 이러한 전례들을 보아 정규직으로 기사를 채용한 회사는 종합 시간 근무제도 도입을 검토하기를 추천한다.

근로자를 위한 최소한의 규정인 노동법은 반드시 지켜져야 한다. 법을 다 지키면서 사업을 할 수 없다고 말하는 이들도 있지만 법은 법이다. 법을 엄격히 준수하여 노무비가 오르고 기업이 경쟁력을 상실한다고 생각한다면 회사를 이전하는 방법밖에 없을 것 같다.

둘째, 중국의 경제보상금(한국 퇴직금과 유사) 문제다. 중국은 한국의 퇴직금과 달리 근로자의 자발적인 의사로 퇴직하게 되면 보상금을 지급할 필요가 없기 때문에 분란이 많다.

계약 만기가 몇 달 남지 않은 직원이 있었는데, 예전과 달리 부서장과 끊임없이 마찰을 일으키고 업무를 성실하게 수행하지 않았다. 재계약을 결정해야 할 즈음 부서장은 그 직원과 재계약을 하지 않겠다고 말했고, 회사는 재계약을 포기한 뒤 법정 경제보상금을 지불했다. 향후 들리는 소식으로는 그 직원은 애초에 회사와 재계약할 마음이 없었고 퇴직하면 자기 사업을 할 계획이었다. 그래서 어떻게든 경제보상금을 받아내기 위해 고의적으로 문제를 일으켰다는 것이다. 중국에서 근무하다 보면 회사에서 해고해 주거나 재계약을 포기해 주기를 원하는 직원이 의외로 많다.

근로관계는 노동합동의 체결로 성립되고 근로관계의 종료사유 발생으로 소멸한다. 종료사유는 노동합동의 종료 기간을 정한 경우와 정하지 않은 경우에 따라서 다르다(우리가 통상 말하는 계약직과 정규직). 기간을 정해 놓은 노동합동은 기간 만료와 함께 종료되고 기간을 정하지 않은 노동합동은 계약 당사자 간의 합의에 의해 종료되는 합의 해지와 당사자의 일방적인 의사로 종료되는 노동합동 해지가 있다. 이 밖에도 노사 당사자의 의사와 관계없이 종료되는 사유로는 계약 당사자의 계약 주체 자격의 상실(근로자 사망, 실종, 회사의 파산 등), 근로자의 정년퇴직 연령 도달, 기타 법률이 정한 경우 등이 있다.

〈근로관계의 종료 상황 (중국 노동법상 구분)〉

노동합동 종료 (合同终止)	노동합동 해지 (合同解除)
▪ 노동합동의 합동기간 종료 ▪ 근로자의 주체 자격 상실 (퇴직연령, 사망, 실종 등) ▪ 용인단위의 주체 자격 상실 (파산, 허가 취소) ▪ 기타 법률에 의해 규정된 경우	▪ 노사 양측의 협상을 통한 해지 ▪ 근로자 측의 노동합동 해지(사직) ▪ 회사 측의 노동합동 해지(해고)

1. 노동합동의 종료 劳动合同的 终止

(1) 노동합동 종료 사유

〈노동합동법〉 **제44조**, 〈노동합동법실시조례〉 **제21조**는 노동합동이 종료되는 경우에 대하여 다음과 같이 명확하게 규정하고 있다.

〈노동합동법〉 **제44조**, 〈노동합동법실시조례〉 **제21조**

① 노동합동이 만기되는 경우

② 근로자가 법에 의거하여 기본 양로보험 혜택을 누리기 시작하는 경우

③ 근로자가 퇴직연령에 도달한 경우

④ 근로자가 사망하거나 법원이 사망 또는 실종을 선고하는 경우

⑤ 회사(용인단위)가 법에 의거하여 파산 선고되는 경우

⑥ 회사(용인단위)의 허가가 취소된 경우

⑦ 기타 법률에 의해 규정된 경우

위 조항에서 ②, ③, ④항의 규정은 근로자가 노동합동 주체 자격을 상실한 경우이며 ⑤, ⑥항의 규정은 용인단위가 주체 자격을 상실하여 노동합동이 종료되는 경우이다.

〈여직원의 정년퇴직에 관련된 논란〉

1978년 6월에 발효된 〈국무원 노약자, 질병자, 장애인 배치에 대한 잠정 시행법〉, 〈국무원 직원 퇴직 관련 잠정시행법〉은 남성 만 60세, 여성 간부는 만 55세, 여성 일반 직원은 만 50세로 퇴직연령을 규정하였고 이후에는 이와 관련된 법이 없다. 당시 모든 기업이 국영기업이었고 인사당안 등에 의해 명확하게 규정되어 있어 혼란의 소지가 없었다. 대학을 졸업하면 통상 국영기업에 간부로 배치되었으며, 직원들은 빨리 퇴직하고 싶어하는 경향이 있었다. 왜냐하면 일을 하지 않아도 똑같이 국가에서 보장해 주었기 때문이다. 하지만 지금의 상황은 완전히 다르다. 일반기업에서는 어디까지를 간부급으로 간주해야 하는지가 명확하지 않기 때문에 무조건 더 오래 근무하기를 희망한다. 이는 사규를 통해 명확히 규정할 수밖에 없다. 예를 들어, 과장급 이상을 간부로 정하고 이 직급 이상의 여직원에 대해서는 정년퇴직 연령을 만 55세로 규정하는 것이 바람직하다.

(2) 노동합동 종료불가 사유

〈노동합동법〉 제44조 규정대로 노동합동 기간이 만료되면 근로관계는 종료된다. 하지만 노동법, 공회법, 직업병 방치법職業病 防治法

등에서 특정한 법정 요건이 형성되면 노동합동을 종료할 수 없다. 이는 다음의 각 항에 해당하는 경우이다.

① 직업병에 노출될 확률이 높은 위험 장소에 근무하는 직원이 이직 전 직업병 검사를 받지 않았거나 직업병 여부가 모호하여 의학적 관찰 기간 중에 있는 경우

② 질병에 걸리거나 부상으로 규정된 의료 기간 중에 있는 경우

③ 여직원이 임신 기간, 출산 기간, 수유 기간 중에 있는 경우

* 영아가 만 1세가 되는 시점까지 계약은 자동 연장됨.

④ 당해 회사에서 연속하여 15년 근무하고 법정 퇴직연령보다 5년 이하 부족한 경우

⑤ 당해 회사에서 연속하여 10년 근무하고 노동자가 고정기한이 없는 노동합동을 체결하고자 하는 경우

⑥ 기타 법률에 규정된 다른 경우

(3) 노동합동 종료 시 유의 사항

첫째, 노동합동 종료 전 통지의무의 준수 여부이다. 통상 계약이 종료되기 30일 전에 통지해야 한다. 각 지방마다 세부 시행법이 다르지만 기업 입장에서 가장 확실한 방법은 만기 30일 전에 노동합동 종료 통지서를 작성하여 송달하고 수취인 서명을 받는 것이다. 예를 들어, 북경은 계약만료 30일 전에 서면으로 통지하지 않았을 경우 1일당 하루치 급여를 배상금으로 지급해야 한다고 규정하고 있다.

둘째, 연차 휴가年休假 미사용 일수가 존재하는지 확인이 필요하다. 직원이 연차 휴가를 사용하지 않았을 경우에는 미사용 1일당 300%의

보상금을 지급해야 하므로 업무 인수인계가 어느 정도 되었다면 휴가일을 지정해 주는 것이 바람직하다.

셋째, 휴무일 잔업시간 유무의 확인이 필요하다. 휴무일(토요일/일요일)에 잔업을 한 실적이 있는 경우 대체 휴가를 부여하여 200%의 잔업비 지급의 리스크를 줄일 필요가 있다. 해당 직원의 계약종료가 결정된 이상 특별한 경우를 제외하고는 휴무로 대체하는 것이 바람직하다.

2. 노동합동의 해지 劳动合同的 解除

노동합동의 해지는 계약체결 후 계약만기 전 어떠한 사유로 근로관계를 종료하는 것이다. 〈노동합동법〉은 계약 당사자 일방이 노동합동을 해지하는 것 중 근로자가 해지하는 것을 사직이라고 하며, 용인단위가 해지하는 것을 해고라고 한다. 또한 협상을 통해서 노동합동을 해지 할 수 있는데, 내용과 형식이 합리적이라면 특별한 제한 규정은 없다.

(1) 근로자 과실성 노동합동 해지

노동합동은 효력이 발생하면 확정성이 부여된다. 노동관계의 안정성을 확보하고 노동자의 권익을 보호하기 위해 노동법은 특정 조건에 해당하지 않으면 노동합동을 해지할 수 없도록 규정하고 있다. 〈노동합동법〉 및 〈노동합동법 실시조례〉는 기업이 근로자를 해고할 수 있는 상황을 2가지로 나누어 규정하고 있다. 근로자의 과실에 의한 노동합동 해지와 비과실성 노동합동 해지이다. 〈노동합동법〉 제39조는 과실성 노동합동의 해지 조건에 대해 아래와 같이 규정하고 있다.

〈노동합동법〉 **제39조** 근로자가 다음 중 한 가지 항에 해당될 경우 용인단위는 노동합동을 해지할 수 있다.

① 시용기 중 정식임용 조건에 부합하지 않은 것이 증명되는 경우

② 기업의 사규를 심각하게 위반하는 경우

③ 직무상 중대 과실, 사리사욕을 위한 부정을 통해 용인단위에 큰 손실을 입힌 경우

④ 노동자가 타 용인단위와 노동합동을 동시에 체결하여 기업 업무에 심각한 영향을 주거나 용인단위가 노동자에게 타 용인단위와의 노동합동 해지를 요구하여도 거절하는 경우

⑤ 사기, 협박 등의 수단이나 급박한 상황을 이용하여 상대방의 진실된 뜻에 반하여 계약을 체결하거나 변경한 경우(노동합동법 제26조 1항에 의거 노동합동이 무효화되는 경우)

⑥ 법에 의거 형사상 책임을 묻는 경우

해고는 기업의 입장에서 보면 가장 강력한 최고 수위의 인사 수단이다. 기업은 노동합동 해지를 사전에 통지할 필요도 없고 해고 예고수당代通知金이나 경제보상금을 지급할 의무도 없다. 법이 기업의 권한 남용을 막기 위해 내용, 형식, 절차를 더욱 엄격하게 규제하고 있으니 기업은 해고를 시행하기 전에 더욱 엄격하고 면밀한 사전 준비가 필요하다.

(2) 근로자 비과실성 노동합동 해지

〈노동합동법〉 제40조는 비과실성 노동합동 해지에 대해서 다음과 같이 언급하고 있다. 당해 조건에 해당될 경우 법정 경제보상금을 지급하고 노동합동을 해지할 수 있다. 이 경우 기업은 30일 전 당사자에게 해지를 통지하고, 1개월 치 급여에 해당하는 해고 예고수당을 추가로 지급하여 노동합동을 해지해야 한다.

〈노동합동법〉 **제40조** 근로자가 다음 중 1항에 해당될 경우 용인단위는 노동합동을 해지할 수 있다.

① 근로자의 질병이나 부상(비공상)으로 규정된 의료 기간이 만기된 후에도 원 직무를 감당할 수 없고 용인단위가 직무를 변경하여도 이를 수행할 수 없는 경우

② 근로자가 당해 업무를 감당할 수 없어 직무 재교육 또는 직무 조정을 통해서도 당해 직무를 수행할 수 없는 경우

③ 노동합동을 체결할 시와 객관적 상황의 중대한 변화로 인해 계약을 이행할 수 없어 근로자와의 협상을 통해서도 합의에 이르지 못하는 경우

(3) 노동합동 해지 시 유의점

첫째, 근로자의 과실성 혹은 비과실성 노동합동의 해지에 대한 충분한 사유, 증거 수집, 확보가 필요하다. 통상 노동합동 해지를 시행함에 앞서 인사위원회를 개최하는데 공정성과 합리성을 담보하기 위

해 위원 중에 공회주석(위원)을 포함하는 것이 바람직하다.

둘째, 인사위원회의 결과를 공회에 서면으로 통보한다. 해고에 대해서 공회에 대한 통보의무는 없으나 공회는 회사가 부당한 해고를 하거나 법적 요건, 단체협약 등을 위반하면 이에 대해 수정을 요구할 수 있는 권리가 있다.

셋째, 당사자에 대한 서면 통지가 필요하다. 노동법상 과실성 계약해지의 경우 사전통지 의무를 부과하지 않지만 회사 규정을 위반하여 어떠한 손실을 입혔는지 등의 내용을 해당 근로자에게 서면으로 통지해야 한다. 비과실성 계약 해지라 할지라도 근로자가 직무수행의 능력이 부족하여 어떤 교육을 실시하였고, 근로자가 할 수 있는 직무로 변경했다는 것을 통지한다면 당사자의 수용성을 높일 수 있다. 또한 이러한 절차를 준수하는 것은 향후 발생할 수 있는 법적 분쟁에 대비하는 방법이다.

(4) 기업의 감원(정리해고)으로 인한 노동합동 해지

〈노동합동법〉 **제41조**에 의거 각 항의 조건에 해당하면 노동합동을 해지할 수 있다. 이때 감원은 20명 이상이거나 20명 미만이지만 기업 총 인원의 20% 이상인 경우 감원규정에 따라 처리해야 한다.

〈노동합동법〉 **제41조** 아래의 각 항에 해당하여 필요한 감축 인원이 20명 이상 혹은 기업 총 근로자의 20%가 되는 경우, 30일 전 공회 혹은 전직원에게 상황을 설명하고 의견을 청취한 후 감원방안을 노동행정 부문에 보고하고 감원을 시행할 수 있다.

① 〈기업파산법〉 규정에 의거하여 파산 절차가 진행되는 경우

② 생산 경영이 심각한 곤란에 직면한 경우 (긴박한 경영상의 필요)

③ 업종 전환, 중대한 기술혁신이나 경영방식의 변경으로 노동합동을 변경한 후에도 감원이 필요한 경우

④ 기타 노동합동 체결 당시와 비교하여 객관적 경영환경의 중대한 변화로 계약 이행이 불가능한 경우

감원대상 인원 선정 시 다음과 같은 상황을 고려하여 잔류대상 인원을 선정하여야 한다.

① 잔여계약 기간이 긴 직원

② 무고정계약(기간이 정해지지 않은 계약, 한국에서는 무기계약이라고 표현)을 체결한 직원

③ 가정 내 노모와 미성년자 등의 부양가족 유무

단, 용인단위가 본 조항에 의거하여 감원한 후 6개월 이내 신규 채용이 필요할 시, 감원된 인원에게 통지하고 동등 조건에서 우선적으로 채용해야 한다.

〈노동법〉은 감원에 대해서는 (비)과실성 계약 해지에 비해 더욱 엄격한 법적 절차를 요구하여 다음과 같이 절차와 형식을 갖추어 시행해야 한다.

① 30일 전, 공회 또는 전체 직원에게 상황 설명

② 감원대상 명단, 일정, 실시 순서, 경제보상 방법 등 감원제안서 제출

③ 감원제안서에 대한 공회 및 직원들의 의견을 청취한 후 보완

④ 현지 노동행정 부문에 감원제안서를 제출하고 의견을 청취

⑤ 감원 제안 공포(노동합동 해지 및 경제보상금 지급, 감원대상 증

명서 발급)

(5) 근로자의 노동합동 해지(사직)

노동법의 입법 취지는 기본적으로 근로자를 위한 것이다. 따라서 근로자의 자발적 노동합동 해지 즉, 사직에 대해서는 30일 전에 회사에 알려야 하는 통지의무 외에는 특별한 규정이 없다. 회사 입장에서는 직원이 갑자기 퇴직했을 때 업무 인수인계 등의 문제로 손실이 발생할 수 있으나 별다른 구제 방법은 없는 듯하다. 물론 회사의 피해를 구체적으로 입증할 경우 노동법이 아니라 민사상의 소송을 통한 구제 방법이 있으나 실현 가능성에서는 의문이 든다. 다만, 해당 근로자가 통지의무를 미이행하고 출근하지 않았을 경우 무단결근으로 해고 조치를 취할 수 있다.

사직과 관련하여 실무적으로 유의할 점이 있다. 근로자가 자발적으로 사직했음에도 불구하고 사회보험 기관으로부터 실업수당을 받기 위해 기업에 경제보상금을 요구하지 않을 테니 노동합동 해지 증명을 해 줄 것을 요청하는 경우가 더러 있다. 일부 부서장은 인정에 이끌리거나 기업에 피해를 주지 않으니 괜찮을 거라고 생각하여 발급해 주는 경우가 있는데, 분명히 위험한 판단이다. 이러한 행위는 회사에 대한 노동행정 부문의 신뢰도를 떨어뜨리는 주요한 사유가 될 수 있고, 사직한 근로자가 증명서를 악용하여 기업에서 경제보상금을 지급받지 못했다고 주장할 수도 있다. 모든 법적인 규제를 지키면서 일을 진행해 나가는 게 중요하다.

〈노동합동 해지 시 급여지불과 관련한 중재 사례〉

류 씨는 2014년 3월 10일부터 자동문 제조 회사에 근무하게 되었다. 직무는 자재기획 주관이며, 기본 급여 7,000위안, 계약 기간은 3년으로 노동합동을 체결하였다. 2014년 6월 9일 류 씨는 직무능력의 부족과 업무 프로세스에 부적응을 사유로 사직서를 제출하였다. 노사 쌍방은 2014년 6월 21일부로 노동합동을 해지하였다.

그러나 류 씨가 쌍방 노동합동에 약정한 업무 인수인계 의무를 이행하지 않아 회사는 2014년 5월 1일부터 6월 21일까지 급여를 지불하지 않았다. 회사는 약정에 따라 업무 인수인계를 완료한다면 이후 급여를 지불하겠다고 했고, 이에 류 씨는 노동중재 위원회에 중재를 요청하였다.

[쟁점] 류 씨의 노동합동서 상의 의무 불이행을 근거로 급여 지급을 중지할 수 있는가?

[중재결과] 회사가 근로자에게 보수 지급을 거부 하는 것은 법적 근거가 없으므로 패소하였다. 근로자가 근로를 제공하고 보수를 받는 것은 근로자의 가장 기본적인 법적권리이다. 2014년 5월 1부터 6월 21일까지 류 씨는 회사에 근로를 제공하였으므로 회사는 응당 적정 시기에 급여를 지불해야 한다. 계약에 따라 인수인계를 하지 않았다는 이유로 류 씨에게 급여지불을 거절하는 것은 법률적 근거가 없다고 판단하였다.

교육훈련

- 교육훈련협의서 체결 가능 여부
- 교육훈련협의서 작성 방법
- 복무 기간 약정
- 위약금 청구

당사에서 17년 동안 근무했고, 가장 우수하다는 평가를 받은 중국인 부장이 2014년 6월 경쟁사에 스카우트되었다. 경쟁사는 3배에 달하는 연봉과 차량, 집을 제공하겠다는 파격적인 조건을 제시했다. 회사는 부사장급 승진 계획을 얘기하며 남아 있기를 요청했지만 그의 마음을 돌리지는 못했다. 그는 회사 지원으로 MBA와 전문분야 연수 등을 받았고 교육협의서에 따라 의무복무 기간이 있었지만 위약금을 깔끔하게 납부하고 떠났다.

당사는 우수 근로자에게 한국 방문의 기회를 주어 본사와 포항공대에서 교육을 받을 수 있도록 하고 있다. 이때 '교육훈련협의서'를 작성한다. 물론 협의서 한 장이 인력 유출을 막을 족쇄가 될 수 있다고 생각하지는 않는다. 중요한 것은 협의서가 아니라 로열티가 높은 우수인력의 선택과 배양, 교육 후의 체계적인 관리이다.

어떤 기업에서는 우수한 인력을 놓치지 않겠다는 명목으로 장기간의 의무복무 기간과 큰 위약금을 약정한 협의서를 체결하기도 한다. 이것으로 발목을 잡아보려고 하지만 합리성이 결여된 약정은 그 유효성을 인정받기 어려운 게 사실이다. 만류를 뿌리치고 떠나는 근로자에게 교육훈련협의에 따른 위약금을 지불하라고 해도 제대로 이행되지 못해 속만 끓이는 경우도 종종 보게 된다. 우수한 직원의 유출을 막을 수 있는 효과적인 방안의 강구는 일단 논외로 하고, 제대로 된 교육협의서를 작성하는 방법에 대한 요령을 기술하고자 한다.

1. 교육훈련협의서 체결 가능 여부

기업의 비용으로 제공하는 모든 교육에 대해 근로자와 교육훈련협의서를 체결할 수 있는 것은 아니다. 〈노동합동법〉 제22조는 이와 관련하여 다음과 같이 명시하고 있다.

① 교육비용의 지불과 ② 전문기술교육을 실시한 경우 교육훈련협의와 위약금 약정을 할 수 있다. 따라서 교육과 관련된 구체적인 비용이 증명되어야 하며, 그 교육이 직무를 수행하기 위한 기본교육이나 의무교육인 경우는 협의를 체결할 수 없다. 중국의 특수성으로 인한 지역호구 문제나 주거 문제 해결을 근거로 협의서를 작성하거나 복무기간을 약정했다고 하더라도 법적으로 인정받을 수는 없다.

〈노동합동법〉 **제22조** 용인단위는 근로자에게 구체적인 교육비용을 제공하고 전문적인 교육을 진행한 경우 노동자와 협의서를 체결할 수 있고 의무복무 기간도 약정할 수 있다. 근로자가 복무 기간 약정을 위반한 경우에는 약정에 따라 용인단위에 위약금을 지불하여야 한다.

위약금의 총액은 용인단위가 제공한 교육비용을 초과할 수 없고 용인단위는 위약금 지불을 요구할 시 복무 기간의 미이행에 해당하는 금액을 초과해서는 안된다.

〈교육훈련협의서에 따른 위약금과 의무복무 관련 중재 사례〉

2008년 1월 30일 왕 씨는 모 출판사의 문서 편집을 담당하기로 하고 노동합동을 체결했다. 2월 13일 입사한 왕 씨는 다른 입사 동료들과 같이 일주일 동안 문서 편집과 관련된 일반지식과 규칙에 대하여 교육을 받았다. 교육 전 입사자들은 복무 기간 2년과 복무 기간 위반 시 위약금 2,000위안을 지불하는 조건으로 기업과 교육협의를 체결하였는데, 같은 해 6월 20일 왕 씨는 개인의 발전과 개발을 이유로 사직서를 제출했다. 출판사는 복무 기간 약정의 위반을 사유로 왕 씨에게 위약금 2,000위안을 배상금으로 요구했다. 왕 씨는 출판사에서 받은 교육은 일반적인 입사교육이기 때문에 복무 기간 설정과 위약금 약정은 부당하다고 하여 지불을 거절했다. 회사는 다른 근로자들에게 영향을 미칠 것을 우려하여 노동중재 위원회에 중재를 신청하였다.

[쟁점] 왕 씨가 받은 교육에 대하여 교육훈련협의를 체결할 수 있는가?

[중재결과] 왕 씨는 회사에 위약금을 지불할 의무가 없음.

[분석] 우선 왕 씨가 회사로부터 받은 교육이 타 직원과 차별화된 전문적인 교육인가를 판단해야 한다. 회사는 직원에 대해서 직무 수행을 위한 교육, 안전교육 등의 의무가 있다. 따라서 출판사는 왕 씨가

편집업무를 수행할 수 있도록 기본적인 교육을 해야한다. 왕씨가 받은 교육은 특정 분야의 전문교육에 해당되지 않으므로 교육훈련협의서를 작성하는 것이 적법하지 않고 따라서 위약금을 지불할 의무도 없다고 판단하였다.

2. 교육훈련협의서 작성 방법

교육협의서에는 다음과 같은 6가지 내용을 기본적으로 구비해야 한다.

구분	내 용
교육 기본내용	▪ 교육 명칭, 내용, 형식, 기간 등 * 당해 교육이 직무를 수행하기 위한 기본교육이 아님이 명시되어야 함.
비용 항목, 금액	▪ 교육비, 체재비, 항공비, 수속비 등 교육비용 항목 및 금액 * 비용을 사전에 확정할 수 없는 경우 비용 확정의 근거를 명확히 해야 함
의무복무 기간	▪ 복무 기간의 시작 시점과 종료 시점 * 통상 교육훈련 종료 후 기업에 복귀하여 근무하는 시점부터 복무기간의 시작점으로 설정
교육 기간 중의 대우	▪ 교육기간 중의 급여, 체재비, 수당 등 * 교육기간 중의 급여, 복리 등은 법적 허용 한도 내에 별도로약정가능 ex) 교육훈련 기간에는 근로를 제공하지 않으므로 급여를 지급하지 않는 것으로 약정 가능. 다만, 근로관계는 유지되기 때문에 각종 사회보험은 납부해야 함
권리와 의무	▪ 기업과 근로자 상호 간의 권리와 의무에 대해 약정 * 교육이수 후 '동료직원에 대한 교육(사내 강사 역할)' 의무와 '교육 진행상황의 서면 보고' 의무를 약정하는 것이 바람직함
위약 책임	▪ 복무 기간 미 준수에 따른 위약금 지불 -위약금을 지불해야 하는 상황 명시, 위약금의 규모 및 계산방식 약정 ▪ 교육훈련협의서 상의 의무 이행과 태만에 대한 책임 -사규에 따른 징계 또는 교육 취소에 대한 규정 마련

3. 복무 기간 약정

(1) 복무 기간 설정 방법

복무 기간 설정에 대해서는 법률상 구체적인 규정이 없다. 하지만 교육 기간과 비용 등을 고려하여 합리적인 수준에서 결정되어야 한다. 또한 복무 기간은 노동합동 기간의 제한을 받지 않으므로 노동합동 기간보다 길 수도 있고 짧을 수도 있다. 통상적으로는 기업과 근로자가 약정한 복무 기간은 노동합동 기간보다 길다.

(2) 복무 기간 기산일

불필요한 법적 다툼을 회피하기 위해서 기업과 근로자가 복무 기간을 약정할 때 복무 기간뿐만 아니라 기산일도 설정해야 한다. 복무 기간 기산일에 법적인 강제 규정은 없기 때문에 기업과 근로자는 협상을 통해 결정할 수 있다. 기산일을 교육시작 시점, 교육완료 시점, 노동합동의 만기 시점 등으로 설정할 수 있다. 실무적으로 통상 학습 완료일로부터 복무 기간을 계산한다.

(3) 의무복무 기간 내 노동합동이 만기된 경우

의무복무 기간 내 노동합동이 만기된 경우에 기업과 근로자는 노동합동을 다시 체결해야 한다. 〈노동합동 실시조례〉에 따라 노동합동도 응당 복무 기간이 만기될 때까지 연장되어야 한다. 만약, 다시 계약을 체결하지 않는다면 기업과 근로자는 무계약의 상태가 되어 법적 배상 책임이 기업에 부여될 수 있다. 주의해야 할 점으로는 노동합동을 다시 체결할 때 근로 조건을 저하시키거나 저하시킬 우려가 있는 근로 형태로 변경해서는 안 된다는 것이다. 예를 들어, 이전보다 급여를 낮게 책정하거나 직무를 변경하여 노동강도를 증가시킨다면 그 계약은 합리성이 결여되었다고 판단될 수 있다.

〈의무복무 기간 중 계약만기 관련한 중재 사례〉

2005년 9월 1일 유 씨는 스포츠용품 제조 회사와 3년 노동합동(2005.9.1~2008.8.31)을 체결하였다. 2007년 1월 기업은 유 씨의 능력과 업무 실적을 고려하여 유럽에서 교육받기를 권했고, 기간이 종료된 후에는 회사로 돌아와 3년간 복무하기로 했다. 단, 미이행 시에는 위약금 10만 위안을 회사에 지불하여야 한다는 교육훈련협의서를 체결하였다. 유씨는 2007년 5월 교육을 마친 후 회사에 돌아와서 근무했지만 회사의 기대에 미치지 못했다. 회사는 노동합동이 만료되는 2008년 8월 31일 계약을 종료하기로 했고 유씨는 교육협의(복무 기간 3년)에 근거하여 계약은 2007년 5월부터 기산하여 2010년 5월까지 연장되어야 된다고 주장했다. 복무 기간의 설정은 회사의 권리라고 주장하는 회사에 유 씨는 계약위반이라며 노동중재 위원회에 중재를 요청하였다.

[쟁점] 노동합동 기간과 복무 기간 약정이 일치하지 않을 경우, 용

인단위가 합동 기간 만료 시에 계약을 종료할 수 있는가?

[중재결과] 회사 패소, 노동합동 연장 또는 배상금 지급

[분석] 이 안건은 우선 교육훈련협의와 노동합동의 관계를 이해하여야 한다. 교육훈련협의는 노동합동의 부속항목 협의에 속한다. 노동부의 〈노동합동제도 시행관련 문제에 관한 통지〉 제6조에 따르면 '교육협의는 노동합동의 부속협의로 노동합동과 동등한 구속력이 있다'고 규정하였다. 따라서 교육훈련협의에서 약정한 복무 기간이 노동합동 기간보다 긴 경우 노동합동 기간이 변경되었다고 간주할 수 있다. 또 〈노동합동법 실시조례〉 제17조에서도 '노동합동은 만기되었지만 용인단위와 근로자간에 약정한 복무 기간이 만기되지 않은 경우 노동합동은 복무 기간이 만기될 때까지 연장해야 하며, 쌍방이 별도로 약정한 경우에는 그에 따른다'고 명시하였다. 유 씨의 주장이 합법적이며 회사는 계약을 연장하여야 한다.

[회사대응] 교육훈련협의서상 '복무 기간과 관련하여 회사가 원하지 않을 경우 기간을 앞당겨 취소할 수 있다'고 명시하는 것이 바람직하다.

4. 위약금 청구

(1) 교육훈련협의서를 작성한 경우 위약금 청구

사례 I) 기업이 교육훈련협의서에 의거하여 위약금을 요구할 수

있는 경우

① 복무 기간 만기 전 근로자가 자의로 사직한 경우
② 복무 기간 만기 전 근로자의 개인 사정(건강 등)으로 인해 노동합동이 해지된 경우
③ 복무 기간 만기 전 근로자가 〈노동합동법〉 제39조 심각한 사규 위반 등의 사유로 해고되어 노동합동이 해지된 경우

사례II) 근로자가 기업의 위법행위를 이유로 노동합동을 해지한 경우의 위약금 의무

〈노동합동법 실시조례〉에 따르면 근로자가 〈노동합동법〉 제38조 근로자의 계약 해지 가능 사유에 근거하여 사직한 경우 근로자의 복무 기간 약정 위반에 해당하지 않으므로 위약금 지불을 요구할 수 없다.

〈노동합동법〉 **제38조** 용인단위는 다음과 같은 상황에서 노동자는 노동합동을 해제할 수 있다.

① 노동합동에 약정한 노동보호 의무 혹은 노동조건을 이행하지 않은 경우
② 약정된 보수를 제대로 지급하지 않은 경우
③ 법정 사회보험을 납부하지 않은 경우
④ 용인단위의 사규가 법률에 위반하여 노동자의 권익을 해칠 경우
⑤ 본법 제36조 1항에 의거하여 노동합동이 무효가 되는 경우
⑥ 법률, 행정법규상 노동자가 노동합동을 해제할 수 있는 경우

사례III) 시용기 내 직원의 사직 시 교육훈련 위약금 의무

노동부 〈시용기 내 노동합동 해지 처리 근거 문제에 대한 회신〉에서는 기업의 비용으로 교육훈련을 실시하였더라도 시용기 내 직원의 노동합동을 해지(사직)하였다면 교육비를 청구할 수 없으며 또한 위약금을 지불할 의무도 없다고 규정하고 있다.

사례 IV) 복무 기간이 노동합동 기간보다 길어 노동합동 재체결 시 근로 조건이 하락한 경우의 위약금 지급 의무

기업과 근로자의 계약은 '신의와 성실의 원칙'이 적용된다. 재계약 시점에서 기업이 근로 조건을 하락시켰다면 신의와 성실의 원칙에 위배되었으므로 근로자는 재계약 체결을 거부할 수 있을 뿐만 아니라 위약금을 지불할 의무도 없다.

사례V) 복무 기간이 노동합동 기간보다 짧은 경우 복무 기간 만료 후 노동합동 만기 전 노동자가 사직한 경우 위약금 지불 의무

복무 기간이 만료되었다면 노동합동 기간에 근로자가 사직하더라도 위약금을 지불할 의무는 소멸되었다고 봐야 한다.

〈시용기 내 사직 시 교육훈련협의에 따른 위약금 문제 중재 사례〉

북경의 모 전기설비 회사는 2010년 9월 1일 김 씨와 이 씨를 신입사원으로 채용하여 3개월의 시용기를 포함한 3년의 노동합동을 체결하였다. 회사는 두 직원 모두 우수하다고 판단하고 고급기술인원 육성을 위해 기술전문교육기관에 위탁하여 교육을 진행하기로 하고 교육협의서를 작성했다. 협의 내용은 다음과 같다.

교육 비용	교육 기간	의무복무 기간	위약금
1만 위안	15일	노동합동만기(3년)	1만 위안

교육 수료 후 김 씨는 2010년 11월 25일 시용기 만기를 5일 앞두고 사직하였으며, 이 씨는 시용기 이후 2010년 12월 5일에 사직하였다. 회사는 이 두 직원에게 노동합동 해지는 가능하나 위약금을 납부하여야 한다고 주장했다. 김 씨와 이 씨는 위약금 지불을 거부하였고 이에 회사는 노동행정 부문에 중재를 신청하였다.

[중재결과] 시용기 내 사직한 김 씨의 경우에는 위약금 지불의 의무가 없고 이 씨의 경우는 위약금으로 1만 위안을 지불해야 한다고 판결함.

(2) 교육훈련협의서의 미체결 시 위약금 청구

일반적으로 기업에서는 업무능력이 우수하고 회사에 대한 로열티가 높다고 판단되는 근로자에게 해외연수와 전문교육의 기회 등을 제공하고 있다. 하지만 견문을 넓힌 근로자는 기업에 더 나은 대우를 기대하고, 능력발휘의 기회가 부족하다는 생각이 들면 이직을 고려하게 된다. 또한 타사로부터 스카우트의 유혹도 받는 경우도 있다. 애사심을 가지고 다닐 거라고 믿고 교육훈련협의서도 작성하지 않았는데, 사직서를 제출하는 경우도 허다하다. 물론 협의서를 작성하지 않았어도 노동부의 해석을 근거로 배상을 청구할 수 있지만, 기업은 구체적인 비용과 전문교육을 제공한 것을 증명해야 하므로 반드시 사전에 교육협의서를 체결할 것을 권하고 싶다.

노동부판공청 〈시용기간 내 노동합동 해지 처리에 대한 회신〉 (1995.10)

(1), (2) 생략

(3) 노동합동 해지에 따른 교육비 문제

용인단위 비용으로 직원에게 각종 기술교육을 진행한 후 근로자가 노동합동을 해지하고자 하는 경우, 시용기간이 초과한 계약 기간 중이라면 교육비용 배상청구가 가능하다.

-금액 산정 방법

구 분	교육비 관련 배상금
복무 기간을 약정한 경우	(금액÷복무 기간) X 미이행 복무 기간
복무 기간을 약정하지 않은 경우	(금액÷노동합동 기간) X 남은 합동노동 기간
노동합동 기간을 약정하지 않은 경우	(금액÷5년) X 미이행 의무 복무 기간 *노사쌍방이 별도의 계산 방법을 약정한 경우 그에 따름

〈교육훈련협의 미체결 시 배상금 문제 중재 사례〉

상해 소재의 한 회사는 진 씨와 2010년 9월 무고정기한 노동합동을 체결했다. 회사는 진 씨의 능력을 인정하여 유관업무 집중교육을 제공하기로 결정했다. 그러나 진 씨는 이미 자비로 관련교육을 받고 있던 터라 별도의 교육을 받을 필요가 없다며 대신 회사에 현재 교육비용 지원을 요청했다. 회사는 진 씨의 요구를 수용하여 교육비용 2만 위안을 정산해 주었다. 그런데 교육과정을 마치고 1년 후 진 씨는 사표를 제출하였다. 회사의 만류에도 불구하고 마음을 돌리지 않은 진 씨에게 회사는 교육비 지원에 대한 배상을 요청했다. 진 씨는 교육비의 일부분만을 지원받았으며 교육훈련협의서도 작성하지 않았으니 배상의 의무가 없다고 주장했다. 게다가 회사 측이 주장하는 5년의 복무 기간도 근거가 없고 사규 절차에 따라 사직서를 제출하였을 뿐이라고 주장하여 회사는 중재위원회에 중재를 요청했다.

[쟁점] 복무 기간의 약정과 교육훈련협의서가 체결되지 않은 상황에서 교육비 배상을 요구할 수 있는가?

[중재판결] 진 씨가 회사에 16,000위안을 배상할 것을 결정함.

[분석] 노동부판공청 〈시용 기간 내 노동합동 해지 처리에 대한 회신〉의 규정을 근거로, 회사가 진 씨의 교육비용 2만 위안을 정산해 주었으니 회사비용으로 교육을 실시한 것으로 인정하였다. 쌍방이 복무 기간에 대해 약정하지 않았기 때문에 규정에 따라 5년으로 계산하여 매년 교육비는 4,000위안이다. 진 씨가 교육 종료 후 1년간 근무하였으므로 미이행 복무 기간은 4년에 해당하여 16,000위안을 배상하라고 판결하였다.

임금

- 임금 관리
- 임금 지급 규정
- 시간 외 근무수당

〈노동법〉에서 '임금'이란 국가관련 규정과 노사쌍방의 노동합동에 의거하여 근로자의 근로에 대한 대가를 화폐 형식으로 지급하는 보수라고 정의한다. 임금에는 기본급과 성과금, 시간 외 근무수당, 보조금, 특수 상황에 지급되는 수당 등도 포함되며 지급 주기에 따라서 주급, 월급, 연봉급 등이 정기적으로 제공된다.

한편, 중국 노동자의 권익은 날로 높아지고 있는 실정이고 2008년 5월 〈노동쟁의 조정중재법〉의 개정에서는 노동쟁의와 관련한 중재 신청 시효를 60일에서 1년으로 연장했다. 이에 따라 임금, 시간 외 근무수당, 경제보상금의 미지급과 관련된 쟁의 발생이 급격히 증가하고 있다. 따라서 인사노무 부서장 및 실무자는 급여와 관련된 법률을 명확히 이해하고 합리적으로 관리하여 근로자와의 분쟁을 사전에 예방해야 한다.

1. 임금 관리

(1) 임금 항목

임금은 사회보험과 주방공적금, 시간 외 근무수당 등의 기수 산정에 중요한 요소이므로 임금 항목에 대해 분명하게 알아야 한다. 기업이 근로자에게 화폐성으로 지급하는 여러 항목 중 임금에 포함되는지의 여부가 모호할 때가 많은데 중국의 〈임금총액구성 규정〉을 참조하면 이해에 도움이 될 것이다.

〈임금총액구성 규정〉에 의거하여 다음 항목은 임금에 포함되지 않는다.

① 국무원의 유관규정에 근거하여 지급되는 기술개발 등에 대한 상금
② 노동보험 및 근로자의 복리후생과 관련된 비용
③ 이직휴양(离休 1949년 9월 30일 이전 혁명에 참가한 중국 노간부의 정년퇴직), 정년퇴직, 퇴직자 지원 지불 항목
④ 노동보호 관련 지출 항목
⑤ 원고료, 강의료 등 기타 전문작업 보수
⑥ 출장비, 식비보조금, 전근(인사이동) 보조, 정착비 등
⑦ 개인의 공구와 가축 등을 이용한 경우의 보상비
⑧ 당해 기업의 주식이나 채권 구매를 통한 배당이나 이자
⑨ 임대업 시 임대 승계 위험성 보상금
⑩ 노동합동 해지 시 기업이 지급하는 의료보조비나 생활보조비 등
⑪ 임시직 고용에 따른 용인단위가 지급하는 수속비와 관리비
⑫ 재택 근무자의 가공비나 포장비 등에 지급하는 비용

⑬ 기업 근로자의 교육비

어떤 항목으로 지불되었던 간에 고정적으로 지급되는 교통비와 식비, 춘절 성과금, 통신비 등은 모두 임금으로 인정된다. 다만, 영수증을 근거로 실비를 지급하는 난방비, 교통비, 통신비 등은 복리후생비용으로 간주되어 시간 외 수당, 사회보험료 납부, 경제보상금 지급 수준을 낮출 수 있는 방안이 될 수 있다.

〈임금 항목과 관련한 중재 사례〉

김 씨는 2005년 12월에 고급기술원으로 전산 회사에 취업하여 기본급 월 4,000위안을 받기로 하고 노동합동을 체결했다. 회사는 기본임금 외에 고정성 격려금 1,000위안, 직책수당 1,000위안, 교통비 250위안, 식사비 250위안을 보조금으로 지급하기로 하였다. 그 외 300위안 한도로 통신비(영수증을 근거)를 보조하고 비밀보호 협의서에 의거한 300위안의 비밀보호 수당을 지급했다. 연말에는 20,000위안의 경영성과금을 지급하였고 추석에는 격려금 500위안과 500위안의 선불카드를 지급했다. 2007년 회사는 김 씨와 노동합동을 해지하면서 기본임금 48,000(4,000×12)위안으로 경제보상금을 계산하자 김 씨는 지급받았던 경영성과금과 직책수당, 각종 보조금과 선불카드 등을 모두 합쳐 지급해 줄 것을 요구하며 중재신청을 했다.

[쟁점] 경제보상금을 산정하는 데 기준이 되는 임금을 어디까지 포함해야 하는가에 대한 이견

[중재결과] 회사는 퇴직 직전 12개월 총액 99,000위안를 기준으로 16,500위안(99,000/12×2개월)을 경제보상금으로 지급해야 함.

[분석] 경제보상금의 산정은 퇴직 직전 12개월 임금의 총액을 근거로 하여야 한다. 따라서 임금성으로 인정되는 항목에 대한 명확한 인식이 필요하다. 사례에서는 영수증을 근거로 한 실비 개념의 통신비 300위안과 비밀보호를 조건으로 한 비밀보호 유지비 300위안을 제외한 나머지 기본임금과 각종 고정성 수당, 경영성과금, 현금성 선불카드 등 모든 금액에 대해 임금으로 인정하였다.

(2) 일급과 시급 및 시간 외 근로수당 계산

일급과 시급 계산은 시간 외 수당/연차수당 산정, 1개월 미만 근무 근로자의 임금 산정을 하기 위한 기본 방식이므로 인사노무 담당자는 반드시 이해하고 있어야 한다. 이에 대하여 중국의 인력자원 사회보장부는 〈근로자 전년월 평균 근무 시간과 임금 계산 문제에 대한 통지〉에서 일급과 시급의 계산 방식에 대해 구체적으로 명시하고 있다.

월간 근무일 수 : 21.75일 = (365일−104일[휴무일]) ÷ 12개월

일급 = 월급 ÷ 21.75일[월간 근무일]

시급 = 일당 ÷ 8시간[1일 근무 시간]

최저임금이란, 근로자가 법정 근무 시간이나 노동합동에서 약정한 근무 시간에 정상노동을 제공하여 용인단위가 법률대로 지불해야 하

는 최저 노동보수이다. 근로자의 병가, 사적인 휴가, 무급휴직 등은 정상노동에 속하지 않지만 유급 휴가와 가족방문 휴가, 경조 휴가, 출산 휴가 등 국가가 규정한 휴가는 정상노동을 제공한 것으로 간주한다. 최저임금의 기준은 각지 노동행정 부문이 현지 상황에 따라 작성한 것이며, 근로자에 대한 최저 보장선이다.

최저임금 기준과 관련하여 가장 논란이 되는 점은 어떤 항목이 임금에 포함되고 또 어떤 항목은 포함되지 않는가에 대한 의문이다. 노동법에서는 근로자가 정상노동을 제공하는 경우 용인단위가 근로자에게 지불한 임금은 최저임금보다 낮으면 안 된다고 규정하고 있는데, 다음의 내용들은 제외하고 있다. ① 시간 외 수당, ② 고온, 저온, 갱내 등 특별한 작업 환경과 조건에서 일하는 작업환경수당, ③ 법률과 법정에서 규정한 근로자의 복지 대우, ④ 임금에 속하지 않은 항목(무료 숙식 제공 등)이다. 그리고 사회보험 관련 개인 납부 부분에 있어 최저임금 포함 여부는 지방마다 차이가 있다. 예를 들면, 북경은 실수령액 기준을 두고 있고 무한과 심천 등 작은 도시들은 사회보험 개인납부 분을 포함한 금액을 기준으로 최저임금 이상인지를 판단한다.

〈주요 도시 최저임금 표〉

지역	시급	월급	지역	시급	월급
북경	18.7위안	1,720위안	중경	12.5위안	1,250위안
상해	18위안	2,020위안	강소성	14.5위안	1,630위안
천진	16.8위안	1,850위안	산동성	15위안	1,500위안

(2015년 2월 기준)

2. 임금 지급 규정

(1) 임금 지급 기본 규정

지불형식	화폐(실물이나 유가증권 지불은 금지)
지불주기	통상 1개월 - 협상을 통해 시간, 일, 주 단위로 가능 - 연봉제로 제공한다고 하여 연말에 일시 지불하는 것은 불가 (최소 매달 1회 이상 지불) - 비 전일제 근로자의 지불 주기는 15일 초과 금지
지불방식	은행 위탁 또는 본인 지불(본인에게 직접 지불 시 반드시 서명을 받아야 함)
지불일	약정 일자(명절 또는 휴일일 경우 가장 가까운 날로 앞당겨 지불)
임금장부관리	금액, 시간, 수령인 성명을 기록하여 2년 이상 보관 〈임금지불 임시시행규정〉 제6조 3항 '용인단위는 반드시 서면방식으로 근로자에게 지불한 임금의 수액, 시간, 수령인의 성명을 기록하고 2년 이상 보존해야 한다'

(2) 특수상황의 임금 기준

① 작업이나 생산이 중단된 기간의 임금

구 분		급여 지불 수준
임금 지불 1주기(1개월) 이내		기본 임금 100%
임금 지불 1주기 초과	정상근무 시	당해 지역 최저임금 이상
	단축근무 시	당해 지역 규정에 의거 지급 예) 북경은 최저임금의 70% 이상, 광주/청도는 최저임금의 80% 이상

〈임금 지불 임시 시행규정〉 제12조 '근로자의 원인이 아닌 기업의 사정으로 인해 작업 또는 생산이 중지되었을 경우, 임금 지불 1주기 이내(통상 1개월)에 기업은 근로자에게 노동합동에서 규정한 기준대로 임금을 지불해야 한다. 근로자가 정상 근로를 제공한 후 임금지불 1주기가 넘었다면 임금은 현지 최저임금보다 낮지 않아야 한다. 근로자가 정상노동을 제공하지 않은 경우 당해 지역의 관련 규정에 따라 처리해야 한다'고 규정한다. 최근에는 세계경기 침체에 따라 생산을 중단하거나 단축 조업을 하는 경우가 늘어나고 있다. 기업은 이 규정을 참고하여 단계를 구분하고 임금을 지급해야 한다.

② 휴가와 휴무 기간의 임금 기준

● 법정 휴가, 경조 휴가, 공가와 연휴가

일반적으로 노동합동에서 약정한 임금표준대로 근로자 보수를 지불한다. 단, 약정이 없는 경우에는 각지의 처리 규정이 다르므로 현지 규정에 따라 집행해야 한다.

● 병가

병가 임금 기준에 대하여 기업과 노동자 쌍방이 약정할 수 있고, 약정이 없는 경우에는 현지 규정대로 집행해야 한다. 하지만 〈중화인민공화국노동법 이행 관련 문제에 대한 해석〉의 규정대로 매월 병가임금은 현지 최저임금의 80% 이상이 되어야 한다.

● 출산 휴가

출산 휴가 중인 근로자에 대해서는 〈여성근로자 노동보호조례〉 제4

조에 의거하여 사회보험 기관에서 기본임금을 지불한다. 만약 기업이 사회보험을 납부하지 않은 상태라면 기업은 노동합동에서 약정한 근로자 임금 표준대로 임금을 지불하여야 하며, 당해 지역에 규정이 있으면 그에 따라 집행해야 한다.

몇 해 전에 실제 있었던 일이다. 사회보험 납부를 담당하는 근로자가 임신 중이었는데, 출산 휴가 중에 임금을 더 받기 위해 본인이 받은 임금보다 더 높게 신고를 한 것이다. 기업 입장에서는 당장의 직접적인 피해는 없었지만, 정부기관의 신뢰도 상실을 막기 위해서라도 출산을 앞둔 근로자의 사회보험 납부에 대하여 정확한 내용을 체크해 두는 것이 좋다.

3. 시간 외 근무수당

다수의 매스컴은 '중국의 저임금 시대는 끝났다' 고 보도한다. 2009년 대비 2014년 전국의 최저 임금은 2배 가까이 인상되었다. 사회평균 임금도 급속히 상승하여 인건비 경쟁력이 기업의 경쟁력이었던 신발과 의류 등의 노동집약적 산업들은 대거 동남아로 이전해 갔다. 이러한 상황에서도 시진핑 주석은 2015년 노동절을 앞둔 4월 28일, 북경에서 열린 '전국 모범 노동자 및 선진 근로자 대회' 에서 "개혁과 발전의 성과를 더 많은 인민과 나눠 주민들의 삶의 질을 높여야 한다"며 "더 많은 일자리를 창출하고 일선 노동자들의 임금을 계속 높여가야 한다"고 강조했다. 중국의 경제정책인 내수진작과 맞물려 이러한 추세는 향후 지속될 것으로 예상되며, 기업 입장에서는 노무비 부담이 상당히 커질 것이다. 그러므로 기본 임금의 인상은 불가피

하더라도 시간 외 근무 등으로 인한 노무비 인상을 엄격히 관리하고 경쟁력을 유지하기 위한 노력이 필요하다.

(1) 시간 외 근무수당 계산

기업은 시간 외 근무를 시키면 다음과 같은 기준으로 수당을 지급해야 한다.

① 근무일 연장 근무: 임금의 150% 이상
② 휴일 근무: 임금의 200% 이상
③ 법정 공휴일 근무: 임금의 300% 이상

시간 외 근무수당 지급과 관련하여 가장 혼란을 일으키는 부분은 바로 '수당 지급의 기준'이다. 혼란의 첫 번째 원인은 중앙정부가 제정한 노동관련법 조항에 약간의 혼선이 있었기 때문이다. 두 번째 원인은 2008년 노동합동법이 시행된 직후 세계금융위기가 발발하면서 많은 기업들이 경영위기에 봉착했고, 지방 정부는 지방 소재 기업 보호 차원에서 시간 외 근무와 관련된 기준임금을 노사 간 약정을 통해 정할 수 있다는 법을 제정했기 때문이다. 현재, 시간 외 근무수당 지급의 기준임금은 지방마다 다르게 시행되고 있으며 기본급, 임금 총액 또는 약정 금액 등 다양한 기준에 의해 지급되고 있다.

〈시간 외 수당 관련 중앙 및 지방정부 기준〉

구 분	수당 산정의 기준
중앙정부	〈노동법〉과 〈임금지불 임시규정〉에서 말한 시간 외 수당 기준금액이 일치하지 않음. 〈노동법〉 조항에 대한 설명은 기본임금으로, 〈임금지불 임시규정〉에 대한 추가 규정은 총액을 의미함. 실무적으로는 총액을 의미하는 곳이 다수임.
북경	기준 금액은 노사쌍방의 약정에 따름. 약정이 없는 경우 기준 금액은 정상근무 시 임금(총액)
상해	기준 금액은 노사 쌍방의 약정에 따름. 약정이 없을 경우 기준 금액은 정상근무의 70%이며, 최저임금 이상이어야 함.
광동성, 산동성	임금 총액(주택보조, 직책수당 등 포함) *시간 외 수당, 특수 수당은 제외

(2) 시간 외 근무 관리

관리자는 근로자들의 근무 시간 내 업무 집중도를 제고할 수 있도록 하여 불필요한 시간 외 근무 발생을 최소화해야 할 것이다. 시간 외 근무가 불가피하다면 반드시 사전에 상급자에게 승인을 받도록 하고, 근무 사유가 긴급하게 발생한 경우에는 익일 승인을 받도록 사규를 정비해야 한다. 그리고 주말 근무에 대해서는 대체 휴무를 부여하여 노무비 인상을 최소화하는 것이 바람직하다.

'임금지도선' 이란?

매년 정부에서는 임금지도선을 발표하는데 이에 대한 이해가 필요할 것 같다. 임금지도선은 각 지역의 노동행정 부문에서 당해 경제발전 목표를 바탕으로 지역 내 기업에 제시하는 임금 조정 가이드라인이다. 이는 법적으로 반드시 준수해야 하는 필수사항은 아니지만 국영기업들은 대부분 이 가이드를 준수하며, 각 기업의 공회도 정부의 임금 가이드를 근거로 임금 협상안을 제시하고 있다. 예를 들면, 북경시 인력자원 사회보장국은 2014년도 기업의 임금 인상률에 대해 최고 16%, 최저 4.5%로 하고, 이를 참고로 기준선 12% 내외로 임금을 조정하라고 권고하였다.

휴가와 휴무

휴가

휴무

〈노동법〉 제3조는 '근로자는 휴가와 휴무의 권리를 향유한다' 고 표현한다. 휴가와 휴무는 기업이 근로자에게 시혜하는 복리제도가 아니라 의무사항이라는 의미이다. 휴가 제도는 연차 휴가, 법정 휴가와 병가, 그리고 개인적인 사정에 의해 신청하는 사가(事假, 한국의 청원 휴가에 해당) 등으로 구분될 수 있으며 휴무는 휴무일과 법정 공휴일 등이 있다.

1. 휴가

(1) 연차 휴가

기업은 중국의 〈직원유급 연휴가조례职工带薪 年休假条例〉에 따라 1년 이상 연속으로 근무한 근로자에 대해서는 연차 휴가를 부여해야 한다. 단, 연속 근무라 함은 당해 기업에서 연속적으로 근무하는 것뿐 아니라 타 회사에서 근무한 일수도 포함한다. 즉 A 회사에서 6개월 간 근무하고 휴식 없이 B 회사에서 6개월을 근무하였다면 1년 이상 연속 근무한 것으로 인정되어 연차 휴가를 부여해야 하는데, 근무 연수별 연차 휴가 부여 일수는 다음과 같다.

근무년	1년 이상~10년 미만	10년 이상~20년 미만	20년 이상
연차 휴가	5일	10일	15일

위 조례에서는 연차 휴가 예외상황을 규정하고 아래 상황에 해당되는 근로자는 당해 연차 휴가를 누릴 수 없다.

① 근로자가 법에 근거하여 여름 휴가, 겨울 휴가를 누린 경우

* 단, 휴가 일수가 연차 휴가 일수보다 적은 경우 부족한 일수만큼 휴가 부여

② 누계 사가(청원 휴가)가 20일 이상인 경우(유급 휴가인 경우에 해당)

③ 누계 병가가 일정 기간 이상인 경우

근속 기간	1년 이상~10년 미만	10년 이상~20년 미만	20년 이상
병가 기간	2개월 이상	3개월 이상	4개월 이상

연차 휴가는 근로자에게 주어진 법적 권리로 기업은 이를 보장해야 한다. 기업의 귀책사유로 인해 근로자가 연차 휴가를 사용하지 못한 경우 기업은 그에 상응한 보상으로 법정 공휴일 근무 수당과 같이 300% 이상의 연차수당을 지급해야 한다. 다만, 본인의 귀책사유에

의해 휴가를 사용하지 않은 경우에는 보상할 필요가 없다. 회사는 근로자들이 휴가를 사용할 수 있도록 배려하고 근로자 개인은 물론 부서장에게 통보해야 한다. 그리고 생산, 업무 상 특성 등의 분명한 사유로 근로자가 당해 연차 휴가를 사용하지 못할 경우 다음 1년 내에 적치하여 사용할 수 있다. 실무적으로 회사 업무에 지장이 갈 정도로 여러 근로자가 동시에 신청하는 경우를 대비하기 위해서라도, 연차 휴가는 무조건 승인하는 것이 아니라 관리자의 업무 진행 등을 고려하고 사전 승인을 통해 실시하도록 사규를 정비하는 것이 바람직하다.

(2) 법정 휴가

노동법에 의거, 근로자의 결혼과 자녀 출산, 조사 등의 경우 회사는 유급 휴가를 부여해야 하는데, 각 지역마다 법정 휴가일이 다를 수 있으므로 유의해야 한다.

① 혼인 휴가婚假

혼인 휴가는 근로자 본인이 결혼할 때 누릴 수 있는 휴가로 결혼 휴가, 만혼장려 휴가, 노정 휴가의 세 가지로 나뉜다. 결혼 휴가는 보통 근무일로 계산하므로 법정휴일 및 공휴일을 포함하지 않는다. 다만 지방정부의 규정이 따로 있는 경우에는 현지 규정대로 집행하면 된다. 단, 중국 정부의 인구정책이 변경되었으므로 이 휴가 조항은 변경될 가능성이 크다.

● 결혼 휴가

국가노동총국의 〈국영기업 근로자의 경조 휴가와 노정 휴가 문제에 대한 규정(1980년 2월 20일)〉에 따라 국유기업 근로자 본인이 결혼할 때 기업은 구체적인 상황에 따라 1~3일의 결혼 휴가를 부여해야 하는데 통상 3일을 주고 있다. 그러나 국유기업을 제외한 기업의 근로자의 결혼 휴가에 대해서는 아직 법적으로 규정하지 않은 상황이므로 본 규정을 참조하거나 사규에 따라 집행하면 된다.

● 만혼晩婚장려 휴가

중국법상 만혼이란 남자는 만 25세, 여자는 만 23세 이후 결혼하는 것을 말한다. 기본 결혼 휴가에 각 지방정부는 근로자가 만혼하는 경우 만혼장려 휴가를 누릴 수 있도록 규정한다. 장려하는 휴가 기간은 지방마다 다르기 때문에 기업은 현지의 규정을 참조하여 집행하면 된다. 〈북경시 인구와 산아 제한 계획 조례〉에 따르면 근로자가 만혼하는 경우 국가가 규정한 결혼 휴가 외에 7일을 추가하는 것으로 정했다. 상해시나 산동성도 똑같은 규정이 있고 강소성과 광동성은 만혼하는 경우 결혼 휴가를 10일 더 연장할 수 있도록 하고 있다.

● 노정 휴가

근로자가 결혼할 때 배우자가 같은 지역에 있지 않아 결혼을 위해 배우자가 있는 곳으로 이동해야 하는 경우, 기업은 노정에 따라 추가적으로 노정 휴가를 부여할 수 있다.

혼선이 있을 수 있는 사안에 대한 Q&A

Q: 결혼증(중국에서는 신고를 통해 결혼증을 받음)을 취득하지 않은 경우 결혼식 등을 위해 결혼 휴가를 부여받을 수 있는가?

A: 혼인 휴가는 합법적인 결혼증을 취득한 후 향유할 수 있는 대우이다. 따라서 결혼증을 취득하지 않은 상태에서 결혼 휴가를 신청한다면 회사는 사가(청원 휴가)를 허락하고 무급으로 처리할 수 있다.

Q: 재혼하는 경우 휴가 관련 대우는 어떻게 해야 하는가?

A: 재혼이라고 할지라도 결혼 휴가는 부여해야 한다. 다만, 만혼장려 휴가는 초혼을 대상으로 부여하는 복리이므로 부여할 필요가 없다.

② **상가**喪假

상가는 근로자의 직계 친족(부모, 배우자의 부모, 배우자와 자녀)이 사망했을 때 법률에 의거 향유하는 휴가이다. 상가는 경조 휴가와 노정휴가 두 가지를 포함한다. 결혼 휴가와 마찬가지로 상가도 근무일을 기준으로 계산하되 지역에 따라 별도의 규정이 있는 경우에는 이에 따라 집행한다.

- 상가

국가노동총국 재무부의 〈국영기업 근로자의 경조 휴가와 노정 휴가 문제에 대한 규정(1980년 2월 20일)〉은 국유기업 근로자의 직계 친족이 사망했을 때 회사는 구체적인 상황에 따라 1~3일의 경조 휴가를 주어야 한다고 규정한다. 현재 비국유기업 근로자의 경조 휴가에 대해서는 법에서 정하지 않고 있어 본 규정을 참조하여 집행하면 된다.

● 노정 휴가

외지에 있는 직계 친족이 사망하여 근로자가 외지로 가서 장례를 치러야 하는 경우, 회사는 노정에 따라 노정 휴가를 추가로 부여할 수 있다.

● 출산 휴가

법률에 따라 여성 근로자는 출산 휴가를 쓸 수 있으며 상황에 따라 구별하여 시행한다. 출산 휴가는 법정 휴일과 공휴일을 포함하여 산정하며, 여성 근로자는 출산 휴가 동안 생육보험 대우를 법률대로 향유하고(사회보험에서 급여 지급), 생육보험 대우가 본인의 급여보다 낮은 경우 기업이 부족한 부분을 보상하여야 한다. 근로자가 생육보험에 가입하지 않은 경우, 기업은 근로자 본인의 급여 기준대로 지불해야 한다. 중국의 인구정책이 변경되어 2016년부터 두 자녀 출산이 허용되었다. 따라서 출산 휴가와 관련하여 규정이 개정될 가능성이 있다.

● 순산

출산 휴가는 98일이고 기간 중 산전 휴가는 15일

● 제왕절개 등의 난산

출산 휴가에서 15일을 더하고, 현지 규정이 근로자에게 더 유리한 경우에는 현지 규정에 따른다. 〈광동성 여성 근로자 노동보호 실시조례〉는 여성 근로자가 출산할 때 난산하는 경우 출산 휴가 30일을 추가할 수 있다고 규정하고 있다.

● 세쌍둥이 이상인 경우

1명 추가될 때마다 출산 휴가 15일 추가

● 노산(만산)

중국에서는 여성의 경우 만 23세가 되면 만혼이라 이르고 만 24세 이후에 출산하면 노산 혹은 만산이라고 한다. 만 24세 이상의 여성 근로자가 초산인 경우 장려 휴가를 누릴 수 있다. 국가는 늦은 출산 장려 휴가의 날수를 통일하여 규정하지 않고 현지 규정에 따라 집행한다. 예를 들면 〈북경시 인구와 산아 제한 계획 조례〉에 따르면 출산을 늦추는 여성 근로자는 국가가 규정한 출산 휴가를 누릴 뿐만 아니라 30일의 장려 휴가를 추가할 수 있다. 장려 휴가는 본인 또는 그 배우자가 대신 사용할 수도 있으며, 장려 휴가를 사용하지 않을 경우 1개월 급여를 장려금으로 받는다.

〈상해시 인구와 산아 제한 출산 조례〉는 조례에 부합하게 출산을 늦추는 여성 근로자에게는 국가가 규정한 출산 휴가 이에 출산을 늦추는 휴가 30일을 더해주고 그 배우자는 3일간의 간호 휴가를 누린다. 〈강소성 인구와 산아 제한 계획 조례〉는 출산을 늦추는 경우 여성 근로자의 출산 휴가를 30일 연장하고 남편에게는 10일의 간호 휴가를 준다. 〈광동성 인구와 산아 제한 계획 조례〉는 여성 근로자가 출산을 늦추는 경우 15일의 출산 휴가를 더해줄 것을 명시하고 있다.

● 유산 휴가

여성 근로자가 임신 4개월 이내에 유산하는 경우 의료부문의 의견에 따라 15~30일, 4개월 이상인 경우에는 42일의 유산 휴가를 누릴 수 있다.

● 산전검사 휴가

임신 중인 여성 근로자가 근무 시간 내에 산전검사를 받을 경우 정상근무로 인정되며 급여를 지급받을 수 있다.

● 수유 시간(포유가)

여성 근로자에게 만 1세 이하의 자녀가 있는 경우 회사는 매일 근무시간 내에 2차례 이상의 수유 시간을 보장해야 한다. 그 시간은 매회 30분이고 2회를 합쳐서 사용해도 되며, 셋 이상의 쌍둥이는 한 명 추가될 때마다 30분이 증가한다. 수유시간과 수유를 위해 이동하는 시간은 모두 근무 시간으로 본다.

④ 가족방문 휴가

그 외 부모나 배우자가 떨어져 사는 경우 가족방문 휴가를 부여하도록 명시된 부분은 있으나 이는 정부기관에서 시행하는 기준으로 사기업에는 반드시 적용할 필요는 없다.

(3) 병가와 의료기醫療期

근로자가 질병에 걸리거나 상해를 입었을 경우(비산재에 해당) 회사는 치료 기간만큼의 병가를 허락하고 일정 비율의 급여를 지급해야 한다. 의료기는 근로자가 질병에 걸리거나 부상으로 일을 중단하고 치료와 휴식이 필요한 기간이므로 회사는 노동합동을 해지할 수 없고 근로자는 병원의 진단서 등을 제출하고 수속을 밟은 후 병가를 누릴 수 있다. 이와 관련하여 일부 근로자가 이를 악용하는 경우가 종종 발생하기도 한다. 이 부분에 대한 이해를 돕기 위해 필자가 겪었던 사례를 소개한다.

한 과장이 허리디스크가 있다며 한 달 병가를 냈다. 그런데 한 달이 지나고 또다시 한 달 병가를 내더니 계속해서 몇 개월 동안 병가를 신청했다. 물론 의사의 소견서를 첨부해 왔지만 중국에 살아본 사람이라면 의사의 소견서는 얼마든지 끊을 수 있다는 것을 알 것이다. 당사 규정에는 의사의 소견서에 따라 병가를 신청할 수 있다는 모호한 규정만 있었다. 이 과장의 경우에는 고향에서 요양한다는 핑계를 대고 회사에는 나타나지도 않고 계속 병가만 신청하고 있었다. 무언가 이상하다고 여겨져 알아보니 병가를 신청하고 일부 급여를 받으면서 다른 기업에서 근무하고 있었다.

이 사례처럼 근로자가 기업 규정의 허점을 이용할 가능성이 있고 또 다른 모방사례가 발생할 수도 있다. 따라서 병가 신청과 관련해서는 엄격한 절차와 규정을 정해놓을 필요가 있다. 의료보험 취급 병원의 진료기록과 진료비 납부증명서, 당해 의사의 성명 및 연락처 명기, 그리고 일정 기간 초과 시 기업이 지정한 병원의 소견서를 받도록 규정하는 것도 방법이 될 수 있을 것이다.

의료기의 기한은 근로자의 당해 기업 근무 기간만으로 산정하는 것이 아니라 타 기업에서 근무한 기간을 합산하여 향유할 수 있는 기간이다.

① **병가관련 의료기 한도**

총 근무연수 (前 직장 근무 기간 합산)	총 근무연수 중 현 기업 근무 기간	병가 한도
총 근무 10년 미만	근속 5년 미만	3개월
	근속 5년 이상	6개월
총 근무 10년 이상	근속 5년 미만	6개월
	5년 ~ 10년	9개월
	10년 ~ 15년	12개월
	15년 ~ 20년	18개월
	20년 이상	24개월

② **의료기 계산**

연속하여 병가가 이루어지는 경우는 문제가 없지만 단속적으로 병가를 신청하는 경우 의료기를 어떻게 누계할 것인지에 대해서도 규정되어 있다.

의료기	누계 병가 합산 기간
3개월	6개월 누계
6개월	12개월 누계
9개월	15개월 누계
12개월	18개월 누계
18개월	24개월 누계
24개월	39개월 누계

③ **의료기 한도를 초과한 경우**

의료기 한도를 초과한 경우 기업은 병가 신청을 승인하지 않을 수 있다. 원 업무에 종사할 수 없다고 판단되면 다른 업무로 전환 배치할 수 있으며 이후에도 업무를 수행할 수 없는 경우라면 노동합동을 해지할 수 있다. 단, 전환 배치 후 업무 수행이 불가능하다는 것은 기업이 자의적으로 판단할 수 없고 노동능력 감정위원회의 감정 결과를 따라야 한다. 이러한 사유로 노동합동을 해지할 경우 일정부문의 경제적 보상이 필요한데, 근무연수에 따른 경제보상금과 1개월 치 해고 예고수당(중국에서는 대통지금代通知金이라 함) 및 6개월의 의료 보조비를 지급해야 한다. 단, 의료 보조비는 중병일 경우 50%를, 불치병의 경우에는 100% 추가 지급해야 한다.

④ **병가 중 임금 지급**

중국 노동법은 "근로자가 질병 또는 산재 이외의 부상으로 인한 소정의 치료 기간 중에 있는 경우 기업은 관련 규정에 따라 병가임금 또는 질병구제비를 지급하되, 병가임금 또는 질병구제비를 당해 지역 최저임금보다 낮게 지급할 수 있다. 다만 최저임금의 80%이하는 안 된다"고 규정하고 있다.

기업은 병가 중의 근로자에게 일정 임금을 지급해야 하는데, 지역별로 병가 기간의 임금 지급 기준이 다르므로 해당 지역의 법규를 확인해야 한다. 한편, 병가 기간이 통상 6개월 미만인 경우에 병가임금이라 하며 6개월 이상인 경우에는 질병구제비로 표현한다. 산동성의 경우 병가임금은 본인 임금의 70% 이상, 질병구제비는 임금의 60%

이상을 지급하도록 규정하고 있다.

(4) 사가事假_개인 사정에 의해 신청하는 휴가

사가는 개인 또는 가정의 사정으로 신청하는 휴가로 한국의 청원 휴가에 해당된다. 사가 신청의 허가에 대한 노동법상의 명확한 규정은 없으며 1995년 5월 12일 〈급여지불 규정과 관련한 문제에 대한 통지〉에서 급여를 공제할 수 있는 사항에 대하여 규정한 것이 전부이다. 따라서 사가는 기업의 사규나 집체합동(단체협약)에서 규정하게 된다.

사가는 대부분 무급으로 처리하되 사가에 대한 기간을 제한할 필요가 있다. 필자가 직접 경험한 사례를 소개하면 이렇다.

한 근로자가 3개월이 넘게 사가를 냈는데 다시 추가로 연장하겠다며 인사부서에 휴가신청서를 제출했다. 고향에 계신 아버지가 뇌출혈로 쓰러져 본인이 병시중을 들어야 하기 때문이라고 했다. 안타까운 사정이었지만 마냥 신청을 받아 줄 수만은 없었다. 그런데 고향에는 결혼한 형도 있고 근로자의 아내는 여느 때와 다름없이 직장에 다니고 있었다. 알고 보니 집 근처에서 빵집도 운영하고 있었는데 이런 상황에서도 기업은 이 근로자에 대해 사회보험과 주방공적금을 납부하고 있었던 것이었다. 결국 근로자는 사가 신청을 취소하고 출근 혹은 사직을 결정해야 했다.

피치 못할 사정이 있다면 근로자는 누구나 사가를 신청할 수 있으나 기업은 인정에 끌리지 말고 반드시 원칙을 정해서 운영해야 할 것이다. 특히, 회사 사규를 통해서 사가의 총 신청 기간을 반드시 설정하는 것이 바람직하다.

2. 휴무

(1) 휴무일

〈노동법〉 제38조는 '용인단위는 매주 1일 이상의 휴식일을 보장해야 한다' 고 규정하고 있다. 실질적으로 많은 기업들이 주 5일 근무제를 시행하고 있지만 강제규정이 아니므로 기업의 특성을 고려하여 휴무일을 지정하면 된다. 다만 근무 시간은 매일 8시간, 매주 40시간을 초과하지 않고 매주 적어도 24시간 이상의 연속 휴식을 보장해야 한다. 휴무일에 급여를 지급할 필요는 없으나 휴무일 근무 시에는 급여의 200% 이상을 지급해야 한다.

(2) 법정 공휴일

중국의 법정 공휴일은 전 공민의 휴일, 일부 공민의 휴일, 소수민족 휴일 3가지로 구분되며 법정휴일에 근무하는 경우 300% 이상의 급여를 지급해야 한다.

전 공민이 향유하는 휴일은 신년 1일, 춘절 3일, 청명절 1일, 노동절 1일, 단오절 1일, 중추절 1일, 국경절 3일로 총 11일이며 중국 국무원은 연말이면 이듬해 휴일 운영에 대해 발표한다. 예를 들어 춘절에 연속으로 7일간 휴무하고 그다음 토요일과 일요일에 정상 근무를 한다거나 혹은 유동적으로 운영될 수 있다. 이러한 휴일 운영에 대한 발표는 정부기관을 대상으로 하는 내용으로 각 기업은 실정에 맞추어 지정 휴무일을 운영해도 문제가 없으나 대부분의 국무원 발표에 따라

휴일을 운영한다. 일부 공민 휴일은 부녀절 반일, 5월 4일 청년절 및 6월 1일 아동절은 하루, 8월 1일 인민해방군 건군기념일에 현역군인은 반일 휴무이다. 일부 공민 휴일에 대해서는 법으로는 규정하고 있으나 강제규정은 아니기 때문에 현재로서는 지키지 않아도 큰 문제가 되지 않는다. 한편, 소수민족 공휴일은 각 정부의 소수민족 관습에 의해 일정 휴일을 부여할 수 있다.

〈허위 휴가 신청 관련 중재 사례〉

송 씨는 한 외자기업 상해지사 부문 경리(매니저)이다. 2015년 7월 8일 가족방문 휴가를 신청하여 허가를 받았다. 하지만 송 씨는 고향에 내려가지 않고 이탈리아에 8일 동안 여행을 다녀왔다. 휴가 복귀 후 회사는 송 씨가 가족방문 휴가를 허위로 신청하고 개인적으로 해외여행에 다녀온 것을 알게되었다. 회사는 심각한 사규 위반에 해당되며, 허위 사실을 근거로 출근하지 않은 것은 무단결근에 해당된다고 판단했다. 사규상 7일 이상 무단결근 시 노동합동을 해지한다는 규정이 있었다. 회사는 송 씨와 면담 후 공회에 통보하고 노동합동 해지 통지서를 발송하였다. 경제보상금도 지급하지 않았다. 송 씨는 이탈리아에 가기 전 비자발급을 위한 재직증명서를 회사에서 발급해 주었으니 회사는 이 사실을 이미 알고 있었으며, 재직증명서 발급은 묵시적으로 해외여행에 동의한 것이라고 주장했다.

그러나 회사 관련 책임자는 송 씨의 요청에 따라 목적을 정확하게 인지하지 못한 상황에서 재직증명서를 발급하였으며, 발급 후에 가족방문휴가를 신청하였기에 가족방문 휴가를 이용하여 해외여행을 가는 것에 동의한 것은 아니라고 주장하였다.

[쟁점] 직원이 가족방문 휴가를 내고 개인적인 여행을 다녀온 것에 대한 회사의 해고 조치가 적법한가?

[재판결과] 송 씨는 허위로 휴가를 신청하고 출근하지 않은 사실은 무단결근에 해당하며, 사규에 따라 노동합동을 해지한 것은 합법적이다.

[분석] 가족방문 휴가는 회사가 직원에게 부여하는 복리이며, 이를 남용해서는 안 된다. 본인이 해외여행을 가고자 할 때는 본인의 연휴가 혹은 개인휴가를 활용해야 한다. 이 사안에서 송 씨는 정당한 사유 없이 출근하지 않은 것이므로 무단결근에 속한다고 판단되며, 사규에 따라 조치한 것은 합법적이다. 이러한 이유로 상해시 법원은 이 노동분쟁 건에 회사의 노동합동 해지 조치가 합당하다고 판단하였다.

사회보험과 주방공적금

- 사회보험
- 주방공적금

중국의 사회보장 제도의 두 축은 사회보험과 주방공적금이다. 이를 간단히 5험險 1금金이라고 부르고 있다. 중국은 세계에서 13번째로 사회보험 부담률이 높은 국가이다. 우리는 당연히 북유럽 복지국가의 사회보험 부담률이 가장 높을 거라고 생각하지만 중국보다 높은 국가는 프랑스, 오스트리아, 네덜란드, 독일, 이탈리아 등 5개국뿐이다. 사회주의 체제의 영향으로 구 공산권 국가, 루마니아, 슬로바키아, 체코, 헝가리 등 국가들이 중국보다 더 사회보험 부담률이 높다.

지역마다 조금씩 차이는 나지만 중국의 사회보험 부담비율은 임금의 39% 수준(회사 28.3%, 근로자 11%)에 달한다. 여기에 회사마다 일부 차이가 있지만 주방공적금 20%(회사 10%, 근로자 10%)를 추가로 납부해야 한다. 중국 기업의 입장에서는 직원의 임금에 사회보장과 관련된 비용을 39% 정도를 부담하고, 여기에 공회비 2%를 추가하면 공식적으로 임금의 41% 수준을 더 부담해야 직원 한 사람을 채용할 수 있다. 중국의 임금은 급격하게 인상되고 이에 따라 사회보장 비용까지 더해지니 중국 기업, 특히 노동집약적 산업의 경쟁력은 급격하게 약화될 수밖에 없다. 또한 임금의 21%에 해당하는 사회보장 관련 비용은 근로자의 가처분 소득을 줄어들게 해서 중국 정부가 추진하는 내수진작 정책에도 걸림돌이 되었다. 그래서 중국 정부는 13.5 규획(13차 5개년 경제개발 계획 2016년~2020년)에서 기업 경쟁력 제고와 내수진작을 위해 사회보험료를 점차 인하하기로 했으며, 2015년에 일부 시행되었다.

1. 사회보험

사회보험은 기업이 근로자의 복지를 위해 법적으로 지원해야 하는 의무사항이다. 한국은 국민연금, 건강보험, 고용보험, 산재보험의 4대 보험이 있는데, 중국은 생육(출산육아)보험이 추가되어 양로보험, 건강보험, 실업보험, 공상보험의 5대 보험이 있다. 그러나 양국 모두 영세한 업체의 경우 사회보험 가입률이 낮은 편이다. 중국의 중소기업은 5대 보험과 주방공적금을 지원하는 기업이 많지 않아 이를 모두 지원하는 경우에는 근로자 모집 공고에 '5험(險) 1금(金)' 이라고 표기한다.

한편, 사회보험에 가입할 수 있는 연령도 정해져 있는데, 노동연령이라고 하여 남성 근로자는 만 16세 이상 60세 이하, 여성 근로자는 만 16세 이상 만 55세 이하로 제한되어 있다. 노동연령의 근로자와 노동합동을 체결하면 사회보험을 납부하는 것이 강제되어 있지만 노동연령이 초과될 경우는 가입할 필요가 없다.

(1) 관련 법규와 책임

〈사회보험법〉은 2010년 10월 28일 중국인민대회의 상무위원회를 통과하여 2011년 7월 1일 자로 발효되었다. 사회 시류에 따라 노동자들의 권익신장을 위해 제정되었으며 중국 역사상 사회보장 분야에 한정한 최초의 법이라는 데에 큰 의의가 있다. 이전에는 사회보험이 국무원 조례 등을 근거로 시행되었으나 성(지역)간의 이전이 불가능하고 기업의 이행 강제성의 부족 등 문제가 많았다. 이에 중국 정부가 노동자의 사회보장 수준을 제고하고자 기업의 은행계좌를 조회하거나 강제 집행 신청이 가능하게 하는 등 더욱 엄격한 법 적용의 의지를 표명한 것이라 할 수 있다.

5대 보험은 노동합동을 체결함에 있어 필수사항이다. 용인단위가 사회보험료를 적정하게 납부하지 않았을 경우 근로자는 이를 사유로 노동합동을 해지하고 경제보상금의 지급을 요구하는 등 법적 책임을 지울 수 있으므로 유의해야 한다. 회사는 법률 규정에 따라 사회보험료를 지정된 기간에 납부해야 한다. 그렇지 않을 경우에는 다음과 같은 법적 책임을 부담할 수 있다. ① 행정부문에 규정된 기한 내에 납부해야 하며 기한 내에 납부하지 않은 경우에는 체납금도 납부해야 한다. 경우에 따라서는 직접 책임을 지는 담당자와 책임자들에게 벌금을 물릴 수 있다. ② 용인단위가 법률대로 근로자의 사회보험을 납부하지 않아 근로자가 보험대우를 제대로 향유할 수 없는 경우 배상책임을 져야 한다. ③ 근로자는 이를 이유로 언제든지 노동합동을 해지할 수 있는 동시에 용인단위는 근로자의 근무 연한에 따라 경제보상금을 지급해야 한다.

용인단위가 사회보험 비용을 납부하지 않을 경우 근로자는 현지 노동행정 기관에 이를 신고할 수 있고, 기관은 용인단위가 성실히 납부하도록 지도하게 된다. 용인단위나 근로자는 처리 결정에 대해 불만이 있을 경우, 행정 재심의를 신청할 수 있으며 행정 재심의에도 불만이 있다면 행정소송을 제기할 수 있다. 용인단위와 근로자 간에 사회보험 대우로 쟁의가 발생하면 쌍방 모두 노동쟁의 중재위원회에 중재를 요청할 수 있다. 노동쟁의, 행정소송 등에 대해서는 15장에서 별도로 설명하겠다.

〈2011년 7월 1일자 발효 사회보험법〉

구 분	발효 이전	신법률 규정
양로보험	각 성 간에 이전 불가, 지방규정 상이	성 내 도시 간 통합
최소 납부 연한	납부 만 15년 후 양로보험 향유	납부 기간 15년 미만 시 일시 납부 가능
의료보험	타 도시 적용 불가	성 내 도시 간 통합
질병 또는 비공상 사망	장례비, 경제보조금 기업 부담	장례비, 경제보조금은 공상보험에서 부담
공상근로자의 대우	기업은 식비, 교통비, 산업재해 보조금을 부담	산업재해 보험기금은 식비, 교통비, 의료보조금을 부담
보험 가입 대상	도시와 읍에 호적을 둔 근로자	모든 근로자, 도시 호적 근로자, 자영업자, 농민 등
외국인	대부분 지역의 외국인들은 보험에 가입 불가능	중국에서 취직한 후 새 법률대로 보험 납부
보험 미가입 기업	강제징수 대책이 부족	법원을 통해서 강제집행 가능

(2) 사회보험 관련 실무

한국의 4대 보험 중 국민연금(중국의 양로보험), 건강보험(중국의 의료보험), 고용보험(중국의 실업보험)은 용인단위와 근로자가 공동으로 부담하고 산재보험은 기업이 전액 부담하고 있다. 중국의 5대 보험도 이와 유사하여 양로보험, 의료보험, 실업보험은 기업과 근로자가 같이 납부하고 공상보험과 생육보험은 기업이 전액 부담한다.

① 양로보험, 의료보험, 실업보험

보험료 납부와 관련하여 실무적으로 가장 중요한 요소는 납부기수(기준)와 비율이라 할 수 있다. 노동쟁의의 상당수가 납부기수에 대한 이견으로 발생하고 있어 기업과 근로자는 납부기수에 대해 명확한 인식이 필요하다.

● 납부기수

매년 1월 기업이 당해 사회보험국에 임금 관련 자료를 신고하면 사회보험국은 신고 내용의 적정성을 심사하여 이견이 없으면 납부기수를 확정한다. 그러나 중국에서 사회보험 납부기수 산정과 관련하여 법규를 엄격히 준수하고 있는 기업이 많지 않은 것이 현실이다.

납부기수를 산정할 때는 다음 몇 가지 사항을 주의해야 한다. ① 사회보험의 납부기수는 근로자의 전년도 월평균 급여이다. 여기서 말하는 급여는 근로자의 기본급여와 성과급, 상금, 시간 외 수당 등의 각종 수당과 특별한 상황에 지불하는 격려금 등 모든 현금성 급여를 말한다. ② 각 지방정부는 사회보험 납부기수의 상한과 하한을 규정하고 있다. 통상 해당 지역 전년도 월평균 급여의 300%가 상한선이고, 60%가 하한선이다. 하지만 이것은 일반 원칙일 뿐 구체적인 수액은 현지 정부가 당해 상황에 따라 상하한을 확정한다. 청도시를 예로 들면, 2015년 청도시 월평균 급여는 3,557위안이며, 2015년 사회보험 납부기수의 상한은 12,114원 하한은 2,423원이다. 이는 지방 정부에서 정해 놓은 표준에 따라 월평균 급여의 300%를 상한으로 정하고 60%를 하한으로 정한 것이다.

● 납부비율

사회보험 납부비율에 관하여 중앙정부는 아직 전국 통일기준을 지정하지 않고 있어 각 성과 자치구, 직할시 정부는 현지 상황을 고려해서 책정하고 있다. 북경, 상해, 천진, 광주, 소주, 청도 등의 도시에서 2015년에 집행한 양로보험과 의료보험, 실업보험의 납부비율을 종합하면 아래 표와 같다. 실무적으로는 각 지역이 정한 규정에 따라 납입하면 된다.

〈2015년 사회보험 납입비율표〉

구 분	양로보험 부담률(%)		의료보험 부담률(%)		실업보험 부담률(%)	
	용인단위	근로자	용인단위	근로자	용인단위	근로자
북경	20	8	10	2%+3위안	1	0.2
상해	20	8	11	2%	1	0.2
중경	20	8	9.5	2%+4위안	1.5	1
천진	20	8	10	2%+3위안	1	0.2
소주	20	8	9	2%+5위안	1.5	0.5
청도	18	8	9	2%	1	0.5

② **공상보험**

● 납부기수

〈공상보험조례〉에 따르면 공상보험의 납부기수는 전년도 월평균 급여의 총액이다. 기본급은 물론이고 장금(생산목표 달성 격려금 등), 보조금, 시간 외 수당, 특수상황에서 지불되는 보조금 등을 모두 포함한 임금의 총액이다. 일반적으로 공상보험의 납부 상하한은 양로보험과 동일하다.

● 납부비율

업종에 따라 산재 발생의 위험정도는 다르다. 은행, 보험 등의 금융업과 판매업 등과 같이 재해 발생의 위험정도가 낮은 산업은 1등급, 환경관리와 봉제, 피혁 등은 2등급, 중공업 등은 3등급으로 분류하고 있는데, 공상보험의 납부비율은 각각 0.5%, 1.0%, 2.0% 수준이다. 그러나 각 성마다 구체적인 업종에 대한 납부비율을 달리하고 있으므로 그에 따라 처리하면 된다. 만약, 기업이 공상보험에 가입하지 않은 경우에는 〈공상보험조례〉 규정에 의해 지불되어야 하는 의료비, 경제보상금 등을 기업에서 직접 지불해야 한다.

③ **생육生育보험 (출산 및 육아와 관련된 보험)**

우리에게 다소 생소한 생육보험은 중국의 산아제한 정책(계획 생육 정책)을 효과적으로 추진하기 위한 정책의 일종으로 적법한 한 자녀 출산 시 향유할 수 있는 혜택이다. 생육보험도 사회보험의 일종으로 강제성이 있으며 공상보험과 마찬가지로 기업 측에서 보험료를 부담한다. 생육보험은 각 지방정부 인구 사정 등에 따라 규정이 다양해서 인사관리 담당자들은 현지 특별규정에 각별히 주의해야 할 것이다.

최근 2015년 10월 29일 18기 중국공산당 중앙위원 제5차 전체회의에서 1980년에 도입되었던 한 자녀 정책을 포기하고 2016년 1월 1일부터 2자녀까지 허용함을 공식 선언하였지만 아직 관련 규정들이 미비하여 혼선이 예상된다. 또한 생육보험은 한자녀 정책과 관련된 보장정책이어서 의료보험과 생육보험을 통일하자는 논의도 진행될 예정이다.

생육보험과 관련한 제도가 아직 확정되지 않았으므로 기존 1자녀 정책 당시 기준에 의거 설명하겠다.

● 납부기수와 비율

중앙정부의 〈기업근로자 출산보험 실시 방법〉은 기업이 근로자의 급여를 기준으로 일정한 비율대로 납부해야 한다고만 규정하고 있을 뿐 구체적인 납부기준과 보험 비율은 명시하지 않았다. 따라서 지방정부는 지역의 실제 상황에 따라 출산보험 납부기수의 상하한선과 납부요율 등을 자율적으로 정할 수 있는데 특히, 납부기수는 해마다 조정할 가능성이 있으므로 신고할 때 한번 더 확인하는 것이 좋다.

〈2015년 주요 도시 생육보험의 납부기수 상하한과 납부비율〉

도시	납부비율	납부기수	
		상한	하한
북경	0.8%	19,389위안	3,878위안
상해	1%	16,353위안	3,271위안
중경	0.5%	1,4213위안	2,843위안
천진	0.8%	7,800위안	1260위안
소주	0.5%	16,738위안	2,697위안
청도	1%	12,114위안	2,423위안

● 생육보험의 대우

생육보험은 근로자가 합법적으로 출산했을 때 누릴 수 있는 권리이다. 다만, 생육보험대우를 향유하려면 합법적인 출산이 전제되어야 하는데(중국에서는 준생증<출산을 비준하는 증서>을 정부에서 발급), 근로자가 혼전 출산을 하거나 허가 없이 둘째를 출산하는 등 계획생육을 위반한 경우에는 생육보험의 혜택을 향유할 수 없다.

정부 의료부문에서 휴가증명서를 발행하면 출산 휴가와 보험금 등의 혜택을 누릴 수 있다. <기업 직공 생육보험 시행방법>에 따르면 근로자의 출산 기간에는 다음과 같은 혜택을 누릴 수 있다. 출산 관련 검사비, 출산비, 수술 의료비, 입원비, 출산으로 인한 질병의 치료비 등의 출산보조금을 받을 수 있다. 이상에 언급된 사항은 생육보험 기금에서 지불하는데 여기에 규정된 의료비와 의약품 이외에는 본인 부담이다. 만약 회사가 생육보험비를 납부하지 않았다면 회사는 출산 시 관련 표준에 근거하여 직접 지불해야 한다. 또, 근로자가 해당 지역의 호구를 가지지 못해 생육보험을 납부하지 않았다면 회사가 직접 해당 비용을 책임져야 한다.

외국인 사회보험

2011년 7월 1일부터 시행된 사회보험법 내용에는 외국인 근로자도 중국 사회보험에 가입할 수 있음이 명시되었다. 같은 해 9월 6일에는 <중국 내 취업외국인 사회보험 가입 잠정규칙>을 확정했고 10월 14일부터는 외국인의 사회보험 가입을 의무화하는 규칙을 확정 공포했다. 이는 이미 고령화 사회에 진입한 중국의 경우, 한 자녀 정책으로 인해 노동편입 인구가 지속적으로 줄고 보험금 수령 대상자가 증가했고 사회보험 적립금의 확대가 필요했기 때문이다.

다행히도 한국과 중국은 가장 비중이 큰 양로보험(한국의 국민연금)과 관련하여 상호면제 협정을 체결한 상태이다. 때문에 한국인은 20% 수준의 양로보험 납부가 면제되어 13%(의료, 실업, 공상, 생육보험) 수준으로 납부를 하면 된다(단, 국내업체에서 파견된 근로자에 한함).

외국인의 사회보험 납부 상하한 기수는 내국인과 동일하게 설정되어 있어 당해 지역의 평균임금의 300%를 상한, 60%를 하한으로 납부하면 되고, 남성의 경우 만 60세 이상은 사회보험을 납부할 필요가 없다.

한편, 중국에서 근무하는 외국인들의 사회보험 납부에는 다음과 같은 문제점이 있다. 의료보험의 경우, 주요한 상해나 질병으로 병원을 찾은 뒤 본국에서 치료 받기를 희망하는 경우가 많지만 본국에서는 보험 혜택을 받기 어렵다. 또 실업보험의 경우는 파견 기업에서 사직을 한 경우 취업허가증이 없으므로 본국으로 돌아가야 하기에 혜택을 받기가 어렵고, 생육보험의 경우는 한 자녀 정책에 해당되지 않는 외국인들의 처우에 대하여 명확히 규정하고 있지 않다는 한계가 있다. 이와 같은 이유로 5대 보험 중 공상보험 외에는 사실상의 큰 혜택은 없다.

2. 주방공적금

주방공적금이란 회사와 근로자가 공동으로 가입하는 장기 주택예금이라고 할 수 있다. 회사 입장에서 본다면 개인의 주택 구입을 위해 회사가 급여 외에 추가로 노무비를 부담하는 불합리한 내용으로 보여질 수 있으나, 급격한 집값 상승으로 내 집 마련을 위해 한평생을 고생해야 하는 한국 근로자의 입장에서 보면 부러운 제도이기도 하다.

이 제도는 1991년 상해시에서 최초로 도입하였으며 중국의 급격한 부동산 가격상승으로 주목을 받게 되었다. 〈노동법〉과 〈노동합동법〉에서는 언급하고 있지 않지만 국무원의 〈주택공적금 관리 조례〉에 근거하여 강제되고 있는 복리제도로, 기업과 근로자는 법에 근거하여 주택적립금을 납부해야 한다. 다만, 아직도 이행에 대한 제재 규정이 완비되지 않아 영세 중소기업들의 경우에는 가입하고 있는 곳이 드물다.

세부적으로 과태료나 벌금 등 상세한 제재 규정은 없다 하더라도 주방공적금 주관부서인 '주방공적금 관리 중심(센터)' 은 기업이 불이행할 시 행정 처벌을 할 수 있고 법원에 신청하여 강제로 집행할 수 있다. 주방공적금을 가입한 근로자는 이 기금을 통해서 주택구입 등에 있어 대출을 받을 수 있는데 이자율은 일반 은행 대출보다 2% 이상 낮다. 정부의 주택정책에 따라 이자율은 변동하게 되는데, 최근에는 부동산 가격 인상을 억제하기 위해 이자율을 계속 높이고 있다.

(1) 주방공적금 납부

① 납부기수는 매년 조정하게 되며 근로자 본인의 전년도 월평균

급여를 기준으로 한다. 다만, 각 지방정부는 지역 상황을 고려하여 납부기수의 상하한을 설정할 수 있는데 통상 상한은 각 지역의 평균급여의 2~3배, 하한은 당해 지역 평균임금의 60% 수준으로 정하고 있다. 또한 신입사원으로 급여 수령의 실적이 없는 경우에는 입사 후의 당월 급여를 기준으로 적립금 기수를 설정하면 된다.

② 납부비율은 원칙적으로 최저 5%에서 최대 12%이다. 상황에 따라 납부비율을 높일 수는 있지만 최대 한도는 20%이다.

참고로 주요 지역별 납부 비율 및 기수의 상하한은 다음과 같다.

〈2014년 주요 지역별 납부 비율 및 기수〉

지역	납부 비율	
	용인단위	근로자
북경	12%	12%
상해	7%	7%
천진	11%	11%
중경	12%	12%
광주	한도(5%~12%)내 각 사별 자율결정	
소주	한도(8%~12%)내 각 사별 자율결정	
청도	한도(5%~12%)내 각 사별 자율결정	

(2) 주방공적금 등록, 변경, 말소 등

〈주방공적금 관리 조례〉에 의거하여, 근로자와의 근로관계가 종료되었을 경우에는 30일 이내 주방공적금 관리 중심(센터)에 변경사항을 등록해야 한다. 만약 근로자가 새로운 직장을 찾았고 새 직장에서 주방공적금 계좌를 마련했다면 변경 수속을 처리해야 한다.

(3) 주방공적금의 인출

주방공적금은 근로자의 주거 안정을 위한 기금으로 아래의 특정 경우에 한해서 인출이 가능하도록 엄격하게 관리하고 있다.

① 본인의 주택 구입, 건축, 개축 등의 경우
② 이직, 퇴직하는 경우
③ 노동력을 상실하여 용인단위와 근로관계를 종료하는 경우
④ 외국 이민
⑤ 주택구입 관련 대출에 대해 원금, 이자를 상환하는 경우
⑥ 주택임차료가 가구 수입을 초과하는 경우

중국 노동법상의 3금 (경제보상금, 배상금, 위약금)

- 경제보상금
- 배상금
- 위약금

중국 노동법상의 '3금金'은 경제보상금, 배상금, 위약금을 의미한다. 배상금은 법률 위반 등에 따른 경제적 손실을 보상하는 것이고 위약금은 위약에 따른 보상이다. 중국 노동법상의 배상금과 위약금의 개념은 한국과 큰 차이가 없지만 경제보상금은 생소한 용어로 자세한 설명이 필요할 것 같다.

중국 인사노무 전문가인 이평복 전 코트라 고문의 강연을 들을 기회가 있었다. 이 고문은 "경제보상금을 한국의 퇴직금이라고 생각하는 사람은 중국 인사담당자로서 자격 미달이다"라는 말씀을 하셨다. 한국의 퇴직금은 근로자의 자발적 사직이나 징계면직, 정리해고, 정년퇴직 등 어떤 상황에서도 지급해야 하지만 중국의 경제보상금은 자발적 사직, 정년퇴직 등에 대해서는 지급하지 않아도 되기 때문에 한국의 퇴직금과 차이가 크다. 하지만 경제보상금이라는 용어를 접해보지 않은 한국사람에게는 중국식 퇴직금이라고 설명해야 이해하기에 도움이 될 것이다. 퇴직금의 성격에 대해서는 대체로 공로보상설, 임금후불설, 생활보장설로 요약될 수 있다.

첫째, 공로보상설은 근로자가 재직하는 중 경영에 기여한 공로를 인정하여 퇴직 시점에 회사가 일회성으로 지급하는 금전적 보상이다. 이 견해는 퇴직금이 회사의 온정적, 시혜적 성격을 가진다는 생각에서 출발한 개념이다.

둘째, 임금후불설은 근로자의 근로 제공에 대한 대가인 임금을 실질적 가치 이하로 지급하고 일정 부분을 적립한 후 퇴직 시점에 미지급 임금을 일시적으로 지급한다는 개념이다. 우리나라는 퇴직금에 대하여 임금후불성 견해를 채택하고 있는데, 퇴직금 중간정산이라는 것도 퇴직금이 미지불 임금이라는 개념에서 가능한 것이다.

셋째, 생활보장설은 근로자의 퇴직 이후 일정 기간 생활보장책으로 지급되는 성질을 가진다는 시각에서 출발한다. 중국의 경제보상금은 생활보장설에 입각한 퇴직금이라고 보는 것이 타당하다고 생각한다. 왜냐하면 중국에서 정년퇴직한 근로자는 양로보험 수혜를 누리기 때문에 경제보상금을 지급하지 않는다. 그리고 자발적 사직은 타사로의 이직 등으로 스스로 생활보장이 가능하다는 본인의 판단과 결정이라고 여겨져 경제보상금을 지급하지 않는 것이다.

1. 경제보상금

경제보상금의 법률적 정의는 '법률에 따른 노동합동의 중도 해지, 계약 기간 만기 종료 시 또는 기타 법에 의하여 회사가 일회성으로 노동자에게 지불해야 하는 경제적 보상'이다. 일반적으로 근로자가 퇴직할 때 노동쟁의가 가장 많이 발생하는 부분이 경제보상금과 관련된 사항이라고 할 수 있다. 경제보상금의 지불 기준은 퇴직 전 12개월 평균급여로 산정한다. 또한 경제보상금은 상한선이 있는데 기수는 지역 평균 임금의 3배를 초과할 수 없고 이 경우 지불 연한은 최대 12년이다. 실무자는 불필요한 분쟁을 예방하기 위해서라도 경제보상금을 지불하는 상황, 계산 기준, 소득세 계산 등의 관련 쟁점에 대해 분명히 파악해야 할 것이다.

(1) 노동합동 기간 만기 전 종료 시(사직, 해고 등) 경제보상금

기업의 노동합동 해제(해고)와 노동합동 만료 후 회사의 재계약 미체결, 근로자의 퇴직 후 경쟁업체로 이직하는 것을 제한하는 경우 회사는 근로자에게 경제보상금을 지급해야 한다.

① 경제보상금을 지불해야 하는 경우

- 용인단위가 노동합동을 해지하거나 근로자와 협상하여 노동합동을 해제하는 경우
- 용인단위의 위법성이 있는 상황에서 근로자가 노동합동을 해지하는 경우

– 노동합동서에 약속된 근로를 보호하지 않거나 급여 등을 지급하지 않은 경우

– 사회보험료를 납부하지 않은 경우

– 법률, 회사의 사규, 집체합동(단체협약)을 위반한 경우 등

- 근로자의 주요한 과오가 없는 상황에서 노동합동을 해지하는 경우

- 근로자가 질병이나 상해로 법정 치료 기간 이후에도 원직무를 수행할 수 없거나 용인단위가 다른 직무로 전환했음에도 그 직무를 감당할 수 없는 경우(단, 산재가 아닌 경우)
- 기업이 교육을 제공하거나 직무를 변경했음에도 근로자가 그 의무를 감당하지 못하는 경우
- 노동합동을 체결할 당시와 비교하여 중대한 객관적 상황이 변했고, 이로 인해 계약의 이행이 불가능하거나 계약 변경의 합의가 되지 않는 경우

● 용인단위가 인력구조 조정을 하는 경우

- 20명 이상의 인원 혹은 20명 미만이라도 전 근로자의 10% 이상을 감원하는 경우

② 경제보상금을 지불할 필요가 없는 경우

● 근로자의 노동합동 협상 해제 요구에 대해 용인단위가 동의하지 않는 경우

● 근로자가 자발적 사직을 희망할 경우

● 다음과 같은 근로자의 귀책 사유로 퇴직할 경우

- 시용 기간 중 채용 조건에 부합하지 않을 경우
- 엄중한 사규 위반
- 근로자의 엄중한 실수, 개인의 영리를 취하거나 부정행위로 기업에 중대한 손해를 끼친 경우 등 용인단위와의 근로관계 유지에 영향을 미친 경우
- 사기나 협박, 기타 위협으로 노동합동을 체결하거나 변경한 경우
- 법에 의거 형사책임이 추궁될 경우

● 기업의 위법한 해고로 인해 배상금을 지불한 경우
배상금을 지불했다는 것은 경제보상금에 추가적으로 보상했다는 것이므로 별도로 경제보상금을 지불할 필요는 없음

〈계약 만기 전 종료(사직, 해고) 경제보상금 지급여부 구분〉

노동합동 만기 전 계약종료		경제보상금 지급여부
협상 계약 해지	기업 일방의 협상 해지	○
	근로자가 협상 해지	
용인단위 계약 해지	근로자의 귀책사유 해지	
	비근로자의 귀책사유 해지	○
	기업의 감원	○
근로자 계약 해지	기업의 위법으로 사직	○
	자발적 사직	

(2) 노동합동 기간 만료 시 경제보상금

기업과 근로자의 노동합동 기간 만료 후 재계약을 하지 않을 경우에도 경제보상금을 지불해야 하는 경우와 지불하지 않아도 되는 경우가 구분된다. 구체적인 내용은 다음과 같다.

① **경제보상금을 지불해야 하는 경우**
- 계약 만기 후 용인단위가 재계약 체결을 거부한 경우
- 프로젝트 완성형 노동합동 시 업무 완료로 계약이 종료된 경우
- 노동합동이 기업의 파산, 영업 허가 취소, 폐업으로 인해 종료된 경우
- 채용 후 1개월을 초과하고 만 1년 이내에 기업이 서면 노동합동 체결을 거절하여 근로관계가 종료된 경우

② 경제보상금을 지불할 필요가 없는 경우

- 계약 만기 후 용인단위가 근로 조건 유지 또는 상향 조건을 제시하였지만 근로자가 재계약 체결을 거부한 경우
- 근로자가 정년퇴직으로 법정 양로보험 혜택을 누리는 경우와 근로자의 사망 또는 실종으로 계약이 종료된 경우
- 채용 1개월 내 용인단위가 서면 노동합동 체결을 요청하였으나 근로자의 거부로 계약이 종료된 경우
- 기업의 위법 행위로 노동합동이 종료되어 이미 배상금을 지불한 경우

〈계약 만기 종료관련 경제보상금 지급여부 구분〉

노동합동 종료 사유		경제보상금 지급여부
고정기한 노동합동 만기 종료	기업이 노동합동 조건을 유지 또는 상향하고 노동합동을 체결을 원했으나 근로자가 거부한 경우	
	위 내용 이외	○
프로젝트 완성 계약 시 업무가 완성된 경우		○
근로자의 주체 자격 상실	퇴직연령 도달 또는 양로보험 향유	
	근로자의 사망 또는 실종	
기업의 고용주체 자격 상실	기업의 법에 의한 파산	○
	기업의 영업 취소, 철수, 해산	○
사실노동관계 종료	채용 1개월 내 근로자의 노동합동 체결 거절	
	채용 1개월 초과 만 1년 내 근로자의 노동합동 체결 거절로 인한 계약종료 (기업의 위법행위가 발생되었으므로)	○

(3) 급여 또는 수당 미지불 시 경제보상금

〈노동합동 위반 해제 시 경제보상방법〉 제3조에 근거하여 기업은 아래 내용과 같은 법정 급여 또는 수당을 미지급한 경우 경제보상금을 추가로 보상해야 한다.

① 급여 미지급 또는 지급 연기,
② 시간 외 근무수당 미지급,
③ 당해 지역 최저임금 이하 급여 지급

위 ①, ②항의 경우는 미지급하였거나 연기한 급여의 25%를 추가로, ③항의 경우 최저임금과 차액분의 25%를 추가로 지불해야 한다. 한편, 〈노동합동법〉에는 미지급 급여와 관련하여 경제보상금은 규정하고 있지 않아 이러한 상황에서는 노동행정 부문이 배상금을 지불하라고 명령할 수 있도록 규정하고 있다. 〈노동합동 위반 해제 시 경제보상방법〉과 〈노동합동법〉이 상충되는 것 같지만 실제로는 청구 과정이 다를 뿐이다. 즉, 근로자는 노동중재나 노동감찰대[4]를 통해 경제보상금 청구권을 행사할 수 있고 배상금은 노동감찰대 신고를 통해 배상금 청구권을 행사할 수 있다.

---

4) 노동감찰대: 인력자원사회보장부(한국 노동부에 해당) 산하 기관으로 한국 지방노동청의 근로개선과에 해당.

(4) 법정 경제보상금 미지급 시 추가 경제보상금

〈노동합동 위반 해제 경제보상 방법〉 제10조에 의거, 기업이 노동합동을 해지함에 있어 관련 경제보상금을 지불하지 않았을 경우 지불해야 할 경제보상금의 50%를 추가하여 경제보상금을 지급해야 한다. 〈노동합동 위반 해제 경제보상 방법〉이 폐기되기 전까지 근로자는 여전히 이에 근거하여 기업에 추가 경제보상금을 요구할 수 있다.

(5) 경쟁업체 취업제한 경제보상금(경업제한 보상금)

〈노동합동법〉 제23조 2항에 의거 기업은 근로자와 경쟁업체 취업제한 의무를 약정하고 제한기한 내 기업은 월급여에 근거하여 일정금액의 경업제한 보상금을 지불한다. 그렇지 않은 경우 근로자는 경업제한 의무를 이행할 필요가 없다.

2. 배상금

배상금은 기업이나 근로자가 법률과 기업 규장제도(사규), 혹은 노동합동 약정을 위반해서 상대방에게 손실을 초래했을 때 일정한 액수의 돈을 지불하여 상대방의 손실을 보상하는 법률책임 형식이다. 기업 인사노무담당 직원들은 근로자에게 배상금을 지불해야 하는 상황과 배상책임을 요구할 수 있는 상황을 면밀히 파악하여 일상 노동관계 관리를 합법화함으로 기업의 불필요한 손실을 막아야 한다.

(1) 용인단위의 배상책임

〈노동합동법〉 제7장 '법적책임' 은 기업이 배상책임을 부담하는 것과 근로자가 배상금을 지불하는 경우를 다음과 같이 상세하게 규정하고 있다. 기업이 법률규정을 위반해서 근로자에게 손해를 끼친 경우 손해를 배상해야 한다. 이는 〈노동합동법〉 제7장에서 '법적책임' 과 관련하여 상세히 명시하고 있다. 예를 들면, 〈노동합동법〉 제80조 기업의 사규가 노동법을 위반하여 손해를 끼친 경우, 제81조 노동합동 필수 조항을 명시하지 않거나 규정대로 급여를 미지급한 경우, 제84조 담보금지 규정을 위반하는 경우, 제86조 기업의 책임으로 노동합동을 무효로 만든 경우, 제88조 기업이 위법하게 근로자를 고용한 경우, 제89조 법률에 따라 노동합동을 해지하거나 종료하는 증명을 제공하지 않는 경우 등의 다양한 위반 조항을 들어 기업이 근로자에게 손실을 초래한 경우에는 기업이 배상책임을 져야 할 것을 명시하고 있다.

노동 관련 여러 법(률)에서 각 항목의 위반에 대한 책임으로 배상금 지불 표준을 규정하고 있다. 이는 근로자에게 미친 실질적 손해를 기초로 하지 않는 법적 배상책임이다. 따라서 법 위반이 근로자에게 추가적인 더 큰 손실을 끼쳤다는 것이 증명된다면 별도의 배상이 필요할 수도 있다.

법에 언급된 구체적인 내용을 예로 들면,

① 〈노동합동법〉의 제82조에 따르면 기업이 근로자와 노동합동을 제때 체결하지 않거나 근로자와 무고정 기간 계약을 체결해야

함에도 불구하고 위법하여 체결하지 않으면 근로자에게 매월 급여의 200%를 지불해야 한다.

② 제83조 기업이 위법하여 약정한 시용 기간을 이미 이행했을 경우 용인단위는 시용기간 급여를 기준으로 초과한 기간만큼 추가적으로 근로자에게 배상금을 지불해야 한다.

③ 제85조 용인단위가 기한 내에 법률대로 급여와 시간 외 근무수당, 경제보상금을 지불하지 않았을 경우 지불해야 하는 금액의 50% 이상 100% 이하의 기준으로 근로자에게 추가로 배상금을 지불해야 한다.

④ 제87조 용인단위가 노동합동을 위법하게 해지하거나 중지하면 경제보상금의 2배를 근로자에게 배상금으로 지불해야 한다.

(2) 근로자의 배상책임

배상을 받는 것은 근로자만의 권리가 아니다. 근로자가 회사에 손실을 끼쳤다면 회사도 근로자에게 배상책임을 물을 수 있다. 〈노동합동법〉 제86조와 제90조에 따르면, 근로자가 협박, 기만 혹은 위급을 틈타 용인단위가 진실을 인지하지 못한 상태에서 노동합동을 체결하고 변경하는 경우, 또는 노동합동 자체를 무효로 만들거나 위법하게 해약하고 노동합동에서 약정한 영업 비밀 유지에 관한 의무나 경쟁업체에 취업제한의 의무를 위반하여 회사에 손실을 초래하였다면 근로자는 응당 배상의 책임을 져야 한다.

(3) 공동배상책임

이는 주로 타기업에 대해 기업과 개인이 초래한 손실에 대해 공동배상책임을 지는 것으로 다음 내용을 포함한다. 〈노동합동법〉 제91조에 따르면 다른 용인단위와 노동합동을 해지하지 않거나 종료하지 않은 근로자를 고용해서 다른 기업에 손실을 초래한 경우 해당 용인단위와 근로자는 공동으로 배상책임을 진다. 제92조에 의하면 노무파견 회사가 파견된 근로자에게 손해를 초래한 경우 노무파견 회사는 실제 근무회사와 같이 공동배상책임을 진다.

3. 위약금

위약금이란 계약 당사자 중 한쪽이 계약 약정을 위반하면 다른 한쪽에게 일정한 액수의 돈을 지불하는 법률적 위약책임을 부담하는 형식이다. 위약금은 계약 당사자가 위약하는 것을 강제하는 효력이 있다. 〈노동합동법〉 실시 이전의 위약금은 근로자의 이직을 예방하는 기업에 유리한 수단이었지만 2008년 1월 1일부로 시행된 〈노동합동법〉은 위약금에 대하여 엄격한 제한을 두었다.

노동법상 위약 관련 약정을 할 수 있는 경우를 두 가지로 한정하였다. 하나는 근로자가 복무 기간 약정을 위반하는 경우이다. 즉, 유학이나 연수 등을 실시한 후 일정 기간 의무적으로 복무해야 한다는 약정이며, 다른 하나는 근로자가 경쟁업체에 취업하는 것을 제한하는 경업제한을 위반하는 경우이다. 이외의 경우에 기업은 근로자와 위약금을 부담하는 것을 약정할 수 없으므로 기업은 위약금을 적용할 때 신중을 기해야 할 것이다.

〈위약금 조항 유효성 관련 중재 사례〉

2007년 4월 22일 왕 씨와 회사는 3년의 노동합동을 체결하면서 만약 노동합동이 만기되기 이전에 사직할 경우 근로자는 회사에 1만 위안를 지불해야 한다고 약정하였다. 그러나 왕 씨는 2008년 3월 17일 사직서를 제출하고 다음 날부터 출근하지 않았다. 회사는 여러 차례 전화하여 이직 수속과 업무의 인수인계를 제대로 해줄 것을 요청하였으나 왕 씨는 거절하였다. 회사는 왕 씨가 약정대로 위약금을 지불해야 한다고 노동중재 위원회에 중재를 신청하였다.

[쟁점] 노동합동 상 약정한 위약금 조항의 유효성 문제

[중재결과] 회사의 중재 신청 기각

[분석] 〈노동합동법〉에서 명확히 규정한 바와 같이 위약금을 요구할 수 있는 경우는 의무복무 기간의 약정과 경쟁업체 취업제한 약정의 두 가지 상황이다. 이 안건에서 회사와 근로자가 노동합동 만기 전 사직 시 위약금을 약정했다고 하더라고 법적으로 인정받을 수 없으며 위약금 약정은 무효이다. 그래서 중재위원회는 회사의 중재신청을 기각하였다. 물론 업무 인수도 하지 않고 무책임하게 떠난 직원에 대해 회사가 취할 수 있는 조치가 없는 것은 아니다. 이직 30일 전에 사직서를 제출해야 하는 노동법을 위반하였으므로 타사로 이직 시 이직증명서 발급을 거절하고 만약 회사에 손실을 끼쳤다면 당연히 배상금을 청구할 수도 있다.

장 씨는 2010년 7월 1일부터 심천의 설비 회사에서 사무직으로 근무하였다. 노사 쌍방은 계약 기간은 3년으로 하되, 계약 기간 만기 전 근로자 본인의 원인으로 계약을 해지할 경우 위약금 6,000위안을 지불하는 것으로 노동합동을 체결하였다. 그런데 어머니의 질병으로 인해 장 씨는 2010년 9월 10일 사직서를 제출하고, 10월 11일부로 사직하겠다고 했다. 회사는 계약 해지에 동의하지만 개인적인 사유로 인한 것이므로 노동합동서상 합의한 대로 6,000위안의 위약금 지불을 요구했다. 장 씨가 거절하자 회사는 급여를 지급하지 않고 위약금으로 상쇄했다.

장 씨는 노동중재위원회를 통해 노동합동서 상의 약속된 위약금을 무효로 인정해 줄 것과 9월과 10월의 월급 5,000위안, 보상금 5,000위안과 변호사 비용 3,000위안을 지불해 줄 것을 요구하였다.

[쟁점] 노동합동서상 노사 쌍방이 약정한 위약금의 유효성과 장 씨의 노동합동 해지 절차의 합법성

[중재결과] 장 씨의 요구대로 위약금을 무효로 인정하고, 회사는 월급 5,000위안과 보상금 2,500위안, 변호사 비용 3,000위안을 지불해야 함.

[분석] 이 분쟁의 초점은 두 가지이다. 하나는 계약서에 약속된 위약금의 유효성 여부이고, 다른 하나는 기업과 계약을 해지한 장 씨의 처리 절차이다. 회사와 장 씨 간에 약정한 위약금은 무효이다. 〈노동합동법〉 제25조에 따라 본법 제22조와 제23조의 규정 상황 이외에 근로자한테 위약금을 부담하게 하면 안 된다. 제22조에 의하면 용인단

위가 근로자에게 전문기술 양성교육을 실시할 경우 의무복무 기간 약정이 가능하며, 근로자가 복무 기간을 준수하지 않았을 경우 약속대로 용인단위에 위약금을 지불해야 한다. 또, 제23조에 따라 용인단위와 근로자가 상업비밀 및 지적소유권과 관련하여 약정을 할 수 있는데, 근로자가 경쟁업체 취업제한의 의무 및 영업비밀 준수의 의무를 위반한 경우 용인단위에 위약금을 지불해야 한다. 그러나 장 씨는 이에 해당되지 않으므로 노동합동서에 약속된 위약금을 지불할 필요가 없다. 또한 사직 30일 전 서면으로 계약 해지를 통보하였으므로 고지 의무도 합법적으로 이행하였음이 인정된다. 〈노동합동법〉 제37조에 따라 일반 근로자의 경우 30일(시용기 근로자의 경우에는 3일) 전에 서면으로 용인단위에 알린다면 계약 해지가 가능하므로 장 씨의 행위는 합법적이다.

혼선이 있을 수 있는 위약금 문제에 관한 Q&A

Q: 사실관계 발생 전 위약금 규정을 약정하지 않았고 사후에도 보충협의에 합의하지 않은 상황에서 일방이 위약금 지불을 요청할 수 있는가?

A: 위약금 지불을 요청할 수 없다. 위약금은 쌍방의 약정이 존재할 때 일종의 위약책임을 부담하는 방식인데, 만약 당사자 쌍방이 별도의 약정을 하지 않았다면 위약금의 지불을 요구할 수 없다.

Q: 교육훈련 협의서에 의무복무 기간을 약정하였고 위반 시 위약금

의 지불을 요구하고 회사의 손실에 대해 배상금을 동시에 청구할 수 있는가?

A: 위약금과 배상금을 이중으로 청구할 수는 없다. 노동법의 일반 원칙상 위약금과 배상금은 함께 존재하지 않으므로 회사는 위약금과 배상금 중에서 하나를 선택해야한다. 직원이 회사에 끼친 손실이 위약금 보다 더 큰 경우에는 배상금을 청구할 수 있다.

공상(산업재해)

- 공상의 적용 범위와 공상인정
- 공상처리 절차
- 공상 사망 및 후유장애 근로자 대우
- 당사자와의 합의를 통한 공상 배상처리

한국에서 '공상처리한다'는 말은 근로자가 업무상 재해를 당한 경우 회사가 근로복지공단을 통해 공식적인 산재처리를 하지않고, 요양치료나 휴업급여 등을 회사 또는 사업주가 사적으로 처리한다는 말이다. 하지만 중국의 공상은 한국의 '산업재해'에 해당하는 중국식 법률용어이다.

중국은 한국보다 좀 더 광범위하게 공상을 인정하고 있다. 특히 출퇴근길의 사고는 거의 공상으로 인정된다. 한국의 경우에는 사업주가 제공한 교통수단이나 그에 준하는 교통수단을 이용하는 등 사업주의 지배관리하에서 발생한 사고에 대해서만 공상으로 인정한다(물론 판례상 확대 인정하는 경우도 있다). 하지만 중국은 합리적인 시간, 합리적인 노선이라면 모두 공상으로 인정하고 있다. 특히, 중국 최고인민법원에서 2014년 9월 1일 시행을 발표한 〈공상사고 행정심의와 관련한 약간의 문제에 대한 규정关于审理工伤保险行政案件若干问题的规定〉

은 출퇴근과 관련한 시간, 노선의 정의를 다음과 같이 명확하고 폭넓게 규정하였다.

① 합리적 시간에 주소지, 일상 거주지, 기숙사로 이동하는 것은 합리적 노선임을 인정
② 합리적 시간에 배우자, 부모, 자녀의 거주지로 가는 길은 합리적 노선임을 인정
③ 일상생활을 위한 활동(예를 들면, 저녁준비를 위해 장을 보러 가다가 발생한 사고)도 합리적 시간, 노선이라면 공상으로 인정

이 규정에 의하면 출퇴근길의 사고는 모두 공상으로 인정받을 가능성이 크다. 개인적인 약속이 있어 이동하는 중이었다고 해도 공상으로 인정받을 수 있는 노선으로 충분히 주장할 수 있기 때문에 중국에서는 출퇴근과 관련하여 근로자들의 안전교육에 각별한 주의를 기울여야 한다.

출퇴근 이외 공상과 관련해서 신입사원 공상과 공상사고에 대한 사적 합의에 대해서도 유의해야 한다. 인력수급에 급한 나머지 신입사원에 대해 공상보험에 가입하지 않은 상황에서 사고가 발생하여 낭패를 보는 경우도 많다. 사고가 발생하면 상급자와 본사의 질책이 두려워 사고 후 사적으로 합의하고 문제를 수습하는 경우도 종종 있는데, 향후에 문제가 될 소지가 크다. 특히 외자기업이라면 공식적으로 처리하는 게 가장 바람직하다.

1. 공상의 적용 범위와 공상인정

한국의 경우 산재로 인정을 받기 위해서는 발생한 재해가 '업무 기인성'과 '업무 수행성'을 갖추어야 하는데, 중국은 다음 다섯 가지 요건을 갖추어야 한다. 첫째, 용인단위와 근로자의 노동합동이 존재해야 한다. 둘째, 근로자의 신체적 손상이 있어야 하고 셋째, 근로자의 신체적 손상이 관련 업무를 수행하는 중에 발생한 것이어야 한다. 넷째, 사고와 근로자의 부상은 인과관계가 있어야 하며 다섯째, 근로자가 의도적으로 일으킨 사고가 아니어야 한다.

실무적으로 가장 분쟁이 많은 것은 세 번째 '업무수행 중'에 관한 사항으로, 일반적으로 업무 시간과 근무 장소, 관련 업무의 세 가지를 전제로 판단한다. 다만, 이 세 가지 전제조건을 충족하더라도 근로자의 범법행위, 음주로 인한 사고, 고의사고일 경우에는 공상으로 인정받지 못한다.

퇴직(남 60세, 여 55세) 후 재취업한 경우나 학교에 재학 중인 실습생의 경우는 근로관계 여부와 관계없이 공상처리를 할 수 없다. 공상보험을 납부하지 않았기 때문인데, 이와는 별개로 기업은 연대책임이 있으며 배상의 책임이 따른다. 일부 지방의 노동중재 위원회나 법원은 이러한 대상자의 부상에 대해 〈공상보험조례〉에 따라 용인단위가 배상해야 한다고 판시하고 있어 관련 사항에 대해 주의해야 할 것이다.

법률상 공상으로 인정하거나 간주하고, 혹은 불인정하는 경우는 다음과 같다.

〈공상보험조례〉 제14조 공상인정 및 간주

다음 아래의 경우 공상으로 인정한다.

① 작업 시간 및 작업 장소 내에서 작업으로 인한 사고로 부상을 입은 경우
② 작업 시간 전후에 작업 장소에서 사전준비 혹은 사후정리 중 사고 혹은 부상을 입은 경우
③ 작업 시간 및 작업 장소에서 직무수행의 원인으로 폭력 등을 당해 부상을 입은 경우
④ 직업병을 앓은 경우
⑤ 공무외출 중 업무 원인으로 부상을 입거나 혹은 사고로 행방불명 된 경우
⑥ 출퇴근 도중 사고를 당해 부상을 입은 경우
⑦ 법률, 행정법규 규정상 공상으로 인정되는 기타 상황의 경우

다음 아래의 경우 공상으로 간주한다.

① 작업 시간 및 작업 장소에서 돌발적인 질병으로 인해 즉시 사망하거나 48시간 내 사망한 경우
② 재해구조 등 국가, 공공의 이익을 위한 활동 중에 부상을 입은 경우
③ 과거 군대에 복무하고 전쟁 혹은 공무 중 입은 부상으로 장애를 지니고 '혁명장애군인증' 을 취득한 근로자가 현 직장에서 과거

의 부상으로 인해 증상이 재발한 경우(이 경우 일회성 장애보조금을 제외한 나머지 공상보험대우만 향유)

〈공상보험조례〉 제16조 공상 불인정

다음 아래에 해당하는 경우 공상으로 인정되거나 간주하지 않는다.

① 고의 범죄로 인한 사망 혹은 부상을 당한 경우
② 음주 혹은 마약을 한 상태로 사망하거나 부상을 당한 경우
③ 자살 혹은 자해에 의한 경우

2. 공상처리 절차

(1) 공상 신청

신청인	고용단위(기업)
신청기간	사고발생 또는 직업병 확진일 30일 이내
제출 서류	사고조사표, 재해자 신분증, 보험증, 증인 증언(2명 서면), 증인 신분증 원본 및 사본, 노동합동서 등

사고가 발생하였거나 직업병으로 진단되는 경우 기업은 사고 발생일 혹은 진단일로부터 30일 이내에 공상보험료 납부지의 노동행정 부

문(사회보험국)에 공상인정 신청을 해야 한다. 기업이 규정된 기일까지 공상신청을 하지 않을 때에는 근로자 본인, 친족 혹은 공회에서 당해 사고 발생이나 진단일로부터 1년 이내에 공상인정 신청을 할 수 있다.

한편, 공상과 관련하여 기업과 당사자의 판단이 다를 수도 있다. 근로자 본인과 직계 친족은 공상으로 주장하지만, 기업이 공상으로 인정하지 않는 경우 기업은 공상 불인정의 입증 책임을 져야 한다. 만일 기업이 입증하지 못하면 노동행정 부문은 피해 근로자가 제공한 증거에 의거하여 공상인정의 결론을 내리게 되므로, 기업은 근로자가 공상에 속하는지의 여부와 고의적인 부상 등에 관한 증거 수집과 보존에 주의를 기울여야 한다.

(2) 공상인정 여부 판정

노동행정 부문은 신청 수리일로부터 60일 이내에 공상인정 여부를 결정하고 서면으로 근로자 혹은 직계 친족, 기업에 통지해야 한다. 공상인정 판정은 ① 공상인정 혹은 공상간주, ② 공상 미분류 혹은 미간주로 구분된다. 직업병의 진단은 〈직업병 방치법職業病防治法〉에 따라 실시하는데, 법에 의거하여 직업병 진단증명서 및 직업병 진단감정서에 대해서는 재심사하지 않는다. 다만, 공상인정에 대한 판정에 불복할 경우 상급 행정부문에 재심을 요청할 수 있으며, 재심 결과도 수용할 수 없을 경우에는 행정소송을 진행할 수 있다.

(3) 공상인정 후 후유장애 감정

공상사고가 경미할 경우에는 노동행정 부문으로부터 공상인정을 받고 치료 기간 부여와 치료비용 지급 등으로 처리가 종료된다. 그러나 공상사고로 인해 후유장애가 있다고 판단되는 경우에는 노동능력 감정위원회[5)]에 장애감정을 신청한다. 장애감정은 기업, 본인 혹은 직계 친족이 노동능력 감정위원회에 공상인정서 및 근로자의 공상치료에 관한 자료 등을 첨부하여 신청한다. 신청서를 수리한 구區인민정부급의 노동능력 감정위원회는 감정신청서를 수령한 후 60일 이내에 노동능력감정 결과를 판정하는데, 필요에 따라 30일 더 연장될 수 있다. 노동능력 감정위원회는 후유장애에 대해 노동기능장애 등급과 생활능력장애 등급으로 구분하여 판정하며 각각의 등급에 따라 보상 수준이 결정된다.

〈후유장애 등급 구분〉

노동기능장애(10등급)	중증重症장애(1~4급), 중도中度장애(5~6급), 경도輕度장애(7~10급)
생활능력장애(3등급)	생활능력 완전 상실, 생활능력 대부분 상실, 생활능력 부분 상실

노동능력 감정위원회의 감정 결과에 불복하는 경우 결과 수령 후 15일 이내에 성, 자치구, 직할시의 상급 노동능력 감정위원회에 재감정을 신청할 수 있고 그 결과가 최종 결정이 된다. 그리고 후유장애의 상황에 변화가 발생한 경우에는 노동능력 감정 후 1년 이내에 노동능력 재감정을 신청할 수 있다.

---

5) 노동능력 감정위원회 구성: 성, 자치구, 직할시의 노동능력 감정위원회 및 구(區)인민정부를 보유한 시급의 노동능력 감정위원회는 노동보장행정부문, 인사행정부문, 위생행정부문, 공회, 고용단위 대표자로 구성된다.

공상과 관련해서 근로자의 장애를 판정하는 데에는 여러 가지 문제가 발생될 소지가 크다. 왜냐하면 많은 기업에서 노무비 절감을 위해 사회보험의 납부기수를 적게 신고하는 경우가 많기 때문이다. 따라서 보험납부기수가 낮아 정상적으로 보상금을 받지 못하는 경우 기업에 그 책임을 요구할 수 있으며, 기업은 그 차액을 별도로 지불해야 한다.

〈공상처리 Flow〉

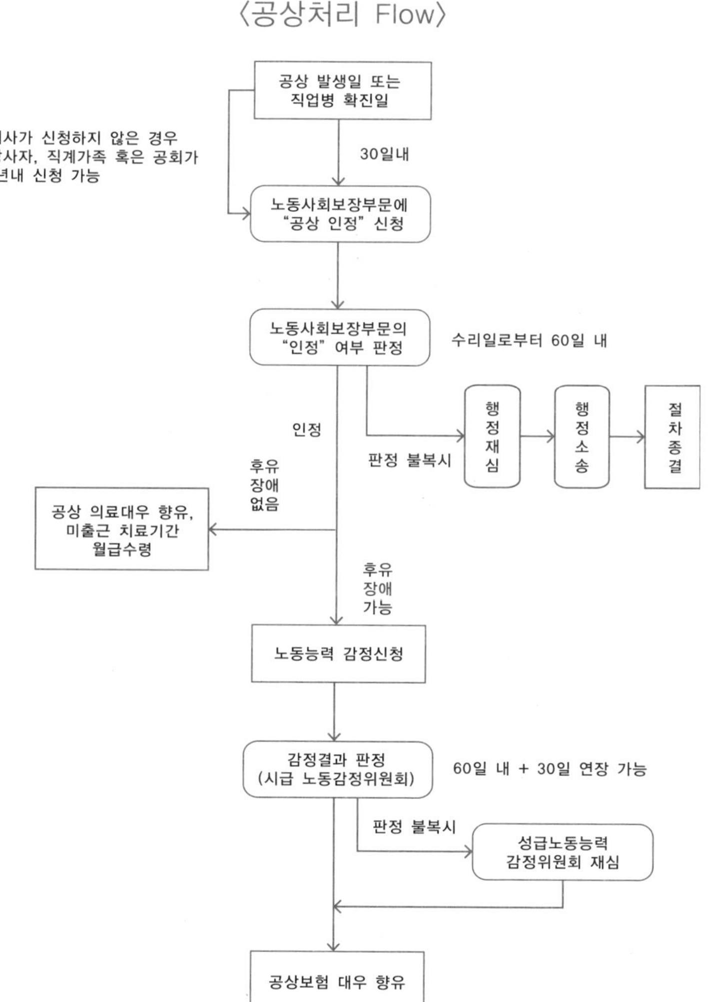

3. 공상 사망 및 후유장애 근로자 대우

구분			노동능력 완전 상실				노동능력 대부분 상실		노동능력 부분 상실				부담 기관
			1급	2급	3급	4급	5급	6급	7급	8급	9급	10급	
월 장애 수당	지불금액 (평균급여)		90%	85%	80%	75%	70%	60%	–	–	–	–	1~4급 보험기관 5~6급은 당해 기업 미근무 시 기업부담
	기준금액		정년퇴직 전까지 본인 공상 전 12개월의 평균급여 (특수직: 남 55세/여 45세, 일반직: 남 60세/여 50세)										
장애 보조금 (일회성)	개월		27	25	23	21	18	16	13	11	9	7	보험기관
	기준금액		공상발생 전 본인의 전 12개월 평균급여										
의료 보조금 (일회성)	개월		–	–	–	–	22	18	13	10	7	4	보험기관
	기준금액						해당 지역 전년도 근로자 평균임금						
취업 보조금 (일회성)	개월		–	–	–	–	36	30	20	16	12	8	기업 (공상직원과 기업이 계약 해지/종료 시)
	기준금액						해당 지역 전년도 근로자 평균임금						
사망대우	공상 직후 사망	장례보조금	전년도 해당 지역 〈근로자 평균임금의 6개월										보험 기관
		가족부양금	배우자 사망 시까지 (직전 12개월 평균급여의 40%) 기타 가족 (본인 전 12개월 평균급여의 30%) *미성년 자녀는 성인이 될 때까지, 기타 가족은 사망할 때까지										보험 기관
		1회성 사망보조금	전년도 전국 성진(省鎭)주민 평균수입의 20배										보험 기관
	1~4급 공상 일정기간 경과 후 사망	장례보조금	전년도 해당지역 근로자 평균임금의 6개월										보험 기관
		가족부양금	배우자 사망 시까지 (본인의 전 12개월 평균급여의 40%) 기타 가족 (본인 전 12개월 평균급여의 30%) *미성년 자녀는 성인이 될 때까지, 기타 가족은 사망할 때까지										보험 기관

(1) 공상사망

공상에 의한 사망 및 중증重症후유장애가 발생한 경우 기본적으로 모든 비용은 공상보험기금이 부담하여 보조금 및 장애수당이 지급되므로 당장 기업이 부담하는 것은 없다. 그러나 공상이 발생한 기업은 다음 해부터 전 근로자의 공상 관련 보험료가 인상될 수 있다.

공상으로 인해 근로자가 사망한 경우 그 직계친족은 규정에 의거하여 공상보험기금으로부터 장례보조금과 부양친족위로금, 공상사망보조금을 수령하게 된다. 단, 부양친족위로금의 합계액은 본인의 생전 임금을 상회할 수 없다.

항목		내용
장례보조금		소재지 전년도 근로자 평균임금의 6개월분
공상보조금		전년도 전국 성진省鎭주민 평균수입의 20배
부양친족위로금 (노동능력이 없어 사망 근로자의 임금에 의지해 생활하는 친족에 대한 위로금)	배우자	매월 본인 생전 임금의 40% 지급
	기타 친족	매월 1인당 본인 임금의 30% 지급
	배우자가 없는 노인, 고아	상기 기준의 + 10%

사망사고 시 대처 방안

근로자가 사망하는 사고가 발생하면 한동안 기업 내 분위기가 침울해진다. 사고가 발생한 이유가 무엇이든간에 기업은 근로자의 사망에 대하여 책임을 면할 수 없다. 유족을 진심으로 위로하고, 다른 근로자들이 동요하지 않도록 적절하게 대응하여 마무리하는 것이 중요하다. 특히 외자기업의 경우 유족과의 협상이 난항을 겪는 경우가 많은데, 때로는 유족들이 고인의 시신을 회사로 옮겨와 기업을 압박하고 불가능한 수준의 보상을 요구하기도 한다. 이러한 경우를 사전에 방지하기 위해 다음 여섯 가지를 참고하면 도움이 될 것이다.

첫째, 시신은 공공 시신보관소에 보관하고 특별한 경우가 아니면 시신을 유족에게 전달하지 않는다.

둘째, 협상 시에는 정부 대표를 중재자로 참여시키고 유족협상 대표를 5명 이내로 한정해서 기업이나 유족의 집, 마을회관 등이 아닌 제3의 장소에서 협상을 진행한다.

셋째, 협상은 일정 시간이 필요함을 인지하여 조급해하지 않는다.

넷째, 협상에 최대한의 성의를 보이되 지역 내 이전 사례를 참조해서 보상 가이드라인 등의 협상 기준을 분명히 해야 한다.

다섯째, 협상에 들어가기 전에 미리 공안기관에 신고하여 협상 결렬과 유족들의 기업 난입 등에 대응할 수 있어야 한다.

여섯째, 동료 근로자들의 동향을 살피고 집단 행동으로 확산되지 않도록 대처방안을 강구한다.

(2) 노동기능장애 1급~4급 근로자 대우

① 생활간호비 지급

중증후유장애가 남아 있는 근로자에 대해 생활간호가 필요하다고 판단되면, 노동능력 감정위원회는 3등급으로 구분하여 공상보험금으로부터 매월 생활간호비를 지급한다.

〈생활간호비 지급 등급 구분〉

평가항목(5개): ①음식물 섭취 ②거동 ③대소변 ④침상 생활 ⑤세면 및 의복 착용

생활자립도 구분	판단 기준	생활간호비 지급
생활능력의 완전상실	평가 항목 전부 해당	소재지 전년 평균임금 50%
대부분의 생활능력 상실	평가 항목 3개 해당	소재지 전년 평균임금 40%
일부 생활능력 상실	평가 항목 1개 해당	소재지 전년 평균임금 30%

② **장애보조금 및 월 장애수당** (공상보험기금이 부담)

공상보험기금은 아래 표와 같이 보상금 및 수당을 지급하는데, 본인 평균임금은 공상 근로자 본인이 공상을 당하기 전 12개월간의 평균 사회보험 납부기수를 이르며 상한액은 소재지 전년도 근로자 평균임금의 300%, 하한액은 60%로 한다.

공상근로자가 정년퇴직 연령에 도달하여 퇴직하는 경우 공상보험기금은 장애수당의 지급을 정지하고 이후에는 기본 양로보험의 대우로 전환된다. 단, 기본 양로보험의 대우가 장애수당보다 낮은 경우에는 공상보험기금이 부족분을 보전한다.

〈1급~4급 장애등급 보조금 지급 기준〉

노동기능장애 등급	장애보조금 (일회성)	월 장애수당	비고
1급	평균임금 27개월분	평균임금 90%	장애수당이 소재지 최저임금 기준보다 낮은 경우 공상보험기금이 부족분을 보전
2급	평균임금 25개월분	평균임금 85%	
3급	평균임금 23개월분	평균임금 80%	
4급	평균임금 21개월분	평균임금 75%	

*평균임금: 공상 전 12개월의 평균

③ 기업 부담 비용

중증후유장애 근로자의 경우 기본적으로 근무가 불가능하기 때문에 기업은 공상근로자와의 노동관계를 유지하고(통상 휴직처리) 상기 장애수당이 지급되는 기간 동안 기업과 공상근로자 본인은 장애수당을 납부기수로 하여 기본의료보험료를 납부해야 한다. 중증 후유장애 공상의 경우는 기본적으로 공상보험기금이 장애보조금을 부담하므로 회사 부담은 많지 않으나 중증장애 공상사고 발생의 실적으로 인해 차기년도부터 해당 기업의 전 근로자에 대한 공상보험요율이 인상된다.

(3) 노동기능장애 5급~6급 근로자 대우

5~6급의 장애등급을 받은 근로자는 공상보험기금에서 후유장애 보조금(일회성)을 지급하고 기업은 고용유지의 의무 등을 부담한다. 기업이 부담하는 보상금 내용은 각 성과 자치구, 특별시가 각각의 규정을 만들어 상이하게 적용하고 있으므로 각 지방의 규정에 따라 처리하여야 한다.

① 장애보조금, 월 장애수당, 의료보조금

노동기능 장애등급	장애보조금	월 장애 수당	의료보조금 (지역마다 상이, 산동성 기준)	비고
5급	평균임금 18개월분	평균임금 70%	전년도 해당 지역 근로자 평균임금 22개월분	장애 수당은 당사자가 해당 기업 근무 불가 시 기업이 부담
6급	평균임금 16개월분	평균임금 60%	전년도 해당 지역 근로자 평균임금 18개월분	

② 기업 부담 비용

기업은 공상근로자가 근무 가능한 직무로 전환하고 고용관계를 유지해야 한다. 직무 전환 후에는 통상임금을 기준으로 급여를 지불해야 하며, 사회보험도 지속 납부해야 한다. 단, 후유장애에 의해 직무 부여가 곤란한 경우에는 위 표를 기준으로 매월 장애수당(소재지 최저임금보다 낮은 경우 소재지 최저임금 적용)을 지급하고 또한 각종 사회보험료를 납부한다. 본인 통상임금은 공상근로자가 공상사고를 당하기 전 12개월 간의 평균 사회보험기수 임금을 지칭하며, 상한선은 소재지 전년도 근로자 평균 월급의 300%, 하한선은 이의 60%가 된다.

노동합동이 만료되거나 후유장애가 생긴 근로자 본인이 퇴직을 희망하는 경우에 기업은 노동관계를 종료할 수 있다. 이때, 기업은 후유장애 취업보조금을 지급해야 하는데 구체적인 기준은 각 지방마다 다르다.

〈산동성 일회성 취업보조금 기준〉

노동기능 장애등급	취업보조금	비고
5급	전년도 해당지역 근로자 평균임금 36개월분	공상직원과 계약 해지 혹은 종료 시 기업에서 지급
6급	전년도 해당지역 근로자 평균임금 30개월분	

(4) 노동기능장애 7급~10급 근로자 대우

①장애보조금 및 의료보조금(공상기금 부담)

노동기능 장애등급	장애보조금	의료보조금 (지역마다 상이, 산동성 기준)
7급	평균임금의 13개월분	전년도 해당 지역 근로자 평균임금 13개월분
8급	평균임금의 11개월분	전년도 해당지역 근로자 평균임금 10개월분
9급	평균임금의 9개월분	전년도 해당지역 근로자 평균임금 7개월분
10급	평균임금의 7개월분	전년도 해당지역 근로자 평균임금 4개월분

② 기업 부담 비용

기업은 공상직원에 대해 고용을 유지하고 적합한 직무를 부여하여 정상임금을 지급하고 사회보험을 부담해야 한다. 하지만 노동합동 기간 만기 종료 혹은 공상직원 본인이 노동합동 해지(사직)를 희망하는 경우 기업은 후유장애 취업보조금을 지급해야 하는데, 구체적인 정산 기준은 각 지방마다 상이하다.

〈산동성 일회성 취업보조금 기준〉

노동기능 장애등급	취업보조금	비고
7급	전년도 해당지역 근로자 평균임금 20개월분	계약 만기 종료 혹은 본인이 계약 해지를 희망하는 경우
8급	전년도 해당지역 근로자 평균임금 16개월분	
9급	전년도 해당지역 근로자 평균임금 12개월분	
10급	전년도 해당지역 근로자 평균임금 8개월분	

기업이 공상보험에 가입하지 않은 상태에서 공상사고가 발생하는 경우도 있다. 사고가 발생하면 공상보험의 기준에 따라 절차를 밟고 보상해야 한다. 이때는 공상보험기금이 부담해야 할 부분을 기업에서 부담하게 된다. 입사한 지 얼마 되지 않아 미처 보험에 가입하지 못한 신입사원의 경우 사고가 발생하면 공상인정 절차를 따라야 하고, 필요하다면 노동능력 감정을 받아 공상보험 대우를 기준으로 보상하여야 한다.

공상보험 미가입 시 많은 기업들은 피해 근로자 및 가족과 사적으로 합의하고 배상문제를 처리하려고 한다. 사적 배상합의가 공상보험 조례에 규정된 기준보다 낮지 않을 경우 당사자의 의사자치원칙에 따라 달성된 협의로 간주하여 유효한 것으로 인정된다. 개인적으로 배상합의를 체결하고 끝낼 수도 있는 문제인데, 이후에 피해자가 후유증 발생 등을 이유로 다시 노동쟁의를 제기하면 그 합의는 법적으로 무효가 될 수 있으므로 배상문제 처리에 유의해야 한다. 만약 피해자와 가족이 해당 기업이 공상보험에 가입하지 않은 사실을 알고 불가능한 배상요구를 해 온다면 협상을 서두르지 말고 시간을 끌어 적정한 수준으로 조정될 수 있도록 유도해야 한다. 그러나 원칙적으로는 공상인정-노동능력 감정의 절차를 거쳐 상응하는 공상대우의 기준을 확인하는 것이 바람직하다.

규장제도(사규)

- 규장제도의 역할
- 규장제도의 유효성 확보 조건

우리나라의 사규를 중국에서는 규장제도라고 표현한다. 규장제도는 기업이 노무관리를 위해 내부에서 근로자의 의무를 규정하고 권리를 보장하는 행위 준칙이다. 법이 허용하는 범위 내에서 기업 사정에 맞게 규장제도를 마련하며 인력자원을 관리하는 중요한 근거로 삼아야 한다. 이는 근로자들의 관리와 기업의 생산, 경영, 발전에 중대한 역할을 한다. 규장제도는 명칭을 어떻게 표현하든 상관없이 근로자의 근로 조건에 대한 사항을 규정하고 있다면 모두 기업의 규장제도라고 할 수 있다.

1. 규장제도의 역할

(1) 근로자의 합법적 권익을 보장

기업의 규장제도는 용인단위와 근로자 간의 법률로써 근로자의 행위를 규정할 뿐만 아니라 기업의 의무도 규정한다. 근로자는 법률대로 근로 의무를 이행하는 것이고, 용인단위는 근로자의 합법 권익을 보장해야 한다.

(2) 노동쟁의 심사의 근거

최고인민법원의 〈노동쟁의 사건을 심사하는 적용 법률의 여러 문제에 대한 설명〉은 용인단위가 적법하게 작성한 규장제도를 근로자에게 공시한 경우, 인민법원이 노동쟁의 사건을 심사할 때 중요한 증거로 여길 수 있다고 규정하고 있다.

2. 규장제도의 유효성 확보 조건

기업이 작성한 규장제도의 유효성을 인정받기 위해서는 민주적 절차, 내용의 합법성과 합리성, 근로자에 대한 공시의 3가지 조건을 충족해야 한다.

(1) 민주적 절차

〈노동합동법〉 제4조 제2항은 '용인단위는 근로 보수, 근무 시간, 휴식 휴가, 근로 안전위생, 보험복리, 근로자 교육, 노동규율에 대한 근로자 이익을 직접 언급하는 규장제도를 비롯한 중대한 사항을 작성 또는 수정, 결정할 때 근로자 대표 대회나 전체 근로자들의 토론을 통해서 방안과 의견을 제출하고 공회나 근로자 대표와 협상을 한 후에 결정한다' 라고 규정하고 있다. 또, 제4조 제3항은 '규장제도와 더불어 근로 조건의 중대한 사안 실시 여부를 결정하는 과정에서 공회나 근로자들이 적당하지 않다고 생각하면 용인단위에 의견을 제출할 수 있고, 협상을 통해 수정하고 보완할 수 있다' 라고 밝힌다. 이는 기업이 규장제도를 작성하거나 수정할 때 민주적인 협상절차가 기업 규장제도의 효력을 발생시키는 중요한 조건이 된다는 것을 의미한다.

한편, 〈노동법〉보다 〈노동합동법〉에서는 민주적인 절차에 대해 더 세밀하게 언급하고 있다. 법률은 아직 용인단위가 근로자 대표 대회나 공회를 설립하는 것을 반드시 요구하지는 않고 있다. 그러나 이 두 조직은 규장제도의 시행과 수정 과정에서 발휘되는 중대한 역할이 있기 때문에 기업은 자발적으로 근로자 대표 대회나 공회를 설립하는 것이 보다 유리하며 규모가 큰 기업일수록 필요성이 더욱 요구된다.

(2) 내용의 합법성과 합리성

기업의 규장제도가 유효하기 위해서는 노동관련법에 부합해야 한다. 여기서 말하는 합법성은 광의로 이해해야 하는데, 내용은 국가의 모든 법률과 규정에 부합해야 하고 법률이 요구하는 규정을 위반하지 않아야 한다. 다시 말하면, 기업의 규장제도는 법률이 요구하는 의무를 회피하면 안 되고 법률이 금지하는 내용도 규정하면 안 된다. 만약 용인단위의 규장제도가 법률과 규정을 위반하면 근로자에게 구속력이 없을 뿐만 아니라 근로자에게 손해를 끼친 경우 배상책임을 져야 한다.

기업 규장제도의 내용은 적법해야 할 뿐만 아니라 일반적인 상식에도 응당 부합해야 한다. 여기서의 일반적인 상식이란 무엇일까. 용인단위는 동등한 상황에서 보통 요구에 따라 선의의 판단을 해야 하는데, 이 제도가 합리적인지 아닌지를 최종 판단하는 것은 결국 중재위원회와 법원의 결정이다. 또한 상황에 따라 합리적인지 아닌지에 대한 판단이 달라질 수 있음을 주의해야만 한다. 예를 들어, 근로자가 근무 공간에서 담배를 피우는 것이 발견되면 노동관계를 해지한다는 규정이 있다고 가정하자. 이 규정이 합리적인지 아닌지에 대해서는 그 상황을 구별하여 판단해야 한다. 화재 발생의 위험성과 피해 정도가 심각할 수 있는 구역에서 위와 같은 규정을 적용한다면 합리성이 있다고 할 수 있겠지만, 그렇지 않다면 규정 위반의 정도에 비해 조치가 과하다고 판단될 것이다.

(3) 근로자에 대한 공시

〈노동합동법〉 제4조 제4항은 '용인단위는 근로자와 관련된 이익을 언급하는 규장제도 및 중대한 사항의 결정은 공시하거나 근로자에게 알려줘야 한다' 라고 규정하고 있다. 기업 규장제도의 공시나 알림은 규장제도를 집행할 수 있다는 뜻이므로, 공시하지 않거나 근로자에게 알리지 않은 규장제도는 효력이 발생되지 않는다. 실무적으로 사내 게시판에 공시하는 것만으로는 공시의 의무를 다했다고 판단하기 어려우므로, 노동합동 체결 시 기업의 규장제도에 대해 숙지하게 하고 이를 준수하겠다는 서명을 받는 것이 가장 확실한 방법이다.

최근의 노동중재 판례에서는 입사 당시에 노동합동을 체결하면서 기업의 규장제도를 확인시키고 준수하겠다는 서명을 받아도, 근로자에 대한 공시 책임을 다했다고 판단하기 어렵다고 보았다. 따라서 규장제도에 대한 공시나 서명이 일회성이 되어서는 안 되며, 재계약 시 다시 규장제도에 대하여 숙지하고 서명을 하게 하거나 승진시험 등이 있다면 사규에 대한 내용을 삽입하는 것도 좋은 방안이 될 것이다.

중국의 공회와 집체합동(集體合同, 단체협약)

중국의 공회

집체합동(단체협약)

1. 중국의 공회

중국 공회(중화전국총공회)는 세계 최대 규모의 조직이라고 할 수 있는데, 2013년 10월 총공회 발표자료에 따르면 전국에 있는 공회는 275만 개이며 회원은 2억8천만 명에 달하고, 중국 전체 근로자의 81.1%가 공회 회원이다. 흔히 한국의 노동조합과 중국의 공회를 동일하게 생각하지만 일정 부분 차이점이 있다.

한국의 노동조합은 "근로자가 주체가 되어 자주적으로 단결하여 근로 조건의 유지, 개선 및 기타 근로자의 경제적, 사회적 지위의 향상을 도모함을 목적으로 조직하는 단체 또는 그 연합단체"로 정의되고 있다. 반면, 중국의 공회는 근로자가 주체가 되는 것이 아니라 중국 공산당이 주체가 되어 주도적으로 만든 조직이라는 점에서 가장 큰 차이를 보인다. 중국 총공회中華全國總工會의 주석은 공산당의 정치국

고위급 인사인 당 서열 24위 이내의 위원이 맡으며 지방정부도 고위 공무원이 지역 총공회주석을 담당한다. 그리고 한국의 노동조합에 보장되는 단결권, 단체교섭권, 단체행동권의 노동 3권 중에서 중국은 공회의 단체행동권을 인정하지 않고 있다. 최근 일부에서는 단체행동권을 금지한다는 명시적 표현이 없으므로 인정된다고 주장하지만, 한국과 비교하면 그 역할은 노사협의회와 비슷한 정도로 보면 될 것 같다.

(1) 공회 조직 및 운영

① 중국의 공회 조직도

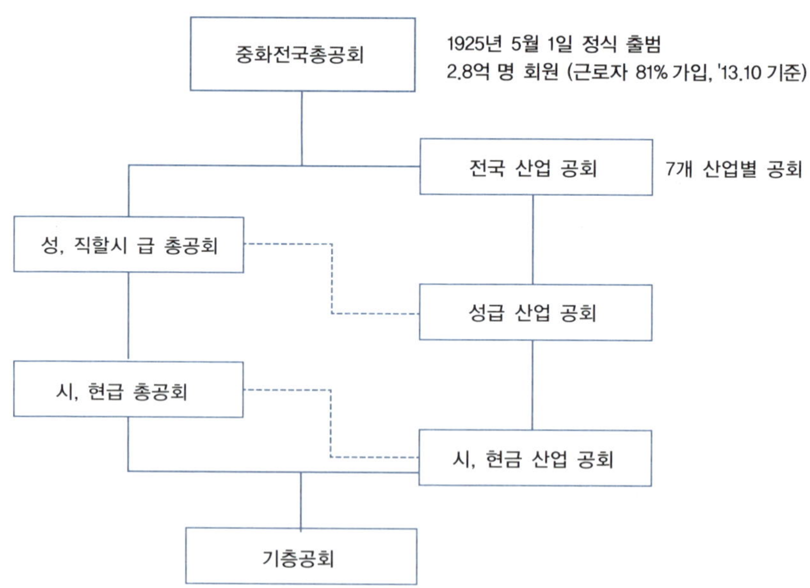

② 기업단위(기층단위) 공회 설립 및 운영

● 공회설립 소조 구성 및 회원 모집

〈공회법〉은 공회 회원이 25명 이상인 경우에는 용인단위는 공회를 설립해야 한다고 규정하고 있다. 공회 설립을 위해 기업은 설립 소조(중국에서 자주 사용하는 용어로 소위원회 정도로 생각하면 된다)를 만들어 개인별 신청서를 받고 상급 공회에 제출하면 회원증을 발급받는다. 공회 가입은 대상의 제한이 없어 경영층도 가입이 가능하다.

● 공회위원회 구성

공회위원의 임기는 3년 혹은 5년이다. 근로자들의 직접선거를 통해 선출된 근로자 대표들이 다시 선거를 치뤄 공회위원(통상 10명 이내)을 선출한다. 선출된 공회위원들은 일반적으로 호선을 통해 주석과 부주석을 선출하고 각 위원들이 담당해야 할 업무를 부여한다. 절차는 아주 민주적인 것 같지만 큰 맹점이 있다. 바로 공회위원은 공회위원 추천 위원회에서 과반수의 동의를 통해 후보로 추천되어야만 후보가 될 수 있다는 것이다. 즉, 자유롭게 입후보할 수 있는 권리가 원천적으로 봉쇄되어 있다. 중국의 전국 인민 대표회에서 결정한 홍콩 행정장관의 선거법 개정안에 대해 홍콩 시민들이 반쪽짜리 민주주의라고 반대했던 이유가 여기에 있다. 홍콩의 주민들은 친중국 인사로 구성된 후보 추천 위원회가 반중국 성향의 후보자의 입후보를 원천적으로 막는다고 주장한다. 무분별한 입후보자 난립을 막기 위해 한국에 대통령, 국회의원, 지방자치 단체장 등 선거에서 공탁금 제도를 두는 것처럼 중국에서는 후보 추천 위원회를 두는데, 이 위원회에서 선거 개입의 여지가 있다는 것이다. 사견으로는 무분별한 입후보의 제한을 두는 것이 불합리한 제도라고 단정 지을 수만은 없다고 생각되지만, 근로자의 의사를 대변하는 공회위원을 구성하는데 한계가 있는 것은 사실이다.

● 공회 독립성 강화 및 공회위원 신분보장

중국 공회법은 공회의 역할, 독립성 강화를 위해 공회주석 등 공회위원에 대해서 법으로서 신분을 보장하고, 기업의 주요 책임자와 그 친인척의 공회위원 선임을 막고 있다. 중국법에서 말하는 기업의 주요 책임자는 법인의 대표자인 이사장과 이사, 총경리 등을 지칭한다.

〈공회법〉 제17조는 공회주석과 부주석에 대해 임기 중에는 기업 임의대로 보직을 변경할 수 없고 업무원인으로 인해 보직조정이 필요한 경우 당해 공회위원회와 상급공회의 동의를 받아야 한다고 명시하고 있다. 그리고 공회주석과 부주석의 해임을 위해서는 반드시 근로자 대표회의를 개최하여야 하고 과반수의 동의를 얻어야 한다. 또한 공회주석을 포함한 공회위원의 임기 보장을 위해서 임기 동안에는 노동합동을 해지할 수 없도록 했다. 〈공회법〉 제18조는 공회주석, 부주석 또는 위원이 겸임하고 있는 경우 임기 내 기간이 만료될 경우에는 노동합동 기한은 임기 중 자동 연기되고 전임의 경우에는 노동합동 기간은 전임 기간만큼 연장된다고 규정하고 있다. 예를 들어, 공회주석을 겸임하고 있고 판매부장의 노동합동 만기가 2013년 12월 31일까지이고 공회주석의 임기만료가 2014년 6월까지라면 판매부장의 노동합동 만기는 2014년 6월까지 자동으로 연기된다. 판매부장의 계약이 2년인데 계약 기간 중 공회주석을 담당하게 되어 3년간 전임을 하게 되었다면 전임 기간 3년은 계약 기간에 포함하지 않으므로 총 5년의 계약을 하게 되는 것이다.

● 공회 전임인원 및 경비운영

〈공회법〉은 공회의 전임 인원은 회원이 200인 이상인 경우 노사협의를 통해서 전임자를 운영할 수 있다고 규정한다. 〈기업공회 실시조례〉에서는 좀 더 구체적으로, 0.3% 이상의 인원을 공회와 기업이 협의하여 전임 인원을 운영해야 한다고 명시하고 있다. 전임이 아닌 공회위원에 대해서는 월 3일(근무 시간 24시간 기준)내에서 공회 활동을 할 수 있도록 보장해야 한다. 공회 활동을 위해서 회원(근로자)은 공회비로 통상 임금의 0.5%를 납부하고 기업은 총 급여(총경리 등 경영층 급여 포함)의 2%를 공회비로 납부해야 하는데, 이 경비의 40%를 상급 공회에 납부해야 한다. 지역 총공회는 공회의 설립을 독려하기 위해 외자기업 경영진의 급여는 제외해 주는 경우도 있으며, 기업은 협상을 통해서 상급 공회 납부분을 줄이기도 한다. 일부 기업은 경비절감 등을 고려하여 공회 설립을 하지 않기도 하며, 지역 공회법은 공회를 설립하지 않아도 공회 설립 준비금으로 총 급여의 2%를 납부하도록 하고 있다. 이 공회 설립 준비금은 회사에 공회가 설립되면 상급 공회 납부분 40%를 공제 후 기업 공회로 돌려준다. 또 납부 강제를 위해 지방의 세무국에서 대리 징수하고 있다.

공회는 공회비를 통해서 체육대회, 문화 활동, 명절 선물, 근로자 격려 등에 사용한다. 공회 경비 사용의 투명성 제고를 위해서 공회 자체경비 심사위원회를 두고 있으며 상급 공회의 공회 경비 사용에 대한 감사도 받는다. 중국의 공회는 한국의 다수의 노동조합과 달리 완전 대립적 관계가 아니라 상호 협력 관계를 통해 노사안정을 유지하는 단체이다. 따라서 공회가 근로자들에 대해 리더십을 보유해야 하는데, 리더십 상실의 가장 큰 치명타는 공회비의 유용이다. 기업은 직접적으로 통제할 권한은 없지만 반드시 공회비 사용에 대해서 확인하고 지도해야 한다.

〈중국의 공회와 한국 노동조합 비교〉

구 분	중국 공회	한국 노동조합
노동권	단결권, 단체교섭권	단결권, 단체교섭권, 단체행동권
가입대상	제한 없음(총경리 회원가입 가능) - 기업책임자(근친) 공회위원취임 제한	간부 등 기업의 이익을 대표하는 자는 제외
조합설립	회원 25명 이상 기업의 공회설립 강제	자유 설립주의
경비지원	기업이 대부분의 경비 부담 - 전 근로자 임금의 2%의 경비 보조 - 전임자 급여도 기업 부담	조합원의 조합비 *기업의 경비지원은 부당노동행위임
임원임기 신분보장	- 공회위원 3년 혹은 5년 - 공회간부의 임기 중 노동합동 기간 자동 연장 및 노동합동 해지 불가 - 공회주석직/부주석직의 파면은 근로자 대표대회 과반수 동의 요구	- 임기 3년 이내 - 조합활동관련 해고 시 부당노동행위 성립
경영참여	- 국유기업 동사회/감사회에 대표참여 - 임금, 근로 조건 등 근로자 권익에 관련되는 회의 개최 시 공회대표 참석	규정 없음
협약체결	단협체결 시 근로자 대표 대회 과반수 동의 필요	규정 없음

(2) 중국 정부의 공회관련 정책 방향

현재 중국의 공회는 격변기에 있다고 보아야 할 것 같다. 근로자들은 공회의 역할에 대해 불신이 팽배해 있으며 2010년에 발발한 '폭스콘 사태' 이후 일련의 근로자 파업 사태로 인해 노사갈등이 중국 산업계의 현안으로 떠올랐다. 이에 근로자의 권익을 대변해야 할 공회가 침묵하거나 사측 편에 서게 되면서 공회의 정체성 확립을 서둘러야 한다는 목소리가 높아졌다. 이를 통해 공산당 내부에서도 개혁의 필요성을 인지하게 되었으며 최근에는 그러한 노력이 가시화되고 있다. 중국에 진출한 세계 주요기업 공회간부를 대상으로 임금협상 교육을 실시하는 한편, 북경시 총공회 산하 외자기업 공회연합회는 외자기업들과 단체협상을 체결하면서 "외자기업 근로자의 임금은 베이징시 최저임금 표준의 1.5배보다 낮아서는 안 된다"는 내용을 포함시켰다. 또한 중국 총공회는 지부 노조간부들에게 임금을 직접 지급하고 점진적으로 선출제 도입을 추진하는 등 지부 운영 방식 개정안을 내놓은 상황이다.

이와 같은 총공회의 노력은 기업에게 있어서는 노무관리의 부담으로 작용하게 될 것이다. 노무비 인상이 불가피해지고, 근로자의 목소리는 더욱 커질 수밖에 없다. 기업의 공회 조직은 피할 수 없는 상황이므로, 공회가 리더십을 가지고 근로자들과 기업이 win-win하는 협력적 노사관계를 정착시키기 위해 미리 대비해야 한다. 점점 협상의 중요성이 높아지고 있으므로 기업도 공회와의 협상을 위해 전문가를 육성할 필요가 있다.

〈중화인민공화국신 공회법〉

제10조(공회설립의무) 기업, 사업단위, 기관 내 회원이 25명 이상일 경우 기층공회 위원회를 설립하여야 한다. 25명 이내일 경우 단독적인 기층공회 위원회를 설립할 수 있고 2개 이상 기업의 회원이 연합하여 기층공회 위원회를 설립할 수도 있다. 또 담당자 1인을 선출하여 조직설립 활동을 전개할 수 있다. 여성 근로자 인원수가 많은 경우 공회 여성 근로자 위원회를 설립할 수 있고 상급 공회의 지도하에서 활동을 전개할 수 있다. 여성 근로자가 비교적 적은 경우에는 공회위원을 선출할 수 있다.

기업 근로자가 많은 향, 진, 도시에는 기층공회의 연합회를 건립할 수 있다. 현급 이상의 지방에는 지방 각급 총공회를 설립한다. 동일하거나 유사한 업종의 수요에 따라 전국 혹은 지방 산업공회를 설립할 수 있다. 전국은 통일적인 중화 총공회를 설립하여야 한다.

제13조 (공회주석 및 공회전임자) 근로자 수 200명 이상인 기업은 전임 공회주석을 둘 수 있고 공회 전임자에 대한 인원은 기업과 협의하여 확정한다.

제15조 (공회위원회 임기) 기층공회 위원회의 임기는 3년 혹은 5년이며 각급 지방 총공회 위원회와 산업 위원회 임기는 5년으로 한다.

제17조 (공회위원의 보호) 공회주석과 부주석의 임기 중에는 임의로 직무를 조정하면 안 된다. 기업의 사정에 의해 직무 조정이 필요한 경우 당해 공회와 상급 공회의 동의를 거쳐야 한다. 주석 및 부주석을 해임해야 하는 경우에는 회원 회의, 회원 대표 회의를 개최하여 협의하고, 과반수의 동의 없이는 해임할 수 없다.

第18条(공회위원의 노동합동 기간) 전임공회의 주석과 부주석 혹은 공회위원의 노동합동 기한은 전임 기간만큼 자동 연장된다. 비전임 위원인 경우는 임기일이 노동합동 기간보다 짧은 경우 노동합동 만기는 임기까지 자동 연기된다. 다만 임기 내 중한 개인의 과실 혹은 법정 퇴직연령에 도달한 경우는 제외한다.

2. 집체합동(集體合同, 한국의 단체협약)

〈노동법〉에서 집체합동이란 '임금, 근로 시간, 휴식, 사회보험, 노동안전 등 제반 근로 조건에 대하여 공회(근로자 대표)와 용인단위 간에 평등한 상황에서 체결한 서면약정'이라고 정의하고 있다. 근로자의 임금 등 제반 근로 조건에 대해 근로자와 기업 간의 개별적인 계약인 노동합동이 있지만 개개의 근로자가 기업과 대등한 입장에서 노동합동을 체결하는 것이 현실적으로 어렵다는 인식에서 중국도 집체합동에 대해 강조하고 있다. 한국의 단체협약과 같은 개념이라고 생각하면 된다. 집체합동과 관련하여서는 인력자원 사회보장부가 2004년 5월 1일 시행한 〈집체합동규정〉에서 상세하게 규정하고 있다.

(1) 집체합동의 체결주체와 그 내용

집체합동의 체결의 주체는 당연히 용인단위와 공회(근로자의 대표)이다. 집체합동을 위해서 노사 양측은 최소 3인 이상의 수석 대표와 협상 대표를 선출하여 협상에 임해야 한다. 공회가 설립되어 있는 경우 공회의 추천을 통해서, 공회가 없는 경우에는 근로자 대표 회의를 개최하여 협상 대표를 선출한다.

집체합동의 내용은 체결 당사자 간 제반 근로 조건에 대해서 자유롭게 계약내용을 정할 수 있지만 집체합동 규정 제8조에서는 필수 구성 요소에 대해서 다음과 같이 명시하고 있다.

구 분	주요내용
노동보수	▪ 고용단위의 급여수준, 배분제도, 급여표준 및 배분형식 ▪ 급여지불 방법 ▪ 시간 외 수당, 보조금표준, 장려금 배분 방법 ▪ 급여조정 방법 ▪ 수습 기간, 병가, 개인 휴가 중의 급여 대우 ▪ 특수상황에서의 종업원의 급여(생활비) 지불 방법 ▪ 기타 노동보수 배분 방법
근무 시간	▪ 근무 시간 제도 ▪ 초과 근무 방법 ▪ 특수 직종의 근무 시간 ▪ 노동정액표준
휴일, 휴가	▪ 휴식 시간, 공휴일 배치, 연차 휴가 방법 ▪ 정규근무 시간 제도 실행이 불가능한 종업원의 휴식과 휴가 ▪ 기타 휴일
노동안전위생	▪ 노동안전위생 책임제 ▪ 노동조건 및 안전기술 조치 ▪ 안전조작 관련 규정 ▪ 노동보호용품 발급표준 ▪ 정기적인 건강검사 및 직업건강 신체검사

보험, 복리	▪ 보험가입 및 보험료 납입 ▪ 기본 복지제도 및 복지시설 ▪ 의료 기간 연장 및 대우 ▪ 종업원 가족 복지제도
여자 및 미성년 근로자에 대한 특수보호	▪ 여성 및 미성년 종업원이 종사할 수 없는 업무 ▪ 여종업원의 생리, 임신, 출산, 모유 수유 기간 동안의 노동보호 ▪ 정기적인 건강검진 ▪ 미성년 종업원의 사용 및 등록
직업교육	▪ 직업기능 교육양성 항목계획 및 연도계획 ▪ 직업기능 교육양성 비용의 인출 및 사용 ▪ 직업기능 교육양성 관련 조치에 대한 보장 및 개선
노동합동 관리	▪ 노동합동 기간 ▪ 노동합동 기간 확정에 따른 조건 ▪ 노동합동의 변경, 해지, 연장에 따른 일반원칙, 무고정 기간의 노동합동 조건 ▪ 수습 기간의 조건 및 기간
상벌	▪ 노동기율, 평가와 상벌제도, 상벌 절차
감원	▪ 감원 관련 방안, 실행절차, 실행방법, 보상표준
집체합동 (단체협약)	▪ 집체합동 기간 ▪ 단체협약의 절차에 대한 변경, 해제 ▪ 단체협약 이행과정에서 발생한 분쟁에 대한 협의처리 방법 ▪ 단체협약에 대한 위약 책임
	▪ 쌍방이 협의해야 한다고 판단하는 기타 내용

(2) 체결 절차와 방법

용인단위나 근로자 일방이 협상을 요구하면 상대방은 20일 이내 서면 형식의 답변서를 제출하여야 하며 정당한 사유 없이는 거부할 수 없다. 협상 양측의 대표는 다음과 같은 내용을 사전에 준비하여야 한다. ① 협상 관련 법률, 법규 등 ② 협상과 관련된 상황, 자료, 근로자의 의견 수렴 ③ 일방의 초안을 작성 ④ 협상 장소와 시간 등을 지정 ⑤ 노사 양측의 협상안 확정을 위해 협상대표 중 1명의 기록원을 정하고 공정한 진행과 비밀 유지에 유의해야 한다.

집체합동의 체결 과정을 요약하면 다음과 같다. 첫째, 노사협의를 통해서 집체합동 초안을 작성한다. 둘째, 작성된 초안을 근로자 대표회의에 부의하고, 가결을 위해서는 재적 인원의 2/3 이상의 출석과 과반수의 동의를 필요로 한다. 셋째, 근로자 대표자 회의를 통과한 집체합동에 대하여 쌍방 수석 대표자의 서명으로 확정된다. 마지막으로 집체합동에 대한 노동행정 부문 심사가 있다. 노동행정 부문은 협상 대표자의 적법성, 절차상의 하자 여부, 협약서 내용상의 노동관련 법규 배치 여부 등을 심사하고 15일 이내 심사의견서를 노사 양측에 송부하며 15일 이내 노동행정 부문의 의견이 없을 경우 자동으로 효력이 발생하게 된다.

〈집체합동 체결 과정 요약〉

1단계		2단계		3단계		4단계
집체합동 초안 확정(노사합의)	▶	근로자 대표자 회의 의결	▶	집체합동 체결 (대표자 서명)	▶	노동행정 부문 심사 (심사 통과 후 유효)

(3) 집체합동 수정, 해제 사유

노사쌍방의 합의로 체결된 집체합동은 다음 4가지 경우를 제외하고는 반드시 준수하여야 한다.

① 기업의 합병, 해산, 파산 등

② 불가항력으로 이행할 수 없을 때

③ 협상내용이 이행 불가사항에 해당 될 경우

④ 법률 변경 등

노동쟁의와 그 해결

노동쟁의 해결 방법

노동쟁의 중재

노동쟁의란 용인단위와 근로자 당사자 간의 근로 계약, 급여, 사회보험, 기타 복리후생 등의 노동관련 권리와 의무에 대한 의견이 불일치한 상태를 말한다. 기본적으로 한국과 중국의 노동쟁의 개념은 유사하지만, '당사자' 의 정의에 큰 차이를 보인다. 한국에서의 '당사자' 는 근로자 개인이 아니라 노동조합을 의미하고 중국에서는 근로자 개인이 당사자이다.

중국의 〈노동법〉과 〈노동쟁의 조정중재법〉은 기업과 근로자의 노동쟁의가 발생했을 때, 아래 방식을 통해 해결할 수 있다고 명시하고 있다.

① 협상: 노사 쌍방의 협상을 통한 해결

② 조정: 협상을 원하지 않거나 협상이 되지 않을 때, 또는 협상 후 당사자의 이행이 이루어지지 않는 경우 조정조직에 조정신청을 통한 해결

③ 중재: 조정을 원하지 않거나 조정협의를 끝내고도 이행하지 않

은 경우 노동쟁의 중재위원회에게 중재신청을 통한 해결

④ 소송: 중재결과에 대해 수용할 수 없는 경우 소송을 통한 해결

중국은 노동분쟁 소송과 관련해서 중재 전치주의를 채택하고 있다. 즉, 법원에 소송을 제기하기 위해서는 우선 중재 과정을 거친 후에 진행할 수 있다. '협상/조정'과 '중재/소송'의 가장 큰 차이점은 결과에 대한 강제성의 유무이다. 중재와 소송은 결과에 대해 강제성이 있기 때문에, 노동쟁의 중재위원회가 유효한 중재를 하거나 인민법원이 판결한 후에는 기업과 근로자가 그 결과를 반드시 이행해야 한다. 만약 쌍방 중에 어느 한 쪽이 이행을 거부한다면 인민법원에 강제집행을 신청할 수 있다.

1. 노동쟁의 해결 방법

(1) 협상을 통한 해결

〈노동쟁의 조정중재법〉 제4조에 따르면 기업과 근로자 간에 노동쟁의 발생 시에 협상을 통해 해결할 수 있다. 이것은 쌍방의 감정이 상하지 않은 채 원만하게 해결될 수 있는 방법으로, 아래와 같은 점을 주의하여 협상을 통한 분쟁해결을 시도해야 한다.

① 협상과정이 공평하고 평등해야 하며 의사의 자유가 보장되어야 한다. 또한 사기와 협박, 유도행위가 없어야 한다.

② 근로자와 협상한 후 협의결과에 대해 서면형식으로 작성하고 쌍방이 서명하여 향후 또 다른 분쟁의 씨앗을 방지할 수 있다.

③ 협상결과는 법률을 위반해서는 안 된다. 예를 들면, 최저임금규정과 여성 및 노동보호 법률 등 강제적 규정을 위반하면 근로자의 동의를 받았다 할지라도 그 결과는 유효하지 않다.

(2) 조정을 통한 해결

조정은 조정권한을 가진 제3자가 양 당사자 간의 의견 불일치 내용을 조율하여 합의를 이끌어 내는 것이다. 〈노동쟁의 조정중재법〉 제10조는 '노동쟁의가 발생한 경우 당사자는 조정기구에 조정신청을 할 수 있다'고 규정한다. 조정기구라 함은 노동쟁의 조정중재위원회, 법정기층조정조직(행정기구 하위조직), 향진(하위 행정구역 단위: 한국의 면, 읍)에 설치된 노동쟁의 조정 기능을 가진 조직을 말한다.

조정은 노동쟁의를 해결하는 과정 중에 필수 과정은 아니지만 당사자 간의 의견 불일치로 인해 감정이 격해진 상태에서 제3자가 개입하여 비교적 부드러운 분위기에서 빠른 시간 내 합의에 도달할 수 있다는 이점이 있다.

(3) 중재 및 소송을 통한 해결

노동쟁의 발생 후 협상이나 조정을 통해 해결이 안 되는 경우 당사자가 법정 기간 안에 노동관리 권한을 가진 노동쟁의 중재위원회에 중재신청을 할 수 있다. 물론 당사자는 협상이나 조정을 거치지 않고 바로 중재신청이 가능하다. 법률에 규정된 노동쟁의 중재위원회의 유효한 결정이 확정되었을 때, 중재위원회 결정에 이의를 제기하지 않은 경우는 법원의 판결과 같이 강제성이 있다. 만약 양 당사자가 중재 위원회 결정에 이의가 있을 때는 15일 이내 관할 인민법원에 소송을 제기해야 한다. 노동관련 사항에 대한 소송제기는 반드시 노동중재 위원회를 거쳐야 할 수 있으므로, 앞서 언급한 바와 같이 위원회에 중재신청을 했지만 사건접수가 거부당한 경우에는 소송을 제기할 수 있다.

〈노동중재 Flow〉

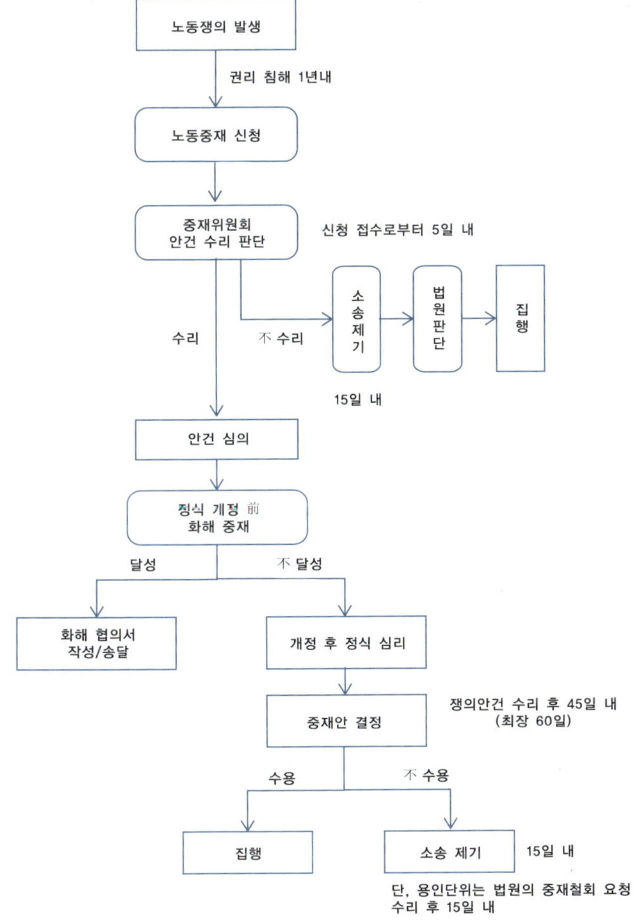

2. 노동쟁의 중재

과거 노동쟁의 처리와 관련하여 가장 논란이 되었던 점은 노동중재 처리 기간이 길고, 효율성이 낮아 노동자의 권익보호에 많은 비용이 든다는 것이었다. 이러한 문제점 해결을 위해 2008년 5월 1일부로 〈노동쟁의 조정중재법〉이 도입되었다. 이 법의 핵심은 일재종국一裁终局 제도 도입, 중재신청 시효의 연장, 그리고 중재 비용의 무효화이다. 일재종국 제도는 일부 안건에 대해서는 중재위원회의 결정으로 종결 가능토록 한 제도이다. 그 대상은 사실관계가 간단하며 명확한 국가표준이 있는 사안으로 구체적으로 ① 노동보수, 공상의료비, 경제보상금, 배상금 그리고 소액분쟁(해당 지역 월 최저임금 표준의 12개월 금액 이내) ② 근무 시간, 휴가와 휴무, 사회보험 등 방면 발생의 분쟁이다.

또한 근로자의 법적 구제기회 확대를 위해 중재신청 시효를 60일에서 1년으로 연장했으며, 근로자의 중재 비용부담을 경감하기 위해 중재위원회의 경비를 각급 정부나 기업 예산으로 대부분 부담하기로 했다.

(1) 노동중재 신청 안건의 제한

〈노동쟁의 조정중재법〉의 규정에 따라 노동쟁의 중재위원회는 노동쟁의 사건만 접수하고 그 외의 사안은 행정법 등 다른 법적 수단을 통해 구제 받아야 한다. 다음과 같은 사안의 다툼은 노동쟁의에 속한다.

① 근로관계를 확인할 때 발생하는 쟁의, 즉 당사자 쌍방에 근로관

계가 발생하는지에 대한 의견, 통상 노동합동의 미체결과 관련된 사안임

② 노동합동의 체결, 이행, 변경, 종료 시 발생하는 쟁의

③ 해고, 사직, 이직 때문에 발생한 쟁의

④ 근무 시간, 휴게 시간과 휴무, 사회보험, 복지, 교육 및 노동보호 때문에 발생한 쟁의

⑤ 근로 보수, 산재관련 의료비, 경제보상금 혹은 배상금 등으로 인한 쟁의

⑥ 법률에 의한 노동쟁의

한편, 위 항목 외에는 노동쟁의 범주에 들어가지 않으므로 〈노동쟁의 조정중재법〉에 의한 중재를 신청할 수 없다. 최고인민법원〈노동쟁의 심리관련 법률문제에 관한 해석(2)〉의 규정에 따르면 아래의 내용은 노동쟁의 범주에 들어가지 않는다고 구체적으로 명시되어 있다.

① 근로자가 사회보험금을 청구할 시 발생하는 분쟁 이것은 근로자와 사회보험관련 행정기구와의 분쟁이다. 이는 행정법조정 범위에 속하고 근로자가 행정부문에 이의신청을 하거나 행정소송을 제기하여 해결방안을 찾아야 한다.

② 근로자와 용인단위 간 주방공적금 관련한 분쟁

③ 공상(직업병)에 대한 노동능력 감정위원회의 장애등급과 직업병 진단 감정위원회 직업병 감정 결론에 대한 분쟁

④ 가정이나 개인의 가사도우미 간의 분쟁 등(근로관계의 주체가 되지 않음)

(2) 중재신청 시한의 제한

법원 소송 제기와 마찬가지로 중재신청도 기간에 대한 제한이 있다. 이것은 당사자의 노동중재신청에 대한 시간제한이며 당사자는 반드시 법정기한 안에 노동쟁의 위원회에 중재신청을 해야 한다.

당초 〈노동법〉 제82조는 노동쟁의 중재신청의 유효 기간은 60일이며 당사자가 자신의 권익을 침해당하는 것을 인지해야 하는 시점으로부터 기산한다고 규정했다. 하지만 〈노동쟁의 조정중재법〉 근로자의 법적구제 기간 확대를 위해 중재신청 시효를 1년으로 연장하였다. 따라서 현재는 당사자가 자기의 권익이 침해당하는 것을 인지한 시점으로부터 1년 이내에 중재를 신청할 수 있다. 구체적인 사안에 따라 기산 시점을 설명하면 다음과 같다.

① 근로관계 종료 후 발생된 급여지급, 경제보상금, 복지대우 등 쟁의
- 기업의 지급약속 시점을 근로자가 증명할 수 없는 경우 근로관계 종료 시점으로 기산

② 근로관계 종료로 인한 쟁의
- 기업이 근로자와 근로관계를 종료했다는 근거 서류를 송부하고 근로자가 수령한 시점으로 하되 이를 증명하지 못할 경우 근로자가 권익을 주장하는 날부터 기산

③ 근로관계를 지속하는 동안 발생하는 급여 지급쟁의
- 근로자에게 서면 급여지급 거부 통지를 송부한 것을 증명할 수 있으면 서면통지 수령일로부터 기산하고 증명할 수 없으면 근로자가 권리를 주장한 시점으로 기산

중재신청 시효와 관련하여 주의해야 할 점은 노동합동 기간 내 노동보수와 관련해서는 유효 기간의 제한을 받지 않는다는 것이다. 이는 재직 기간 중에는 근로자가 임금과 관련해서 회사에 이의를 제기하기 곤란하다는 근로관계의 특수성을 인정하여 특별규정을 마련했기 때문이다. 따라서 10년도 더 지난 해묵은 체불임금, 시간 외 근무수당 미지급 등 사안도 근로자의 퇴직 시점에 이슈가 될 수 있으니 각별히 유념해야 한다.

(3) 중재 비용

근로자의 권익보호를 위한 중국 정부의 중재비용 무료화 방침에 따라 중재 처리비용은 매우 저렴하게 책정되어 있다. 〈노동쟁의 중재비용 관리방법〉규정에 따르면 노동쟁의 당사자는 중재신청 시 중재기구에 응당 중재비를 납부해야 한다. 중재비는 신청비와 처리비를 포함한다. 중재 안건 수리비 표준은 3인 이하의 경우 매 건 20위안, 4인~9인까지는 30원, 10인 이상의 집체합동과 관련된 안건은 매 건 50원이라고 규정되어 있다. 그리고 중재 처리비용은 아래 표와 같다.

〈노동분쟁 안건 처리비용 표준〉

구분	비(非)금전 사안	금전 사안			
		1만 위안 이하	5만 위안 이하	10만 위안 이하	10만 위안 초과
처리비용	300위안	500위안	3%	2%	1%

〈중재신청 시효와 연휴가 관련 판례〉

장 씨는 2009년 7월 북경 소재 모 문화 회사에서 행정직 근로자로 근무하게 되었다. 계약 기간은 4년, 급여는 4,000위안으로 노동합동을 체결하였다. 장 씨는 2012년 11월 개인 사정으로 회사에 사직서를 제출했고 2012년 12월 31일 사직수속이 마무리되어 정식으로 회사를 떠났다. 장 씨는 재직 기간 중 연휴가를 사용하지 못해서 그 사유로 2013년 1월 4일 회사를 상대로 중재를 신청했다. 자신은 2009년 7월부터 2012년 12월 31일까지 연휴가를 사용하지 못했으니, 그에 따른 연휴가 미사용 급여를 회사가 지급해야 한다고 주장했다. 하지만 회사는 장 씨의 주장에 대해 이미 소송제기 시간이 경과했을 뿐만 아니라 본인이 자발적으로 사직한 것은 연휴가 사용권리를 스스로 포기한 것이므로 요구를 받아들일 수가 없다고 주장했다.

[쟁점]

1. 장 씨의 연차수당 지급의 요구에 소송제기 유효 기간을 어떻게 적용하는가?

2. 장 씨의 자발적 사직에 대해서도 회사는 연차수당을 지급해야 하는가?

[중재판결]

연차수당 문제는 중재, 소송 제기 유효 기간 적용의 예외 사항이 아니므로 1년이 경과한 연차수당 문제는 중재를 신청할 수 없다. 따라서 2012년 연차수당에 관한 사항에 대해서만 장 씨의 주장을 받아들일 수 있으며, 자발적 사직이라 할지라도 연차 휴가 권리를 포기했다고 간주할 수 없으므로 2012년도 연차수당은 지급해야 한다고 판단함

[분석]

1. 장 씨의 연차수당 지급의 요구에 소송제기 유효 기간을 어떻게 적용하는가?

〈노동쟁의 조정중재법〉 제27조 규정에는 노동쟁의 중재신청 유효 기간이 설정되어 있다. 노동자는 권익침해를 받은 날 혹은 인지해야 하는 날로부터 1년 이내에 중재를 신청할 수 있다. 하지만 노동관계의 특수성을 인정하여 근로 보수와 관련한 것은 노동관계가 존속하는 기간, 즉 근무 기간 중에는 그 기간의 제한을 받지 않는다. (다만, 노동관계 종료 후에는 1년 이내에 중재신청이 가능함)

이 안건과 관련해서 '연차수당 미지급이 급여성 분쟁인가'에 대한 학자들 간의 주장이 엇갈리고 있다. 일부 학자는 〈직공년휴가조례〉 제5조 규정에 '근로자의 연휴가를 향유하지 못한 경우 본 단위는 근로자에게 일 급여의 300%를 지급해야 한다'고 명시된 부분을 근거로 하여 연차수당의 문제는 급여성 분쟁으로, 쟁의신청 유효 기간 제한 예외에 해당된다고 주장한다. 또 다른 학자는 연차수당의 문제는 노동자가 정상 근로를 제공하고 급여를 받는 것과 관련한 쟁의가 아니라는 주장이다. 즉, 연차수당과 관련한 것은 고용단위의 원인으로 인해 노동자가 응당 누려야 하는 권리를 침해당하였을 경우, 고용단위가 그에 대해 보상하는 복리성 금전보조이므로 중재신청 기한 예외 사안이 아니라고 주장한다. 최근의 중재, 소송에서 후자의 주장이 따른 판단이 점점 늘어나는 추세이다.

따라서 다수의 의견에 따르면 다음과 같다. 장 씨는 2009년 7월에 입사하였으므로 1년이 지난 시점인 2010년 7월부터 연차 휴가 권리가 생겼다. 장 씨가 2012년 12월 31일에 퇴직을 하고 2013년 1월 4일 중재를 신청했다. 중재신청 유효 기간 제한에 따라 2012년 이전 사항은 이미 소송시효를 초과했지만 2012년도 연차수당 지급은 유효하다.

2. 자발적 사직 시 기업은 장 씨에게 연차수당을 지급해야 하는가?

기업은 연차수당을 지급해야 한다. 〈기업직공유급 연차 휴가 실시방법〉 제12조 규정에 따르면 용인단위와 근로자 간 노동합동 해지 또는 계약 기간 만료에 따라 재계약을 하지 않을 때 당해 연도 연차 휴가를 향유할 수 있도록 배려하지 못할 경우 연차수당을 지급해야 한다. 노동자에게 연휴가를 사용할 수 있도록 배려하는 것은 기업의 의무이다. 이 의무를 이행하지 못했을 경우 회사는 그에 상응하는 경제적 보상을 해야 한다.

보상(연차수당) 계산 방식	(당해 연도 근무 기간/365) X 당해 연도 연차 휴가 수 - 旣 사용일수

물론 이 문제에 대해서도 학자들의 이론이 있다. 용인단위가 주체가 되어 계약 해지 또는 계약 기간 만기 후 재계약 미체결에 대해서 연차수당을 지급해야 한다는 규정이 있으므로, 근로자의 자발적 사직은 연차수당을 지급할 의무가 없다고 주장하는 학자도 있다. 물론 일

부 지역의 중재 또는 재판에서 이 이론을 채택하기도 한다.

하지만 다수의 지역에서 전자 의견 즉, 주체에 상관없이 근로관계가 종료 되었을 경우 연차수당은 지급해야 한다고 판단하고 있다.

지금 중국 근로자들은 '중재신청은 택시비보다 싸다'고 말한다. 권익의식에 눈뜬 고학력 신세대 근로자들은 적극적으로 자기의 권리를 찾고 있으며, 이러한 불씨에 더욱 기름을 붓는 아주 저렴한 사적 법률 서비스가 제공되고 있다.

2015년 신화사 보도에 따르면 2014년 말 기준으로 전국에 27만 명이 넘는 변호사와 2만여 곳의 변호사사무소가 운영되고 있다. 또한 매년 2만 명 수준의 변호사가 꾸준히 배출되고 있다. 이 수많은 변호사는 생존을 위해 적은 수임료에도 적극 나서고 있는 실정이다. 청도에 근무할 때는 모 변호사가 "밀린 체불임금 받아드립니다"라는 휴대폰 문자를 무작위로 보낸 것을 본 적이 있다. 이런 여건하에서 2000년 14만 건에 불과하던 노동쟁의 건수는 〈노동쟁의 조정중재법〉이 시행된 2008년 첫해에 97만 건으로 늘어났고, 2014년에는 156만 건이 되어 가히 폭발적으로 증가하고 있다.

하지만 한국인 경영자나 관리자들은 노동법에 대해 무지하고, 무관심하다. 어떤 한국인 사장은 "법을 다 지켜가면서 어떻게 사업을 할 수 있느냐"고 말했다고 한다. 중국의 노동법은 매우 복잡하고 노동자 편향적이다. 그래서 중국의 노동법은 모르는 것이 약이라고 생각할 수도 있지만, 반드시 독이 되어 돌아올 것이다. 기업은 당장이라도 중국의 노동법을 제대로 파악하여, 법의 테두리 내에서 인사노무제도를 운영하고 사규의 정비가 필요하다. 예기치 못한 계기로 공든탑이 흔들릴 수 있음을 유념하고 중국 내 한국 기업은 중국의 노동법으로부터 자유로울 수 없음을 주지해야만 한다. '지피지기면, 백전백승' 이라는 격언이 있다. 이 책을 쓴 목적은 이 익숙한 격언을 몸소 증명하고 있는 이들을 응원하기 위해서이기도 하다.

하부장의

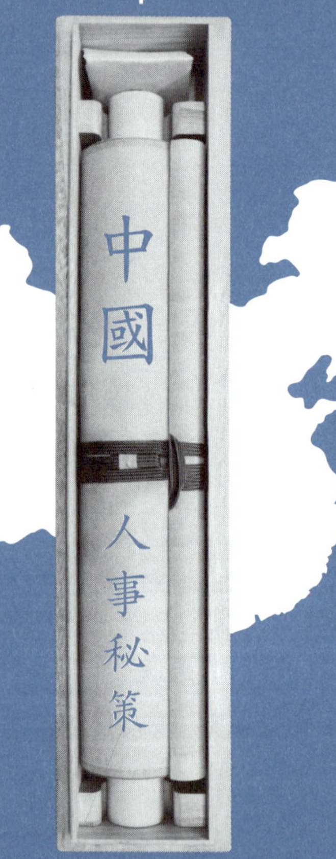

2부

episode

- 미스터리 반장
- 반국(飯局)
- 新 홍위병이 나타났다
- 천일 동안
- 한 시간을 투자하면 백 년의 역사를 돌려 드립니다. -청도맥주-
- 중국에서 250위안을 주면 큰일나요!
- 짝퉁 천국에서 벌어진 저작권 피소사건
- 왜 중국 관광지의 입장료는 비쌀까?
- 겨울잠을 자지 못하는 반달곰
- 건강, 너무나 소중한
- 第二工程(제2공정, 저 아기 가질 준비하고 있어요)
- 중국에서 녹색 모자를 쓰지 마세요
- 똑똑똑… 주인장 계십니까?
- 사르르 우려 마시던 커피차
- 마른하늘에 봉사활동이라니요?
- 조선족에게 진 빚이 있다면
- 한국에 유학하는 중국인
- 언어로 소통하는 한•중

미스터리 반장

"왜곡된 감정일수록 소통과 대화의
사소한 도움이 절실하다"

몇 달 전에 퇴직한 직원에게서 전화가 걸려왔다. 다짜고짜 퇴직 서류를 작성하기 위해 다시 회사에 가야 하느냐고 물어왔다. 그래서 당안[1)]을 정리해야 하니 한 번은 들어와야 한다고 알려주었다. 이 말에 직원은 불만에 가득 찬 목소리로, 회사에 들어가고 싶지 않으니 알아서 정리해달라 말하고는 전화를 끊어 버렸다. 그는 퇴직 당시 반장이었고, 설립된 지 10년쯤 된 당사에서 9년 동안 일한 장기 근무 직원 중 한 명이었다.

그즈음 누군가로부터 '회사의 위법 사항을 알고 있다. 고발하겠다'는 전화가 공회사무실 공회주석에게 가끔 걸려왔다는 이야기를 들었다. 이것에 그치지 않고, '회사를 위해서 열심히 일했는데 자신의 승

---

1) 당안檔案: 〈중화인민공화공당안법〉에 의하면 당안이란 국가조직, 사회조직, 개인의 정치, 군사, 경제, 과학, 기술, 문화 종교 등 방면에서 국가 및 사회에서 보존가치가 있는 문자, 도식, 영상물 등 형식의 역사적 기록이라고 정의하고 있다. 일반적으로 당안이라고 하면 인사당안을 의미한다.

진이 계속 누락되고 있으니 빨리 조치를 하라' 는 원망 섞인 소리를 하고, 누구인지 신분을 밝히라고 하면 알아서 찾아보라며 일방적으로 전화를 끊는 식이었다는 것이다. 얼마 뒤 승진 발표가 난 후에 회사를 그만두겠다고 하는 직원이 나타났다. 확신할 수는 없으나 그가 바로 익명의 전화 주인공이 아닐까하는 소문이 무성했다. 그의 주위 동료들이나, 현장 관리자들(주임, 반장, 과장)에게 탐문해 보니, "10살 된 아이가 있다. 아내가 세관공무원이라고 자랑한 적이 있는데 얼마 전 아내와 같이 있는 모습을 보니 공무원으로는 보이지 않았다" "거짓말을 잘하는 것 같다" 등 뒷말에 열을 올렸다. 답하는 사람마다 하는 말이 달라서, 도무지 정체를 알 수 없는 미스터리한 직원이었다. 회사를 고발하겠다, 빨리 조치를 하라는 등의 말을 운운한 것으로 보아 회사에 대한 불만이 상당할 것으로 보였다. 일단 면담이 시급하다고 생각되어 우선 그의 신상 정보를 파악해 보았다.

그는 4년 전에 이혼을 했는데 전 부인이 세관 공무원이었고, 이후 재혼을 한 뒤에 낳은 아이가 있었다. 그는 거짓말쟁이가 아니었다. 전임 공장장을 통해 좀 더 자세히 알아보니 놀랍게도, 직원들의 이런저런 동향과 현장 소식을 회사 측에 전하던 소위 말하는 '프락치' 였다. 그 당시에는 자신이 공장장과 친분이 있다고 생각하면서 어깨에 힘도 좀 주고 다니던 모양이었다. 주위 동료들과의 인간관계가 원만하지 못한 것은 당연한 일이었다.

인간에 대한 여러 가지 정의 중 가장 먼저 떠오르는 하나는 "인간은 사회적 동물이다"라는 말이다. 왜 이 말이 떠오를까? 대내외적으로 자신의 사회를 제대로 구축하지 못하거나, 그 속에서 원만한 인간관계를 이루지 못한 사람의 시선이 상황을 얼마나 왜곡하는지 '미스터 李'가 보여준다.

한 개인의 왜곡된 판단은 또한 주변인들에게 헤아릴 수 없는 부정적인 에너지를 전하고, 결국은 그와 그 주변인이 속한 사회 자체의 결속력과 조직력을 와해하기 마련이다. 어느 직원이든 그들만의 상황과 입장이 있음을 이해해야 한다. 한국 사람인 내가 중국 사람인 미스터 리 반장의 하소연을 1시간 정도 주의 깊게 들어주기만 했는데, 충분한 공감대가 형성되었다. 그 공감대가 있어야만 미스터 李의 왜곡된 시선도 바른 해석의 실오라기라도 찾아 쥘 수 있지 않을까. 말을 들어줌으로써, 그 사람은 적어도 억울함을 털어놓은 상태가 되고 들끓고 있던 주관적인 분노가 가라앉을 수 있다. 바로 이때가 옳고 그름을 판단하고 나와 상황의 관계를 직시하게 되는 전환점이 될 수 있는 것이다.

지극히 왜곡된 감정일수록 소통과 대화의 아주 작은 도움이 절실하다. 그것이 개인의 불행과 조직의 와해를 막아낼 가장 유용하고 소중한 요소임을 부인할 수 있는 사람은 아마도 없을 것이다. 올바른 이해, 진실한 공감, 이것은 분명 '사회적 인간'들을 살리는 보이지 않는 하나의 양식이다. 그럼에도 불구하고 현장 관리자들은 자신의 근로자들을 살리는 소통의 노력에 도통 관심이 없다. 조직에 대한 근로자들의 긍정적인 시선과 공감이 결국은 관리자 자신들의 양식임을 깨닫지 못하고, 모든 것을 어찌할 수 없는 개인사로 치부할 뿐이다.

인간관계는 결국 서로에 대한 관심을 갖고 상대를 들여다 보는 일이다. 주위의 무관심은 사람을 외롭게 한다. 전임자는 이런 일을 알아채고 배려해야 했다. 배려라는 건 어려운 게 아니다. 조금이라도 문제의 소지가 있는 직원에 대한 정보를 후임자에게 전달하고, 관심을 두도록 업무인계를 하는 것이다.

직책보임자의 현장 노무관리의 오너십 배양을 위해 수차례 교육을 했지만 여전히 직원관리는 되지 않고 있다. 문제가 생기면 무조건 한국 관리자의 책임으로 전가하면 그만이다. 자신의 직무유기에 대한 인식을 외면하는 현장 관리자들을 볼 때마다 깊은 실망감이 든다. 하지만 실망감을 그대로 남겨둘 생각은 없다. 무관심했던 행동들을 만회할 기회를 모두에게 다시 한 번 줄 심산이다.

'Mr. 리' 를 '미스터리' 로 남겨선 안 된다. 무관심했던 점을 반성하고, 그들의 이야기를 들어주고 보듬어야 한다. 무관심이 누군가를 외롭게 하고 그 외로움이 노여움으로 전이되면, 한솥밥 먹던 식구가 회사의 치부를 폭로하겠다고 협박하고, 결국 사직하여 이방인이 된다는 사실을 반드시 알아야 한다.

반국(飯局)

시진핑 국가 주석은 2013년 1월 22일 중전회의회에서 "호랑이도 파리도 같이 잡겠다坚持 '老虎', '苍蝇' 一起打"는 메시지를 남겼다. 이는 부패척결에 강한 의지를 보여주는 것으로, 직위고하를 막론하고 부정부패한 관리들에 대해 강력한 조치를 취하겠다는 의미이다. 그로부터 얼마 지나지 않아 고급 음식점과 호텔 앞에서 기자들과 공산당 감찰조직 기율위원회의 직원들이 부정부패의 현장을 고발하기 위해 진을 치고 사진을 찍는다는 이야기가 들렸다. 이 때문에 공무원들은 고급 음식점을 이용할 수 없게 되었고, 외진 곳의 음식점은 때아닌 호황으로 즐거운 비명을 질렀다. 고급 요리에 사용되는 삭스핀의 가격은 70%, 전복과 해삼의 가격도 약 40%가량 떨어져 어민들은 울상이 되었다. 동시에 중국의 대표적인 백주 마오타이의 가격이 30% 이상 떨어지기 시작하였고, 회사 주가는 2012년 대비 반 토막 수준으로 떨어져 2002부터 2012년까지 전성기를 구가하던 백주의 황금시절이 끝난 것과 마찬가지였다.

중국의 부패척결과 식사자리는 어떤 관계가 있어 이처럼 큰 영향을 미치게 되었을까? 중국에서는 식사자리를 '반국' 이라고 표현한다. '밥 반飯' 과 '판 국局' 으로 어울리지 않는 두 글자가 합쳐져 만들어진 말이다. 반국은 송나라로부터 기원 되었다고 하니 천 년이 넘게 중국 문화 깊숙이 자리 잡은 셈이다. '국局' 자는 원래 바둑이나 장기의 용어인 '정세, 상황' 의 뜻에서 나중에는 '도박, 회합, 함정' 으로 의미가 확대되었다. 단순한 친목 도모의 자리가 아닌, 술잔을 들고 전쟁을 벌이는 곳이라는 말과 더 가깝다. 중국 역사에는 술이 곁들어진 연회에서 치열한 두뇌 싸움이 벌어진 사건들이 많다. 그야말로 '대국' 이 벌어졌던 것이다.

유방이 아닌 항우가 천하의 주인으로 바뀔 수 있었던 사건(홍문연_항우가 유방을 죽이기 위해 홍문에서 연 연회)도, 송나라 태조 조광윤이 지방 공신들의 병권을 빼앗아 개국 초기의 정국을 안정시켰던 사건(배주석병권杯酒釋兵權 일화)도 모두 식사자리에서 이루어졌다.

근래 중국 주은래 총리의 수많은 외교 막전막후 협상은 '오리구이 외교' 라고 불릴 정도였다. 미국 대통령 닉슨의 방중을 이끌었던 헨리 키신저(전 미국무장관)와의 외교담판에서 손수 선병에 북경오리고기를 싸 주면서 양보를 얻어낼 수 있었고, 이후에도 여러 차례 외국 국빈과의 협상에 북경오리구이를 대접했기 때문이다.

중국에는 "메이스츠판 요우스반스没事吃饭有事办事"라는 말이 있다. "일이 없으면 밥만 먹고, 처리할 일이 있으면 식사자리에서 처리한다"는 말이다. 어느 나라에서건 사교에 식사자리가 빠지지는 않는다. 하지만 중국인들에게 식사자리는 사교와 유대라는 친목 이상이다. 비즈니스와 협상 승패를 결정짓는 중요한 자리니만큼 더 큰 의미가 부여된다.

新 홍위병이 나타났다

2012년 8월 19일 일요일 오전, 무서운 광경을 목격했다. 폭도로 변한 중국의 학생, 청년들이 거리를 점령한 사건이었다. 중국에 오래 거주한 사람이 말하기를 "홍위병[2)]이 다시 살아난 것 같다"고 했다.

사건의 경위는 이렇다. 2012년 8월 17일 홍콩의 댜오위다오 보호행동위원회保釣行動委員會 소속 선박이 시위대 14명을 싣고 출항하여 댜오위다오(釣魚島, 일본 센카쿠열도)에 상륙했다. 그러나 곧이어 일본 당국에 연행되어 홍콩으로 강제 송환되었다. 이번엔 일본의 초당파 의원으로 구성된, 일본 영토를 지키기 위해 행동하는 의원연맹 소속 의원 8명과 지방의원 등 150명이 21척의 선박을 타고 센카구 주변에 도착하여 일본의 영토임을 주장하였다. 일본의 행동에 중국 정부는 강력하게 반발하였으며, 중국 정부의 용인하에 19일 전국적 항일

2) 홍위병: 중국의 문화대혁명(1966~1976) 당시 모택동의 배후 하에 학생들로 구성된 준 군사조직으로 전국의 촌락과 도시, 성 등의 기존 당체제를 전복함

시위가 발발하였다. 중국 청도는 그 시위가 매우 과격하게 진행된 곳 중 하나이다. 시위대는 청도 개발구의 JUSCO(일본 쇼핑몰) 앞에 집결하여 "일본은 중국을 떠나라, 댜오위다오를 우리에게 돌려 달라, 모(모택동)주석 만세" 등의 구호를 외쳤다.

시위는 점차 과격하게 변해 갔다. 시위대는 도로를 점령하고 도요타, 혼다 등 일본 차의 이동을 막았다. 군중의 성난 목소리에 위협을 느낀 운전자들은 차를 버리고 도망칠 수밖에 없었다. 차들은 박살이 났고, 공안들도 더 이상 손을 쓸 수 없을 정도로 시위는 과격해졌다. 시위대는 JUSCO 상점의 모든 유리창을 깨고 물건을 약탈했다. 한 시위 주동자가 "일본 업체로 가자"고 시위대를 선동했고, 시위대의 엄청난 인파는 패를 나누어 일본 업체로 이동해 갔다. 군중들이 다가오자 일본 업체 경비들은 모두 달아났고, 무려 9개의 일본계 회사 공장이 한순간에 불타버렸다. (일부는 도요타 자동차 판매장을 부수고 불을 질렀는데, 해당 매장의 사장이 피해를 감당하지 못해 자살했다는 소문도 들렸다). 밤이 되면 주차된 일본 차들은 박살이 나는 날들이 이어졌고, 일본 차를 가진 사람은 피해를 막기 위해 혼다, 도요타 자동차 마크를 중국 홍성기로 가렸다. 그러면 무사할 수 있었다. 마치 귀신을 쫓아내는 부적처럼…. 한 동안 일본식 주점들도 문을 닫았고 일본인들은 두려움에 떨며 집안에서만 생활했다.

〈일본기업 방화〉

〈일본 유통업체 JUSCO앞 집회〉

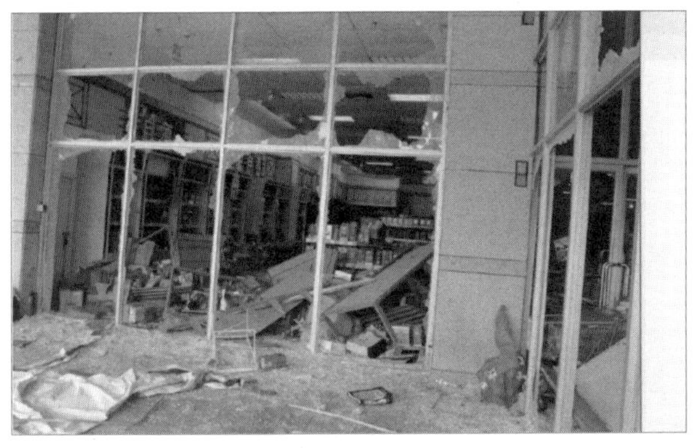

〈JUSCO 쇼핑센터 약탈〉

한국에서도 항일 시위는 종종 일어난다. 하지만 극명하게 다른 점이 있다. 한국의 시위 참가자들의 대다수는 나이가 어느 정도 있는 어른들이지만, 중국의 항일 시위대는 학생을 주축으로 한 젊은이들로 구성된다.

도대체 어떻게, 중국 젊은이들은 중화주의에 물든 애국자로 자라나고 있는 것일까. 이는 바로 '교육'의 영향 때문일 것이다. 중국 정부는 1989년에 천안문사태를 겪었고, 1991년에는 소련의 붕괴를 지켜봤다. 자본주의나 자유주의 사조가 다수의 지식인과 대학생들에게 지속적으로 전파된다면 정부 체재가 흔들릴 수 있다고 생각했다. 중국 공산당은 이러한 상황의 원인이 애국주의 교육의 부족 때문이라고 판단하고 해당 교육을 강화하기로 결정한 것이다.

이에 따라 1994년 8월, 중국 정부는 〈애국주의 교육 실시요강〉을 발표하고 본격적인 교육을 시행하였다. 그 요강에 따르면 "민족정신을 진작하고, 민족의 응집력을 증강시키고, 민족의 자존심과 자부심을 수립하여 가장 광범한 애국 통일전선을 확고하게 하고 발전시키며, 인민군중의 애국 열정을 사회주의의 위대한 사업 건설에 응집시키는 것이다"라고 교육 목표를 천명하였다. 이러한 교육을 통해 성장한 세대가 바로 '중화사상과 애국주의'로 철저히 무장된 중국의 80후, 90후 청년세대들이다.

〈일본 글이 쓰여진 간판을 오성기로 막은 간판〉

어느 나라나 민족주의, 애국주의는 존재한다. 이러한 사조가 긍정적으로 작용한다면 국가 발전에 크게 기여할 것이다. 그러나 왜곡되거나 지나치게 강조되어 부정적으로 작용한다면 주변국과의 마찰을 피할 수 없게 되는 것은 명약관화한 일이다. 현재 중국 청년들의 모습은 심히 걱정스러운 정도이다. 중국이 융성하면 주변국이 위축되고,

중국이 쇠약해지면 주변국이 강성했던 수천 년의 역사를 우리는 알고 있다. 80후, 90후 세대가 중국을 움직이는 주도 세력이 되고, 중국이 세계의 경제적 혹은 군사적으로 최강대국이 되었을 때, 광기 어린 배타적 애국주의가 발현된다고 가정해 보자. 주변국으로 살고 있는 한국인으로서는 크게 우려가 되는 점이다. 글로벌한 미래 인류사회를 위한 상생의식과 함께 긍정적이고 건강한 애국주의나 민족주의가 균형 있게 강조되어야 하는 필연성이 여기에 있다.

세계 곳곳의 언론에서 뉴노멀 시대를 대비해야 한다고 난리다. 중국어로는 씬창타이新常態라고 말하는데, 중국 젊은이들은 새로운 시대가 과거 수천 년 동안 중국이 세계의 중심이었던 시대로 돌아가는 것이 비정상에서 정상으로 돌아가는 것이라고 여기지 않을까 싶다.

2013년 11월, 청도 송유관 가스 누출로 인해 대규모 폭발사고가 일어났다. 이로 인하여 수많은 사상자가 발생했다. 지역 주민들은 화학공장이 있는 곳에서는 살 수 없다고 주장하며 공장을 이전하든지 이주대책을 마련하라고 정부청사 앞에서 연일 시위를 이어갔다. 그런데 그 시위대의 대다수는 노인들이었다.

직원에게 "예전 항일 시위대와는 연령대가 너무 다른데 왜 그렇죠?"라고 물었더니 "그때는 정부가 허락(?)한 시위였고, 이번엔 대정부 시위지 않습니까. 젊은 사람들은 피해가 두려워 나가지 않는 대신, 할머니, 할아버지, 부모님을 시위에 나가라고 재촉하기만 하죠"라는 대답이 돌아왔다.

천일 동안

자랑을 좀 해야 할 것 같다. 각고의 천일! 무려 500위안(원화 8만원)의 격려금이 전 직원에게 지급되고 회사 전체를 축제분위기로 술렁이게 한 천일이다. 우리는 '무사고 1,000일'을 달성했다. 무사고라는 게 얼마나 의미 있는 것인지… 격하게, 자랑 좀 해야겠다.

시간이 쌓이면서 잘못이 누적되면, 치명적인 불행이 찾아온다. 고개를 저어가며 후회하고 자책해도 막을 수 없는 손님이 바로 불행이다.

이런 불행의 반대는 행운이 아니라 과오와 무관심일 때가 더러 있다. 잘못을 줄이고 관심을 가졌더라면, 불행이

〈무사고 1,000일 달성〉

아닌 늘 같은 일상이라는 행운이 찾아왔을지도 모른다.

2011년 3월, 안전을 담당했던 부장이 갑자기 한국으로 복귀하게 되었다. 울며 겨자 먹기로 어쩔 수 없이 본사 과장급 인사부장인 내게 '현장안전관리' 라는 새로운 업무가 생겼다. 담당한 경험도 없고, 그에 대한 지식도 전무해서 부담스러웠다. "현장 부서장이 주로 처리하는 업무라서 해야 할 일이 많지는 않으니 그리 부담 갖지 말라"는 기존 담당부장의 조언 한마디를 핑계 삼아, 3개월 동안 특별한 관심을 안 가진 게 화근이었다. 그 시간 동안 과오와 무관심이 쌓인 것이다.

천일의 여정은 그 해 6월 25일에 일어난 불행으로부터 시작됐다. 정비부서 직원의 오른쪽 팔이 완전히 부러졌다. 대수리 기간에 일어난 사고였다. 갑작스러운 사고로 정신을 차리기도 전에 폭풍 같은 추궁이 쏟아졌다. "안전교육은 어떻게 이루어졌는가" "사고 경위와 원인은 무엇인가" "안전감독은 왜 제대로 이루어지지 않았는가" 뭐라 뭐라 떠드는 말이 귀에 제대로 들어올 리 없었다. 시간이 지나도 마른 입술이 다물어지지 않고, 명치가 답답한 이유는 외부의 책임 추궁 때문이 아닌 바로 나 자신 때문이었다.

'안전' 에 십숭하지 못한 설 자책하고 후회했지만, 때는 늦었다. 부러져버린 직원의 팔을 제자리로 붙여놓을 수 있다면 모를까. 현장 부서 못지않은 책임을 스스로에게 묻지 않을 수 없었다. 그리하여 앞으로 아니, 이보다 더 심각한 일이 생기지 않을 것이라는 보장이 없으니 안전에 대해 공부하고 현황을 파악해 보기로 했다. 안전원이나 현장 관리자 등 실무 관리자와의 대화를 통해 사고 사례들을 수집했다. 그리고 사고의 원인을 분석해 문제점을 찾아내기에 이르렀다.

첫째는 직원들의 무감각한 안전의식이었다. 직원 상호 간은 물론이고 관리자들조차 안전 수칙을 어기는 직원의 행동을 지적하지 않았다. 심지어 안전모 착용조차 생활화되지 않았고, 당연히 동료의 안전모 미착용에 대해서도 무감각했다. 중국인의 타인에 대한 무관심은 이미 잘 알려져 있다.

22년간 중국에서 활동한 선교사 스미스가 1890년에 발간한 『중국인의 특징』이라는 책에 실린 일화를 소개하자면 이렇다.

"중국인이 물에 빠진 사람을 보고도 구하지 않는 것을 보면 외국인은 크게 놀란다. 하지만 당신이 위험에 빠지면 그들이 벌떼처럼 몰려와 당신을 둘러싸고 구경만 하는 것에 더욱 놀랄 것이다."

루쉰(중국 문학가이자 사상가 1881~1936)이 1936년 세상을 떠나기 전, '누군가 번역하여, 중국 사람들이 꼭 읽어 봐야 한다'고 추천한 유명한 책이기도 하다.

중국인들은 왜 이렇게 타인의 일에 무관심하게 되었을까? 어릴 때부터 받아온 교육이 지대한 영향을 미쳤을 것이라고 추측한다. 중국에는 명나라 때 만들어져 500년 넘게 전해 내려오는 증광현문增廣賢文이라는 자녀교육서가 있다. 주요 내용을 소개하면, '몸에 좋은 약은 입에 쓰고 바른말은 듣기 힘들다. 곧은 나무는 있지만 곧은 사람은 없다(믿을 사람이 없다는 의미). 한번 내뱉은 말은 네 마리 말이 끄는 마차로도 따라잡을 수 없다. 쓸데없는 일에 끼지 말고 일찍 집으로 들어와라' 등이다.

이러한 교육의 영향으로 타인의 일에 참견하지 않는 습성이 굳어진 게 아닐까 하는 생각이 든다. 안전에 관해서도 마찬가지다. 우리 직원들이 동료에게 위험을 알리거나, 안전에 대해 인지하도록 하는 어떠한 행동도 그들에게는 타인에 대한 간섭에 불과한 것이다. 또한 현장 주임, 반장은 특정 직원이 안전과로부터 지적을 받게 되면 자신의 업무가 편해진다고 여기고 있었다. 그달 해당 직원의 업무 평점을 낮게 책정할 수 있는 빌미로 삼기에 적당했던 것이다(매월 상대평가 결과에 따라 월 인센티브 차등 지급). 업무평가와 긴밀하게 연결되어 있으니 안전과에서 쉽게 안전에 대해 주의를 줄 수도 없는 상황이었다.

둘째는 안전원들의 낮은 사기와 적극성 결여였다. 안전업무는 중요도가 떨어지고 저평가된 업무 난이도 때문에 해당 직원 급여 또한 가장 적게 책정되고 있었다. 비전 없는 업무라는 편견이 만연했고, 대다수의 안전원은 현장으로 돌아가기를 희망했다. 지금 현장 직원들에게 안전이라는 구실로 귀찮게 하면, 나중에 현장으로 돌아가서도 힘들어질 거라 여겨 '좋은 게 좋은 거' 라는 태도를 보였던 것이다.

셋째는 과도한 관리로 인한 현장 직원들의 안전 집중도 저하다. 안전사고가 오전 9시에서 11시 사이 60% 이상 집중하여 발생하는 점이었다. 예상과는 정반대의 결과였다. 모든 관리자가 출근해서 열심히 현장을 둘러보는 시간에 아이러니하게도 가장 많은 안전사고가 발생하고 있었다. 게다가 고급 관리자가 아무도 없는 자정에서 오전 8시 사이에는 안전사고 발생이 한 건도 없었다.

여러 직원들과 얘기를 나누고 나서야 상황을 이해할 수 있었다. 관리자들은 아침에 출근해서 회의를 하며 야간 생산 실적을 확인하고, 부족분에 대해 현장 직원들을 재촉하거나 질책한다. 그러면 현장 직원들의 마음은 조급해진다. 서둘러 일하느라 안전을 소홀히 하게 되고 결국엔 사고가 발생하게 된다. 반대로 새벽에는 관리자들이 없으니 집중도가 높아져 사고가 일어나지 않았다. 관리자들이 지켜줘야 할 그들의 안전이 그들에 의해 깨어지고 있는 상황이었다.

무엇보다 안전에 대한 직원들의 의식 전환이 시급했다. 안전수칙을 일깨우고 위험한 행동을 지적하는 건 간섭이 아니라 서로를 지켜주기 위한 상호 간의 의무이며, 동료애임을 이해시키는 게 우선적으로 필요했기에 안전의식 제고 활동을 시행했다.

일명 'TO(Three One) You 운동'이다(중국 직원들은 3·1 운동이라고 불렀는데, 어쩐지 듣기 좋았다). 내용인 즉슨 '하루 한 명에게 안전수칙에 대한 한 마디'를 의무적으로 할 것. 그리고 이행한 대로 수첩에 적을 것. 수첩은 일괄 지급되었고 기록은 강제로 작성되었다. 귀찮다고 불평하는 직원들이 더 많았지만, 예상한 일이었다. 작고 사소한 행동이 나 자신과 동료의 안전, 생명을 위한 운동이므로 직원들에게 이해해 줄 것을 요청했다. 한 달에 한 번씩 수첩을 검사했고 실행을 잘하는 직원에게는 상도 주었다. 그러자 시간이 지나면서 조금씩 변화가 일어났다. 직원들 간 "나 너한테 안전모 바로 쓰라고 얘기했다" "여기 위험하다고 얘기했다"가 우스갯소리처럼 퍼져가고 있었다. 수첩에는 누구에게 언제 어떻게 지적했다는 내용이 차곡차곡 채워졌다. 이 운동을 통해 안전의식에 대한 직원들의 적극성을 높일 수 있었다. 이와 더불어 안전직무의 중요성을 위해 인식 성장의 경로를 만들어 주고 처우도 개선하는 방안을 마련했다.

안전사고가 오전 9시부터 11시 사이에 집중 발생했으므로, 안전부서 전원과 공장의 안전 주임 실무자들이 이 시간에는 무조건 현장에서 집중 안전 순찰을 돌도록 했다. '안전에 문제가 있으면 생산라인을 중단해도 좋다' '책임은 내가 진다' 고 힘을 실어 줬다. 그들의 안전업무가 결코 작은 일이 아니고, 힘을 이용해서라도 안전을 지켜야 한다는 걸 깨닫게 했다.

〈안전활동 우수반 시상〉

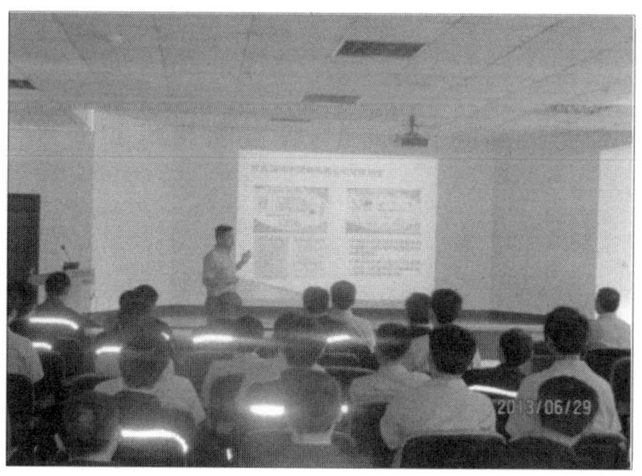

〈외주협력회사 직원 안전교육〉

또 협력회사 직원들도 안전교육을 필수적으로 받도록 했다. 안전교육을 이수한 사람만 공장에 들어와서 근무할 수 있도록 스티커를 제작해 출입증에 붙여줬다. 여기서 끝이 아니었다. 안전 보호구 등을 제대로 착용하지 않으면 작업을 하지 못하도록 하자 공장장 등 현장 관리자의 불만이 커졌다. "지금 빨리 이 작업을 하지 않으면 생산에 차질이 생긴다고! 얼마나 피해가 큰 줄 알아? 당신이 책임질 거야?" 원성이 자자했지만, 반드시 공장장과 담판을 지어야만 했다.

"공장장님 근무복 어깨에 '안전제일(一)' 마크는 왜 달고 다니십니까? 이제 공장장님 근무복은 별도로 제작해야겠습니다. '안전제이(二)' 로 할까요, 아니면 '안전제삼(三)' 으로 할까요? 공장장님 생각이 그러신 것 같으니 정해주세요."

으름장을 놓으며 끝까지 밀어 붙였다. 하지만 무언가 부족한 느낌이 들었다. 강요나 운동이 아닌 마음에서 우러나오는 안전에 대한 의식의 전환이 필요했다. 혼자서 공장 구석구석을 둘러보았다. 회사의 곳곳에는 안전의식 제고를 위한 안전구호가 쓰여져 있었다. '안전제일' '무재해 공장을 만들자' 등 여러 가지가 붙어 있다. 아무도 주의를 기울이지 않는 내용들을 본 나는 법인장님을 찾아 갔다.

"법인장님! 안전에 대해서 한번이라도 더 생각할 수 있는 기회를 줘야 하는데 지금 공장에 있는 표지판을 보십시오. 누가 쳐다보기나 합니까? 그냥 의미 없이 붙어 있는 것 같습니다"라고 고민을 털어 놓았다. 당시 청도포항불수강 유한공사 총경리는 포스코 최초 여성 해외법인장인 양호영 상무보였다. 역시 여성의 시각은 달랐다. "직원 자녀를 모델로 해서 안전 포스트를 만들어 놓으면 좀 더 효과가 있지 않을까요"라는 조언을 해주었는데, 아주 좋은 아이디어였다.

중국 직원들은 대부분 1자녀를 두고 있었다. 게다가 평균연령이 29세이니 4살, 5살 등 가장 귀엽고 예쁘고 사랑스러운 시기를 지나고 있는 아이들이었다. 자녀들의 사진이 회사 곳곳에 붙어있다면? 안전을 강조하지 않아도 스스로 안전의 필요성을 느끼지 않을까? 가장 큰 동기부여가 될 것이라 믿었기 때문에 즉시 실행에 옮겼고 결과는 만족스러웠다. 중국의 여러 안전관련 공무원들도 좋은 아이디어라 칭찬해 주었고 타사에서 벤치마킹하는 경우도 많았다. 이렇듯 다양한 방법과 아이디어로 안전을 위한 우리의 노력, 우리의 시간, 우리의 1,000일은 쌓여가고 있었다.

안전포스터 〈아빠 안전 제일요!〉

물론 순전히 이러한 활동만으로 사고가 발생하지 않은 것이라고 단정하기는 어렵다. 하지만 안전 의식 개혁, 집중적인 안전 순찰 시간의 효율적인 운영, 안전 직무자의 자부심 제고, 일관된 안전 수칙 준수 강요가 있었기에 1,000일 무사고가 이루어지지 않았을까 싶다.

〈아빠 안전하게 일하고 돌아와서 나와 놀아줘요〉

안전제일이라는 말은 그대로 받아들여야 한다. 안전이 있어야 개인이 있고, 개인이 있어야 회사도 있다. 단순하든 단순하지 않든 사고는 사고다. 그 어떤 사고도 작은 일이라는 건 없다는 걸 깨달아야 한다. 안일한 마음에서 큰 사고가 터지는 법이니 말이다. 금번 무사고 1,000일을 계기로 영원히 사고 없는 우리 공장이 되었으면 하는 바람이다. 천일 동안 그리고 또 다른 천일 동안.

한 시간을 투자하면 백 년의 역사를 돌려드립니다 -청도맥주-

중국 '청도' 하면 청도시보다 청도맥주가 더 유명하다. 청도맥주는 1903년부터 생산된 술로 100년 이상의 역사를 자랑하고 있으며, 청도시의 관광명소 중 빠지지 않는 곳이 청도맥주 박물관이다. 박물관에 들어서면 눈에 확 띄는 글귀가 있다.

〈청도맥주 박물관 전경〉

“给我一个小时 还您一百年”

이 글귀의 뜻은 ‘저에게 한 시간을 주면 당신에게 100년의 역사를 돌려 드립니다’ 라는 말이다.

박물관을 관람하고 나면 이 말이 어떤 의미인지 알 수 있게 된다.

청도맥주는 굴곡진 중국 근대사의 아픔을 고스란히 간직하고 있다. 1895년 청일전쟁은 일본의 승리로 막을 내리게 되고, 그 결과 시모노세키조약이 체결된 뒤 일본은 청나라로부터 요동반도를 할양 받는다. 하지만 러시아, 독일, 프랑스 3국은 동아시아의 항구적 평화에 장애가 된다는 핑계로 일본에게 요동반도를 돌려주라고 권고하게 되고, 당시 일본은 3국 열강을 상대할 힘이 없어 굴복한다. 이것이 바로 삼국간섭이다. 이 사건이 청나라 분할의 단초가 되어 서구열강들이 앞다투어 청나라에 군대를 파견하고 조차를 요구하게 될 때 독일은 산동반도를 조차하게 된다. 독일은 맥주 없이 못 사는 민족이라 해도 과언이 아니다. 독일 병사들은 열악한 환경에 근무하고 있으니 맥주라도 마실 수 있도록 해 달라고 당시 독일의 황제 빌헬름 2세에게 간청하였다.

“폐하, 열악한 환경이오나 오직 폐하만을 생각하며 버티고 있습니다. 다만 아쉬운 것은, 맥주라도 마실 수 있으면 좋겠습니다. 폐하의 하해와 같은 은혜를 베풀어 주시옵소서.”

1903년 빌헬름 2세는 병사들의 간청을 받아들여 독일의 맥주생산 설비를 그대로 떼내, 배를 이용해 중국으로 옮겼다. 그리고 독일과 영국 상인이 합작하여 당시 은화 40만 냥(현시가 50억 수준)을 투자하고 맥주공장을 지었다. 이렇게 '게르만맥주 청도주식회사' 가 탄생된 것이다. 1914년 1차 세계대전이 일어나고 이 틈을 타서 일본군이 청도를 점령하였다. 일본은 은화 50만 냥으로 회사를 매입하여 '대일본맥주 주식회사' 로 사명을 바꾸고 KIRIN, ASAHI, SAPPORO, QINGDAO 네 종류의 맥주를 판매했으나, 1945년 중국이 항일전쟁에서 승리하게 되고 청도맥주는 중국인의 품으로 돌아오게 된다. 당시 국민당 정부에서 사명을 '청도맥주공장' 으로 변경하고 직접 경영했다. 1949년에는 국민당과 공산당의 전쟁에서 공산당이 승리하게 되는데, 이때 공산당 정부는 '국영청도맥주공장' 으로 사명을 변경하고 직접 경영하게 이른다. 1993년에는 청도맥주가 자본주의의 상징인 주식회사로 변경되었으며 중국 기업 최초로 해외증시(홍콩)에 상장한 기업이 되었다. 이처럼 청도맥주는 '그냥 맥주' 가 아니라 조그만 어촌 마을이었던 청도의 성장과 중국인의 아픈 역사까지도 고스란히 간직한 '역사의 맥주' 인 것이다.

중국의 각 지방에는 맥주 회사가 있었는데, 경영난에 의해 많은 회사가 청도맥주에 인수합병 되었다. 그래서 중국 각지에서 청도맥주를 접할 수는 있지만 지역별로 맥주 맛이 다르다. 청도 노산嶗山의 물과 전통 기술로 만든 맥주가 아니기 때문이다.

2013년 봄, 청도맥주 관계자를 만난 적이 있다. 청도맥주 박물관의 입장료 수입은 매년 50억에 이른다고 한다(입장료는 성수기 60위안, 비수기 50위안이다). 그리고 청도맥주 청도공장에는 5개의 공장이 있는데, 그중 1공장은 최초 설립 당시의 효모를 그대로 사용하고 있어 맛이 가장 좋다고 한다. 그제야 사람들이 식당에서 1공장 청도맥주(병

뚜껑에 생산공장이 표시됨)를 찾아 마시던 이유를 알 수 있었다.

그런데 관계자의 말에 의하면 1공장에서 생산된 맥주의 80%는 해외에 수출하고 나머지 20%는 정부와 군납으로 활용된다고 한다. 그럼 내가 마신 1공장 청도맥주는 도대체 어디서 온 것일까?

중국에서 250위안을 주면 큰일나요!

2007년 북경에서 포스코 중국 지역 전문가과정을 배우던 시절의 일이다. 중국에서 알고 지내던 한 사장님이 자녀에게 중국어 과외를 시키고 있었다. 아이의 선생님은 중국 대학생이었다. 과외비로 원래 200위안을 주면 되는데 열심히 가르쳐 준 게 고마워 250위안을 주었더니, 그 학생이 필요 없다면서 화를 내고 가 버렸다는 것이다. 중국에서 생활을 해 본 사람은 알겠지만 250(알바이우二百五)은 '바보'라는 뜻으로 고마워서 더 준 돈이 오히려 상내의 마음을 상하게 만든 것이다. 250이 어떻게 그런 뜻을 가지게 되었는지에 대한 몇 가지 유래가 있는데, 그 중 하나를 소개할까 한다.

사기에 나오는 인물인 '소진'은 기원전 344년 전국시대에 활동했던 인물이다. 장의와 함께 제나라 귀곡 선생에게서 가르침을 받았으며, 일찍이 서쪽의 강국인 진나라에 대항하기 위하여 남북으로 위치한 한, 위, 조, 연, 제, 초 여섯 나라의 동맹을 주장했다. 처음에는 실패하였으나 훗날 뛰어난 외교술로 유세에 성공하면서 합종을 성공시켰다. 덕분에 진나라의 발목을 15년이나 잡아 동쪽으로 진출하지 못하게 하는 큰 공을 세운 것이다. 소진의 합종에 대항하여 진나라의 장의는 진나라가 이들 여섯 나라와 횡으로 각각 동맹을 맺어 화친할 것을 설득하여 연횡에 성공한다. 이후 진나라는 차례로 여섯 나라를 멸망시키고 중국을 통일하였다. 여기서 '합종연횡' 이 나왔다.

소진이 올 때면 제나라 왕이 친히 마을을 쓸었다고 할 정도다. 왕의 절대적인 신임과 총애를 받던 소진은 누군가의 암살 시도에 치명상을 입게 된다. 제나라의 왕은 암살범을 찾으려고 갖은 노력을 다 했으나 찾지 못한다. 그리고 소진은 죽기 전 왕에게 유언을 남기게 된다.

"신이 죽거든 신의 시체를 거열형에 처하십시오. 그리고 제가 연나라와 짜고 역모를 꾸몄다고 밝히십시오. 그리고 역모를 꾸민 제 목숨을 끊은 자에게 큰상을 내린다고 하시면 암살범을 찾을 수 있을 것입니다."

소진이 세상을 떠나고 나서 왕은 "소진을 죽여 나라에 큰 공을 세운 자에게 황금 천냥을 상으로 내린다"고 공포한다. 그 후에 네 사람이 나타나 모두 자신이 소진을 죽였다고 주장하자, 왕은 네 사람을 한 자리에 모이게 했다.

"그래, 그대들이 소진을 죽였단 말이지? 누구인지 정확히 알 수도 없고 모두 네 명이나 되니 어떻게 해야 하겠나?"

그중 한 명이 "250(알바이우 二百五)냥씩 똑같이 나누면 공평할 것 같습니다"라고 대답했다. 왕은 "그래 알바이우二百五구나, 여봐라 여기 알바이우의 목을 쳐라"라고 외쳤다. 간편하게 상금을 가져가려던 암살범은 결국 자신을 드러내고만 꼴이었다. 이 사건을 유래로 250은 '바보' 라는 뜻이 되었다. 그래서 중국 가게에서는 일반적으로 250위안에 물건을 팔지 않는다.

짝퉁 천국에서 벌어진 저작권 피소사건

중국에서 한동안 이슈가 된 사건이 있다. 바로 '가짜 달걀' 사건이다. 가짜 달걀의 껍질은 탄산칼슘과 석고가루로 만들고 흰자와 노른자는 해조류를 기본으로 산화나트륨과 염화칼슘을 온수에 녹여 만든, 육안으로는 진짜와 구분하기 어려운 실로 대단한 발명품(?)이다. 사회적인 이슈가 되자, 중국 매체는 이를 다루기 시작했고 기자가 달걀을 판매하는 사람을 인터뷰 했다. 당시 상인이 "우리 애들도 이걸 먹고 자랐는데 아무 문제 없어요"라고 당당하게 얘기하는 모습에 깜짝 놀랐던 기억이 있다.

심지어는 백주도 가짜가 있다. 2012년 6월 톱뉴스로 보도된 기사에 따르면 시중에 유통되는 마오타이 백주 90%가 가짜라고 한다. 귀주성 마오타이 공장에서 생산된 건 2만 톤인데 소비량이 20만 톤이라는 것이다. 이제 이 정도는 웃으며 넘어 갈 수 있는 수준이 되었다.

우선, 우리가 '짝퉁'이라고 부르는 것들에 대한 이야기를 해 보고자 한다. 외국인들이 자주 찾는 쇼핑몰을 지나가면 피 냄새를 맡고 달려드는 모기 소리 같은 목소리가 들린다. 그들은 겉모습으로 별 차이를 느낄 수 없는 한국 사람, 일본 사람을 한 눈에 알아내는 귀신 같은 감각이 있다.

"로오~렉스, 루이뷔똥!"

"원하는 것은 다 있어요, 구경만 해봐도 손해는 없는 거 아닌가."

누군가 관심을 보인다 싶으면 끝까지 따라붙으며 구미를 당기는 말을 이어간다. 그리고 귓가를 맴돌던 속삭임이 어느새 마음 한쪽에 똬리를 튼다. 명품 천국의 문이 열리고, 세계의 명품들이 옹기종기 모여 앉아 손짓한다.

거리에는 여전히 복제품 DVD가 판을 치고 있다. 불쑥불쑥 나타나는 공안들은 벌판을 지키고 서 있는 낡은 허수아비만도 못하다. 한국인을 웃기고 울리던 드라마는 한국 방영 한 두 시간 뒤에 어느새 중국 사이트에서 중국인을 웃기고 울리느라 정신이 없다. 적어도 중국인 시청자는 한국 아줌마들처럼 드라마 시작하기 전에 저녁상 치우려고 발을 동동 구를 일도, 가족들을 노려볼 일도 없다. 친절하게도 중국어 자막까지 처리되어 언제든지 시청할 수 있도록 해 놓았기 때문이다. 이토록 빠른 시간 안에 바로 볼 수 있는 건 그렇다 치더라도, 어떻게 그렇게 수많은 드라마나 오락방송들이 동시에 자막처리까지 되어 올라오는지 궁금하기 짝이 없었다. 동료 직원에게 어떻게 그럴 수 있냐고 물으니 그런 작업을 하는 사람들이 따로 있다고 알려준다. 또 '초천풍운' 이라는 필명으로 유명한 사람이 있다고 하는데, 점입가경으로 그 사람이 내 밑에서 일하는 직원이라는 사실까지 알게 되었다.

그 비법을 공개하자면 이렇다. 사이트마다 재빨리 방송을 올리기 위해 경쟁이 치열하다고 한다. 60분 드라마라면 6명이 10분씩 할당해서 자막을 달고 사이트 운영자가 그 단편적인 파일을 종합해서 올린다는 것이다. 불법이지만 제약 같은 게 있을 리 없다. 한국 정부나 드라마 제작팀조차 단속에 관여하지 않는 것 같다. 어차피 통제할 수 없을 뿐만 아니라, 판권보다 더 막대한 경제적 이익이 이런 불법의 뒤를 떡 하니 봐 주고 있는 것이다. 드라마가 중국에서 히트를 치면, 연이어서 배우, 배우의 패션 아이템이 엄청난 히트를 치고, 4개의 직할시, 23개 성, 5개의 자치구를 모두 돌 때까지 족히 몇 년 동안 돈벼락이 쏟아지는 것이다.

생각지도 못한 곳에서 짝퉁을 만날 수 있는 곳이 중국이다. 이러한 짝퉁 천국에 있는 당사에서도 저작권 관련 피소가 발생한 일이 있었다. 2012년 7월 20일, 청도시 법원에서 저작권 위반 혐의로 재판에 출석하라는 연락이 왔다. 회사에서 2011년에 판매 촉진을 위해 카탈로그를 만들었는데 그 내용에 들어간 사진 3장이 저작권을 위반했다는 이유였다. 어떤 중국 회사가 세계 최대 사진 및 이미지 제공업체인 게티이미지사의 중국 내 판권을 인수하고(중국이었으니 얼마 주지는 않았을 것 같다), 저작권 위반을 찾아내어 소송을 낸 것이다. 그 회사는 아르바이트생을 고용하여 중국 내 주요 박람회 등에 참석하게 해서 모든 카탈로그를 모았고, 받은 시점을 기록해 그중 해당 회사 이미지를 도용한 카탈로그가 있는지 면밀히 확인했다. 그렇게 중국 내에서 수천 건의 소송을 진행한 것이고 승소율은 95% 이상에 달할 정도였다. 중국 법원도 악의적인 소송임을 알고 있었지만, 적법하므로 해당 회사의 손을 들어 주는 수밖에 없었다.

회사 카탈로그 사진의 출처를 알아 보니 광고업체에서 제공한 사진이었다. 광고업체에 책임을 물어야겠다 생각하고 그 회사와 맺은 계약서를 찾아보았다. "모든 자료는 갑(당사)에서 제공했으며 제3자의 권리 침해는 모두 갑방의 책임"이라는 문구가 계약서상에 조용히 자리잡고 있었다. 이론의 여지가 없는 상황에서 2심까지 갔지만 당연히 패소했고, 한화 150만 원 정도를 배상하고 마무리되었다.

보통 중국을 떠올리며 짝퉁 천국이라는 말을 연결시킨다. 하지만 명심해야 할 것은 중국에도 분명 저작권에 대한 법률이 존재한다는 것이다. 짝퉁 천국에서 외국계 회사 혹은 외국인을 귀신 같이 노리고 덤벼드는 모기의 날갯짓 소리가 자주 윙윙거린다. 그런 잡음 때문인지 정확한 대가와 일 처리에 대한 원칙을 놓쳤다는 반성을 하게 되었다. 그리고 마지막으로 이런 말을 하고 싶다.

"짝퉁, 그들에게는 가능하지만 당신에게는 허락되지 않습니다."

왜 중국 관광지의 입장료는 비쌀까?

내가 근무했던 산동성은 유교의 본거지로, 공자의 고향 '곡부'와 '태산'이 유명한 관광지이다. 그래서 종종 손님이 오면 관광을 위해 태산에 간다. 태산 정상까지 가기 위해서 얼마의 경비를 지출해야 한다고 생각하는가? 입장료, 순환버스 요금, 케이블카 이용료를 합한 비용이 한화로 5만 원 정도이다. 산동성에서는 성도인 제남보다 청도시가 소득 수준이 높은 편이다. 그럼에도 불구하고 청도의 평균임금은 3,000위안이며 이는 한화 50만 원 수준이다. 그러니 차비나 식사도 포함되지 않은 순 입장료만으로 5만 원에 달하는 비용이 들어가니, 비싸도 너무 비싸다는 생각이 들었다.

관광지의 가이드에게 왜 이렇게 입장료가 비싼지 물었다. 그러자 "여기 온 사람들을 둘러보세요. 자비로 온 사람이 몇이나 될 것 같으세요? 10%도 안 될걸요. 대부분은 회사나 정부에서 비용을 지급해 주는 단체 관광객들일 겁니다. 만약 자비로 온 사람들이라면 잘사는 사람들이 분명하고요. 그래서 이곳의 비싼 입장료는 문제가 되지 않아요"라고 답했다. 그래도 뭔가 석연치 않은 구석이 있어 다른 가이드에게 똑같은 질문을 해 보았더니 이번에는 "중국에는 사람들이 너무 많아요. 태산 관광지 비용을 낮게 측정해 놓으면 몇 년 안 가서 너무나 많은 사람 때문에 태산의 높이가 달라질 정도일 걸요"라고 답했다. 두 대답 모두 일리는 있었지만 개인적 견해에 불과하다는 생각이 들어, '공식적인 해답'을 스스로 찾아보기로 했다.

북경 소재 녹주여행사 담당자의 설명에 따르면 서안, 연안 5일 여행 상품 가격은 1,500위안이고, 그중 입장료의 가격은 595위안으로 40% 가까이 차지한다. 또한 중국 언론보도에서는 여행 경비 중 입장료가 차지하는 비율이 위에서처럼 40%, 심지어 더 많게는 80%에 달한다고 하니, 어느 한 곳에서의 문제는 아니었다.

입장료가 비싼 가장 큰 이유는 이 수입이 지방정부의 중요한 소득원 중 하나이기 때문이다. 관광지는 명목상 정부가 전액 투자한 지방정부 산하의 비영리 기관에서 관리한다. 그러나 중앙정부는 관광지에 대한 특별한 투자나 지원을 하지 않는다. 관광지의 입장료는 온전하게 관광자원을 보유한 지방정부의 안정적인 소득원이 되고 있다. 어떤 지역에서는 비영리 기관이 관광회사를 별도로 차려서 영업에 열중할 정도이다. 똑같은 조직이나 인력이 비영리 기관 소속이기도 하고 관광회사 소속 직원이기도 한 것이다.

중국국가여유국중국관광청에서 2012년에 발표한 〈2011년 중국여유경구발전보고 中国旅游景区发展报告〉에 따르면 지방관광 기관이 숙박, 요식, 쇼핑 등 모든 분야에 걸쳐 관광지를 운영하고 있는데, 영업 수

익의 43.3%가 입장료 수입인 것을 확인할 수 있다. 심지어 AA급 관광지(관광지 등급으로 국가급은 AAAAA임)의 경우에는 입장료 수입이 94.5%에 이른다. 인건비, 관광지 유지비 등은 급속하게 올라가고 정부의 지원은 전무하므로 입장료에 의존하여 관광지를 유지, 발전시켜야 하는 상황에서 입장료 인상은 불가피한 것이다. 더구나 입장료가 인상되어도 관광객의 수는 지속적으로 늘고 있으니, 중국 당국이나 관리 주체 입장에서 굳이 입장료 인상에 제동을 걸 필요성을 느끼지 못하는 것이다.

겨울잠을 자지 못하는 반달곰

현재 당사의 적자가 계속되고 있다. 회사는 경비절감을 위한 방안을 모색했고, 그중 한가지 방법은 시내에 거주하는 단신 주재원들을 기숙사에 입주시켜 임대료를 줄이고자 한 것이다. 나도 예외일 수는 없다. 입사 초반에 기숙사 생활을 했는데, 10여 년 만에 다시 기숙사 생활을 하자니 신입사원이 된 것 같아 기분이 새롭기도 하다. 옆방에 있는 부장들은 실내화를 끌고 내 방에 모여 청도맥주 한 병과 통닭 한 마리로 파티를 연다. 시시콜콜한 얘기로 웃음꽃을 피우기도 하고 머리를 맞대고 회사의 문제점을 고민하거나 나아가야 할 방향을 진지하게 의논하기도 한다. 다만 아쉬운 것은 나를 위로하거나 웃겨주고 때로는 울려주던 30년 지기 친구, 한국 방송이 나오지 않는 것 뿐이다.

아무 약속이 없던 어느 무료한 휴일, 침대에서 이리저리 뒹굴며 텔레비전을 켜 보지만 잘 알아듣지 못하니 별 재미도 없다. 리모컨을 내팽개쳤다가 다시 채널을 돌려보았는데, 내 시선을 끄는 장면이 있었다. 바로 중국판 〈동물의 왕국〉이었다.

추운 겨울이 되면 동물들이 먹을 것이 부족해지기 마련이다. 그래서 늦가을이 되면 동물들은 겨울을 나기 위해 분주하게 준비한다. 따뜻한 곳을 찾아 이동하거나 부지런히 식량을 비축하는 녀석들도 있고, 개구리와 뱀, 고슴도치와 곰은 아예 겨울잠을 청한다. 개구리는 몸의 기능을 정지시키고 겨울잠에 들어가는데, 몸속에 파이브리노젠이라는 부동액과 같은 성분이 있어 세포가 얼지 않게 하고 생명을 유지한다고 한다. 뱀은 체온을 떨어트리고 여러 마리가 몸을 한데 꼬아 외부로부터 체온을 뺏기는 것을 막는다. 고슴도치의 평소 심박수는 1분에 350회 정도인데 겨울잠에 들어가며 불과 3회 정도까지 낮추어 최대한 에너지 소모를 줄인다고 한다. 제각기 다른 방법을 찾아 겨울잠에 드는 것을 보니 흥미로웠다.

한편, 곰은 자신의 배설물을 신장 벽으로 흡수해서 배설물에서 나오는 질소화합물을 재활용한다. 겨울잠에서 깨서 볼일을 보는 대신 자기의 분변을 자체적으로 재활용하는 것이다. 생리적인 현상을 해결하기 위해 겨울잠에서 깨어나 움직여야 하는 번거로움을 최소화함으로써 에너지를 아끼고 효율적으로 겨울을 보낸다. 몸집이 큰 곰은 다른 동물들과 다르게 체온을 떨어뜨렸다가 원래의 체온으로 온도를 올리는 데 많은 시간과 에너지를 필요로 하는데, 자신의 배설물을 통해 질소화합물을 영양분으로 활용하고 있으니 체온을 낮추면서 에너지를 절약하지 않아도 되는 것이다. 그렇게 체력이 유지 되고 봄이 오면 더욱 사나운 모습으로 사냥에 나설 수 있다. 미련한 곰이 아니라 참 대단한 곰이라는 생각이 든다.

철강산업에도 겨울이 왔다. 중국뿐만 아니라 전 세계의 철강시장이 언제 끝이 날지 모르는 혹한기에 접어들었다. 세계의 철강 공급능력은 21억 톤, 수요는 15억 톤이다. 세계 철강생산에서 차지하는 비율이 50%가 넘는 중국은 11억 톤의 공급능력을 갖추고 있지만 수요는 7억 톤에 이르지 않아 철강의 수급불균형이 심각하다. 또한 중국의 고속성장이 멈추었기 때문에 더 큰 수요를 기대하기 힘든 상황이다. 철강산업의 생존을 위해서는 경쟁력이 없는 중국 철강사들이 빨리 도태되어 업계가 재편되든지, 혹은 인도나 인도네시아, 베트남 등 신흥국들의 수요가 폭발적으로 늘어나서 철강의 수급균형을 이루어야 해결될 수 있는 구조적 문제에 봉착해 있다.

중국의 최대 민영 철강사 대표인 심문영 주석은 "현재 모든 제철소의 적자는 불가피하나 남보다 적게 잃고 살아남는 제철소가 향후 과실을 취할 것"이라고 했다. 중국의 철강사업은 치킨게임(어느 한 쪽이 양보하지 않을 경우 양쪽이 모두 파국으로 치닫게 되는 극단적인 게임 이론)에 들어갔다. 경쟁력이 없는 철강회사는 빨리 인수합병 되거나 폐쇄되어야만 이 지루한 게임이 끝난다. 하지만 경제에 대한 중앙정부의 장기적 관점과 지방정부의 관점이 다르기 때문에 해결이 쉽지 않을 것으로 예상된다.

중국 공업정보화부MIIT에 따르면 2014년 중국의 상위 10대 철강사의 점유율은 36.6% 수준으로, 이는 곳곳에 중소형 제철소가 가동되고 있다는 의미이다. 철강산업은 고용창출의 효과가 크다. 제철소뿐만 아니라 외주사와 공급사에 이르기까지 근로자의 수는 실로 엄청나 제철소가 문을 닫게 된다면 실업자가 무수히 쏟아질 것이다. 각 지방정부 영도자들의 입장에서는 본다면 본인의 재임 기간에 굳이 제철소의 인수합병을 감행하고 싶지 않을 것이다.

내가 근무하고 있는 장가항시에 7,000명 정도가 근무하는 '용강' 이라는 제철소가 있다. 2~3년 전부터 회사 사정이 많이 어려워 직원의 급여를 제대로 못 준다거나 제철소가 곧 문을 닫는다, 납품대금을 못 주고 있다는 흉흉한 소문이 돌았지만 아직도 가동되고 있다. 지난달 철강과 관련된 인사를 만났는데 그의 말은 이렇다. '국태' 라는 회사가 용강의 대지분을 가지고 있는데, 용강의 생존이 불투명해서 국태는 더 이상 투자하지 않고 은행 대출과 관련된 보증도 서지 않기로 결정했다고 한다. 용강제철소는 은행 대출이 막히면 문을 닫아야 하고, 그렇게 된다면 대규모 실업 발생을 피할 수 없다. 실업을 막기위해 장가항시는 정부와 관련된 회사 담보를 통해 대출을 받을 수 있도록 했다. 덕분에 용강제철소가 지금까지 운영하고 있다는 것이다.

이처럼 중앙정부의 경제정책과 지방정부의 입장이 상충된다. 그렇다고 중앙에서 강력한 정책 드라이브를 걸 수 있을지에 대해서도 의문이 든다. 중국은 자유를 많이 억압하는 일당 체제였지만 많은 국민들은 공산당을 지지하고 있다. "그래도 우리를 굶기지 않고 살만하게 만들어 주지 않았냐"는 이유에서다. 고용이라는 것은 국민들의 생존이다. 생존을 위협받게 되면 체제에 대해 강한 불만을 갖게 되는 사람이 늘어나게 되고, 결국 체제가 흔들릴 수밖에 없다. 그래서 중국 공산당의 지도자들은 치열하게 고민하고도, 쉽게 용단을 내리기 어려울 것이다. 이와 같은 이유로 중국 철강산업의 구조재편은 단기간에 쉽게 진행될 것 같지 않다는 생각이 든다. 철강산업의 겨울은 과거에 비해 더 춥고, 길게 갈 것 같다.

우리는 혹한기 훈련이 제대로 되어 있지 않다. 모든 시스템과 제도는 먹이가 많은 봄에 맞춰져 있어 수요에 대한 공급 탄력성이 떨어진다. 계속 적자를 면할 수 없지만 고정비가 높으니 가동을 하지 않을 수가 없다.

추운 겨울에는 그 시절에 맞는 경영을 해야 한다. 나는 이러한 경영 방식을 Hibernation Management 즉, 동면冬眠경영이라고 말하고 싶다. 동면경영의 핵심은 생존모드로 전환하는 것으로, 곰처럼 에너지 소모를 최소화하여 혹한을 보내고 봄이 되면 바로 사냥에 들어갈 수 있도록 근력을 떨어트리지 않아야 한다. 원료와 자재구매, 생산과 판매, 경영지원 방식이 모두 바뀌어야 한다. 고정비를 최소화 하여서 감산을 하더라도 적자를 덜 보는 구조로 갈 수 있어야 하는데, 그러기 위해서는 고정비의 변동비화가 필요하다.

최대 생산을 통한 가공비 절감은 한계에 봉착하여 이제는 최대 생산이 아니라 합리적 생산이 요구된다. 그리고 연속조업을 통해서만 품질이 확보되는 기술개발이 아니라 단속조업을 통해서도 품질이 확보되는 방향으로 진행되어야 한다. 외주비도 마찬가지로 고정비가 아니라 물량베이스 즉, 변동비화 되어야 하며 임금 또한 마찬가지다. 임금은 대표적인 고정비이고, 고정비를 변동성이 확대되는 방향으로 하는 제도가 갖춰져야 할 것이다.

얼마 전 중국의 모 철강사와 교류회를 가진 적이 있다. 직원들은 급여가 20% 삭감되었다고 했는데 인사 책임자는 임금을 삭감한 적이 없다고 했다. 이 두 가지 상황에는 어떤 차이가 있는 것일까. 바로 개인의 월임금이 회사의 성적과 그대로 연결되도록 임금체계를 만들어

두었기 때문이다. 회사의 전달 결산이 끝나면 영업 이익과 생산량, 품질에 대한 평가 등이 나오는데 이를 근거로 조직의 월 성과금의 총액이 결정된다. 현재 철강산업이 적자를 보고 있어 증산하지 않는다. 그러면 월에 따라 지급되는 월장금(중국에서는 월 성과금 표현)이 많이 삭감된다. 회사는 급여를 삭감하지 않았지만 직원이 실제로 받는 금액은 줄어들었던 것이다.

올해 초 발 안마를 하는 작은 가게에서 영업을 담당하는 책임자가 20만 위안(한화 3,700만 원)짜리 폭스바겐 승용차를 성과금으로 받았다고 한다. 연봉은 8만 위안도 되지 않는 직원이지만 실적을 달성하자 대표가 성과금 형태로 지급한 것이다.

당사 판매 부분의 급여체계도 성과금 제도로 변해야 한다. 당사의 판매직원은 다른 부문의 직원들과 마찬가지로 고정급과 변동급이 1 대 1이지만 타 철강 판매회사는 1 대 3인 경우도 있다. 중국을 공산주의 사회라고 하지만 실제로는 자본주의보다 더욱 자본주의 사상이 팽배한 사회다.

동면경영을 위해서는 모든 부문의 희생과 변화가 필요하다. 저항이 만만치 않을 것이지만 생존을 위해서는 추진되어야 한다. 지금 당장 조금 잃는 것이 머지않은 훗날에 모든 것을 잃는 것보다는 낫지 않을까.

건강, 너무나 소중한

포스코 청도법인 총무인사부장으로 부임했던 2009년 말의 일이다.

분명히 같은 사내 식당을 이용하고 있는데, 우리 직원들과 협력회사 직원들의 자리가 다른 것을 알아 챌 수 있었다. 앉아서 식사하는 자리가 엄격하게 나눠져 있었으며, 사용하는 젓가락과 숟가락도 구별되어 있었다. 직원에게 왜 그런 것인지 물으니 당연한 조처라는 듯 "우리 포스코 직원들은 매년 신체검사를 받고 질병이 없는 것이 확인되지만, 협력회사 직원들은 어떤 병이 있을지 모르기 때문에 같이 식사하거나 같은 수저를 사용해서는 안 된다"고 말하는 것이다.

포스코 본사에서는 협력회사를 '패밀리family' 업체라고 부른다. 말 그대로 힘을 합해 서로 돕는 대상으로 여기며 본사와 협력회사 양방의 상생을 강조하고 있다. 그러므로 당시와 같은 관행은 본사의 방침이나 마인드에 어긋날 뿐 아니라, 인간적으로도 수긍하기 어려운 부분이 있었다. 협력회사의 사장에게 찾아가 왜 신체검사를 진행하지 않는지 물었더니, 사장은 정기적으로 신체검사를 한다고 했다. 그렇다면 이런 불편한 소문은 대체 어디서부터 몸집을 키워 공공연한 사실처럼 뿌리 내렸을까. 그러나 사실 소문의 근원지를 찾는 일보다는 정확한 사실을 알려주는 일이 더 중요했고, 이 일이 쉽고 간단할 거라고 생각했다.

나는 곧 직원들에게 "함께 일하는 협력사와 한솥밥을 먹는 건 당연하다, 불편한 소문으로 인해 지속되는 관행을 깨자"고 말했다. 제일 먼저 구분된 자리를 없애고, 식사 도구도 함께 섞어 쓰자는 말도 덧붙였다. 함께 앉아서 식사를 하면 서로 업무적 협조도 원활하게 이루어질 것이라고 타일렀다. 아니, 타일렀다기보다는 있는 그대로의 당연한 이야기를 전달했을 뿐이다. 하지만 직원들의 반응은 예상과는 달랐다. 전염병을 운운하며 강경하게 반대할 정도였다. 나는 직원들에게 "이제부터 나도 직원들하고 같이 식사하지 않겠다. 난 매일 2번씩 샤워하고 식사 후에 매번 양치질을 하니 내가 더 깨끗할 것이고, 그래서 함께 식사할 수 없다"고 우겼다.

나의 이런 견강부회에 직원들은 기가 찼을까 아니면 자신들의 모습을 직시하게 되었을까. 결국 잘못된 관행은 사라지게 되었고 요즘에는 내부직원과 협력회사의 구분 없이 함께 앉아 즐겁게 식사하는 모습을 자주 볼 수 있다.

한번은 이런 일도 있었다. 사무실 리모델링을 진행할 때였다. 사무실을 둘러보는데 한 직원이 인상을 쓰면서 사무실을 나가 버렸다. 조그만 소란이 있었던 모양이었다. 자초지종을 물어 보니 사무실 비품들을 정리하는데, 직원들 모두가 서로 자신의 자리 옆에 프린트기, 팩스기를 놓지 않겠다고 한다는 것이었다. 이유는 간단했다. 프린트기, 팩스기에서 나오는 해로운 전자파가 건강을 해친다고 생각하기 때문이었다. 담당자인 한국 부서장도 화를 냈다. 한국 사람 입장에서는 대수롭지 않은 사안인데 서로 핏대를 세워가며 언쟁을 일삼는다고 생각한 것이다. 부서장은 답답하고 화가 나서 “그럼 팩스기, 프린트기는 죄다 내 옆에 두라”고 말했다. 결국 별도의 테이블을 놓고 팩스기와 프린트기를 옮기면서 마무리가 되었다.

비슷한 이야기로, 청도 시내 전자제품 상가가 밀집된 곳이 있는데 실제로 이곳은 집값이 잘 오르지 않는다고 한다. 왜 그런지 충분히 짐작이 가고도 남을 것이다. ‘건강을 해치는 무시무시한 전자파 괴물’이 밀집해 있는 상가 때문이 아니고 무엇이겠는가.

중국에서 지방방송의 광고를 유심히 보면 한국보다 훨씬 더 큰 비중을 차지하는 광고가 있다. 바로 약이나 병원 광고이다. 실제 2010년도 조사 결과를 보면 지방방송 광고의 80%에 이르는 수준이다. 어떤 방송은 그 이상으로 약과 병원 광고가 차지하고 있었다.

중국 사람들은 한국 사람들이 생각하는 것보다 훨씬 더 건강에 민감하다. 우리는 그들의 이러한 심리나 문화를 이해해야 한다. 그렇지 않다면 몰이해의 대가로 답답함과 스트레스가 건강을 해치게 될 것이니 말이다.

第二工程
-제2공정, 저 아기 가질 준비하고 있어요

2012년도 5월의 일이다. 크레인을 운전하는 여직원이 찾아왔다(중국에서는 여자들도 크레인, 버스운전 등 보기에 험해 보이는 일을 많이 한다). 앞으로 크레인을 운전할 수 없으니 직무를 바꿔달라는 것이다. 상의나 부탁이 아닌 막무가내의 행동이었다. 왜 그러냐고 물어 보니 임신을 했기 때문에 높은 곳에서 일하면 안 된다는 말이 돌아왔다. 공장장과 나는 좀 당황스러울 수밖에 없었다. 회사의 입장이나 업무는 전혀 고려하지 않았다는 느낌이 들었다. 기분이 썩 좋지 않았지만, 중국은 한 자녀밖에 낳을 수 없고 또 얼마나 소중한 아기일까 싶어 당분간 휴직을 하는 것으로 마무리했다.

중국에서 회식을 하다 보면 평소 술을 잘 마시는 직원이 갑자기 술 한 방울 입에 대지 않는 경우가 있다. 어디 몸이라도 안 좋은지 걱정돼 무슨 일인가 물어보면 아기를 가지려고 준비한다는 말이 돌아오고는 했다. 중국 젊은이들끼리 '第二工程띠얼공청' 이라고 속어로 얘기를 한다. '第一工程'은 결혼이고 그 두 번째 작업인 '第二工程'은 건강한 아기를 낳기 위해 금주와 금연을 하는 일이다. 중국에서는 아기를 가지려고 계획한 남자들이 6개월 정도 술을 입에 대지 않는다. 대단한 정성임을 인정하지만, 이럴 때는 "나도 둘째 갖고 싶다. 너무 유난 떨지 마라" 말하고 싶은 충동이 생긴다. 물론 말해본 적은 없다.

나도 아이가 하나 있다. 이름은 민종이다. 술을 먹고 아기를 만든 것 같기도 하다. 여하튼 중국인들이 보여주는 준비가 없었던 건 확실하다. 아이를 맞이하기 위해 조심스럽게 정성을 다하여 준비하고 설레며 기다리지 않았다는 것에 대해서는 아이에게 미안한 마음이 든다. 그럼에도 불구하고 건강하게 태어나서 잘 자라고 있는 우리 아들 녀석에게 감사한 마음이다.

뻐근하게, 가슴 밑바닥까지 뼛속까지 그런 마음이 든다. 많은 준비를 하고 만난 것은 아니지만, 아들 민종이는 내게 너무나도 소중한 존재이며 항상 미안하고, 사랑하고, 고마운 마음이 든다.

한국 사람들이 보기에 중국 직원들이 아기에 대해 다소 유난을 떠는 것으로 보일 수 있지만, 곱지 않은 시선으로 볼 일은 아니다. 우리도 소중한 아기의 건강을 위해 준비를 하면서 지내는 게 어떨까 하고 생각하게 된다.

중국에서 녹색 모자를 쓰지 마세요

하늘이 맑고 드높다. 그 하늘을 가르고 선 건물이 산뜻해 보이고, 마치 '녹색 모자를 쓴' 것 같이 돌기둥과 창문, 크림색의 부드러운 외벽이 조화를 이룬다.

〈녹색 지붕 사무동 건물〉

사진 속의 건물은 인근 회사의 사무동으로, 사장이 지향하는 녹색 경영을 상징하기 위해 디자인 되었다고 한다. 그런데 한 직원이 달려와서 지붕 색을 바꿔야 한다고 야단이다. 사장의 경영마인드를 헤아리지 못한 괘씸한 직원일까? 아니다. 경영마인드 이전에 중국의 문화를 감안하지 못한 보스를 보필한 '공신' 이다.

중국 현대 드라마를 시청하다 보면 '따이뤼마오즈戴绿帽子'라는 말을 종종 듣게 된다. 직역을 하면 '녹색 모자를 쓴다' 는 의미인데, 실생활에서의 관용적 의미는 사뭇 다르다. 바로 '아내가 바람났다' 는 뜻으로 사용되고 있으니 주의를 기울여야 할 말이 분명하다. 드라마에서 "얘, 저 사람 또 녹색 모자 썼대. 불쌍해" 이런 식으로 사용되는 말이다.

그 유래는 이렇다. 몽고족이 중국을 통일하여 원나라를 세웠는데, 중국 중원을 차지하고 보니 소위 말하는 '기생집' 이 많았다. 몽고족 위정자들이 보기에는 매우 이상하고 개선해야 할 문화였다. 몽고족들은 남녀가 눈이 맞으면 광활한 초원을 침대로, 하늘을 이불로 삼아 대사(?)를 치르면 그만이었다. 그런데 예를 중시하는 중국에서 장소를 정해 놓고 성을 영업 대상으로 삼는 일은 도저히 이해할 수 없는 영역이었고, 문화에 정화가 필요하다고 느낀 것이다. 그래서 이런 사람들을 표시하기 위해 여자들에게는 자주색 옷을 입게 하고, 남자들은 녹색 두건을 두르도록 법으로 정했다. 중국 남자가 절대 용납하면 안 되는 것이 두 가지 있는데, 바로 부모를 죽인 원수와 아내를 빼앗은 정적이다. 따라서 남자가 녹색 두건을 두르게 된다는 것은 매우 치욕적인 일이다.

이것이 중국 사람에게 모자를 선물할 때 녹색 계통은 피해야 하는 이유다. 같은 이유로 한국 남자들이 중국으로 여행 와서 녹색 모자를 쓰고 있으면 중국 사람들은 매우 이상하게 생각할 것이다. 좀 과장해서 표현하면, 이렇게 말할 지도 모르겠다. "와이프 바람난 게 뭐가 그리 자랑이야"라고….

한 나라의 문화나 이야기는 굉장히 다양하고, 그 전부를 알기란 어려운 일이다. 하지만 그 나라에서 생활을 하거나 여행을 시작한다면, 그들의 말에 귀를 기울여야 한다. 녹색 모자를 쓴 듯 아담한 회사 건물은 직원들 사이에서 아직도 녹색 모자 건물绿帽楼이라고 불리며 놀림을 받고 있다.

똑똑똑… 주인장 계십니까?

밀린 업무로 인해 야근을 하던 어느 날의 일이다. 구매부장이 내게 찾아와서는 흥분된 어투로 말을 걸었다.

"우리 직원들, 정말 아낄 줄을 몰라요! 화장실이고 사무실이고 불이 환~하게 켜져 있는데도 퇴근하면서 아~무도 신경 쓰지 않아요. 그래서 지금 제가 일일이 다 끄고 다닙니다."

그는 본사 대리였는데, 중국 청도법인의 구매부장으로 부임해온 지 얼마 되지 않은 시기였다. 내가 그에게 다시 물었다.

"부장님, 한국에 있을 때도 회사 물건을 아껴 쓰거나 에너지를 절감하는 일에 이렇게 관심이 많았어요?"

그는 약간 붉어진 얼굴로 답했다.

"아니요. 그때는 관심을 가질 입장도 아니었고, 어쩐지 오지랖 넓게 구는 것 같아서…."

그에게 갑자기 무슨 일이 일어난 것인가? 갑자기 회사를 너무 아끼고 좋아하게 된 것일까. 나는 고개를 갸우뚱거렸다. 그에게 달라진 사실이라고는 단지 부장직책으로 이곳에 오게 된 것뿐이다. 새삼 '주인의식' 이라는 네 글자가 뒤통수를 두드린다, 똑똑똑. 그의 주인의식이 불현듯 '높아져' 버렸다는 생각이 들었다.

한국인 사장들이나 주재원들이 늘 하는 성토 중 하나는 바로, '중국 직원들은 애사심도 없고 주인의식은 눈 씻고 찾아봐도 없다' 는 것이다. 그런데 그 성토의 각도를 달리하여, 조금만 반성적으로 바라보면 어떨까? '까놓고' 얘기해서 회사 지분 한 장 갖고 있지 않는데, 자기가 주인이라고 생각하고 행동하는 사람이 오히려 이상한 사람이 아닐까?

사장 입장에서는 직원들이 자기가 회사의 주인이라는 생각으로 회사 물건을 아끼고, 돈을 많이 벌기 위해 노력하기를 희망한다. 주인의식을 강조하는 이유의 본질은 이것이다. 하지만 주인의식은 사장의 배를 부르게 하는 일만은 아니다. 서로가 발전하는 상승선을 탈 수 있다는 면도 있다. 그렇다면 실제로는 주인이 아닌 종업원이 자신을 주인이라고 생각하게 만드는 방법은 무엇일까.

앞서 나온 부장의 경우를 보면, 답은 생각보다 쉽다. 바로 '책임' 과 '권한' 이다. 직위가 높아지면서 자연스럽게 회사를 걱정하고, 자발적으로 더 많은 일을 하게 된다. 직위라는 건 권한이 많아진다는 말이다. 점점 주인의식을 갖는 게 자연스러운 일이다. 그렇다고 단순하게 직위의 상승만을 봐서는 안 된다. 책임도 주인의식의 중요한 한 부분이며 '직원이 책임감을 가지고 일해서 이만큼 성장했다' 라는 걸 통해 그만큼의 만족이 생기는 법이다. 나라는 존재의 당위성을 제고 시키는 일 또한 주인의식을 불러 일으키는 일이다.

중국의 많은 한국 투자회사의 상황을 보면 내부 사정은 비슷하다. 회사의 중요한 사안은 한국 직원들이 모두 결정한다. 윤리적인 문제를 운운하면서도 한국 직원의 결재 없이는 10원 하나 지출하지 못하는 경우가 많다.

이제는 중국 직원들에게 많은 책임과 권한을 이양해야 한다. 중국에 대한 일은 그들이 더 잘 알 수 있다. 그들에게 책임과 권한을 주는 일에도 신경 써야 한다. 물론 옥석을 가려야겠지만, 하인 대접을 하면서 주인의식을 가지라고 외친다면 공허한 외침에 마땅한 공허한 메아리만 되돌아올 뿐이지 않겠는가.

사르르 우려 마시던 커피차

2010년 초, 외부에서 한국 손님이 온 적이 있다. 직원에게 커피 두 잔을 부탁했다. 커피를 타 가지고 온 순간, 당황스러웠다. 황당해하는 손님과 시선이 마주치자 실소가 터져 나왔다. 종이컵에 따뜻한 물을 붓고, 믹스커피를 사르르 부어서 젓지도 않고 가져 온 것이다. 찻잎을 따뜻한 물에 뿌려 우려 먹듯이 말이다. 사무실 미스 김이 믹스커피 타는 법을 모를 것이라고는 누가 상상이나 했겠는가.

2009년도 11월 청도 개발구로 처음 부임해 왔을 때만 해도 커피숍이라고는 단 한 곳뿐이었다. 시내 중심가 JUSCO 쇼핑센터에 스타벅스 하나만 덩그러니 있었는데, 현재는 50개가 넘는 커피 전문점이 생겼다. 가까이에 있는 단지가 큰 아파트에는 당연하다는 듯이 커피숍이 있다. 중국의 차 문화를 넘볼 수도 있는 커피 문화가 생산되고 있는 것이다.

2012년 신문에서 2011년 원두값이 사상 최고치를 경신했다는 신문

기사를 봤다. 나는 중국 젊은이들이 점점 커피를 좋아하는구나 하고 그냥 지나쳤지만, 어떤 사람은 그 상황을 보고 원두에 투자를 했겠구나 하는 생각을 한다.

중국이 철강생산을 늘리면서 철광석이나 석탄의 가격이 최고치를 경신하는 것을 번연히 보면서도 나는 투자할 생각을 못했다. 최근에는 중국 사람들이 소고기를 먹기 시작하면서 소고기 값이 급등했다고 한다. 여기 청도 개발구는 거의 시골이라 모르겠지만 상해, 북경, 광주 등에서 중국 사람들이 무엇을 즐기는지만 제대로 파악해도 돈 벌기 참 쉽겠구나 하는 생각이 든다. 수많은 중국인의 기호만 파악해도 무언가 '되는 일' 이 생긴다.

우리 직원들은 커피를 자주 마신다. 처음 간담회를 할 때는 주로 차를 마셨는데, 이제 직원들 앞에는 커피가 자리잡게 되었다. 그들은 커피를 먹는 것이 그냥 멋져 보인다고 말한다. 차를 타듯이 믹스커피를 타 왔던 그 직원도 지금은 커피 애호가가 되었다.

IBM PC 제조부문을 인수하여 세계 최대 생산량을 자랑하는 IT 기업 '연상' 이 청도 인근의 큰 농장을 인수해서 블루베리를 생산하고 있다는 소식을 들었다. 중국은 세계인구의 20%를 차지하지만 경작지 면적은 점점 줄어들어 8%의 면적만이 남아있다. 중국 사람의 소비수준이 높아지면, 먹거리 부족 현상이 나타날 것이니 1차 산업에 관심을 돌릴 필요가 있다는 생각에서 나온 행동일 것이다. 당사도 그런 투자를 해보면 어떨까 하는 생각이 들었다.

뭔가 해보자는 생각이 들기도 했다. 커피를 어떻게 타는지도 모르는 문화권 사람들이 금세 커피 애호가가 되기도 하니 말이다. 어느 곳이든 변화의 물결은 똑같이 일렁인다. 어쩌면 중국이라는 나라는 다른 나라보다 더 닫혀있던 문화를 역동적으로 깨부수려고 하는 게 아닌가 싶다.

마른하늘에 봉사활동이라니요?

해외에서 사업을 운영하려면 지역사회의 협조가 절대적으로 필요하다. 우리 속담에 '굴러온 돌이 박힌 돌을 뺀다' 는 말이 있다. 일반적으로는 새로운 존재나 문화에 밀려 기존의 존재나 문화가 그 입지를 잃어버린 상황에서 사용하는 비유적 표현이다. 그러나 조금만 돌려 생각해보면, 이 속담은 어떤 결과가 나타나기 이전부터 불안해하는 '박힌 돌' 의 입장을 표현하는 말이 아닌가 싶다. 새로운 존재나 문화는 시대와 사회를 막론해서 발생하고 전파되기 마련이고, 이때 발생하는 박힌 돌의 불안감 또한 초인류적인 감정 중 하나이다. 굴러 온 돌이 힘들게 굴러들어 미처 자리를 물색하기도 전에 박힌 돌은 원초적인 불안감을 느끼며, 굴러온 돌의 생김새나 활동을 지켜보며 바뀔 상황에 대해 예상하고 손익을 따져보느라 분주하다.

이러저러한 이유들로 외자기업은 주위 주민들에게서 오는 끊임없는 민원의 공격을 감당해내야 한다. 중국 로컬 기업이라면 별 문제가 되지 않는 일부 사항도 외자기업과 관련이 있으면 민감한 사안이 되어 가십에 오른다.

포스코는 대일청구자금을 통해 세워진 회사이다. 그래서인지 직원들은 포스코가 태생적으로 사회에 빚을 지고 있다고 생각하는 듯하다. 이러한 부채감에서 비롯된 '봉사 DNA'가 회사의 방침이나 활동에도 지대한 영향을 미친다.

총경리도 사회공헌활동에 적극 나서야 한다며, 우리 회사가 체계적이고 지속적인 봉사활동을 할 수 있는 방안을 마련해 보라는 지시를 내렸다. 그래서 본사와 같이 청도법인도 봉사단을 만들기로 했다. 이러한 결정과 방침에 직원들이 어떤 반응을 보일지 내심 걱정스러웠지만, 민족성 강한 중국 내에서 자신들의 이웃을 위해 봉사활동을 하는 것이니 큰 반발은 없을 거라 생각했다.

그러나 예상은 완전히 빗나갔다. 심각한 착각에 가까웠다. 직원들의 반응이 부정적이기만 했다면 해결의 실마리를 찾기 위해 노력이라도 해봤을 터이지만, 그들의 반응은 냉소 그 자체였다. 적극적이지 않을 거라는 것은 어느 정도 예상했었고, 큰 어려움이 없을 거라고 생각했던 상태에서 "우리 살기도 힘든데 어떻게 남을 도울 수 있냐?"는 냉담한 반응을 듣고 당황스럽지 않을 수 없었다. 직원 대표들에게 급여에서 매월 10위안(당시 한국 돈 1700원)만 떼서 불우한 지역 학생들을 지원하는 것은 어떠냐고 의견을 물었다. 그러자 직원 대표들은 "우리의 돈으로 회사 이름만 내세우게 되는 일이다. 직원들은 1위안 지불하라고 해도 동의하지 않을 것이다"라고 강경하게 말했다. 어쩔 수 없이, 희망하는 사람만 참가하는 것으로 내용을 변경해서 봉사단을 만들기로 했다. 실상은 한국 주재원 9명에, 부장들이 주는 눈치에 못 이긴 과장급이상 직원 15명까지 모두 24명으로, 직원 430여명 중 10%도 안 되는 초라한 '청도포항불수강 봉사단' 이 닻을 올렸다.

봉사활동이 직원들에게 체화될 때까지는 시간이 필요하다고 판단되어 '즐거운 봉사활동' 이라는 테마 아래 가벼운 워밍업부터 시작하고자 했다. 마치 이슬비에 옷이 젖듯 자신도 모르게 봉사활동에 익숙해지도록 말이다. 주말에 해변에 나와서 청소를 하고, 경치 좋고 공기 맑은 '포스코 동산(회사가 산림을 조성하기로 한 지역)' 에 나무도 심었다. 2시간 정도 일한 뒤에는 게임을 준비해서 직원들이 즐길 수 있도록 했다. 평균 연령이 30세가 안 되는 젊은 직원들은 봉사활동보다 이 놀이를 더 좋아하는 것 같았지만 즐거워하는 모습에 나도 덩달아 밝아졌다. 같이 땀 흘려서 일하고 쉬는 시간이 되면 시시콜콜한 잡담을 나누기도 하고, 둘러앉아 도시락을 까먹는 쏠쏠한 재미도 있었다.

〈청도 '포스코 동산 가꾸기' 활동 후 단체사진〉

시간이 지나면서 변화의 기운이 조금씩 느껴졌다. 직원들의 밝은 표정을 보면 알 수 있었다. 주말에 나오는 것이 귀찮을 텐데도, 활동을 시작하면 표정이 좋아지기 시작했다.

봉사활동을 할 때마다 최소한 70~80명 이상이 참가했다. 교대근무 직원이 250명도 넘게 있으니 많은 직원이 동참해 준 것이었다. 그리고 자녀들을 데리고 오거나 여자친구를 데리고 오는 직원도 눈에 종종 띄었다. 한번은 매번 여자친구와 같이 오는 직원이 있어 주말에 데이트하기에도 바쁠 텐데 온 이유를 묻자 “여자친구와 처음으로 같이 왔을 때, 제가 좋은 회사에 다니는 것 같다고 해서 어깨가 좀 으쓱해졌어요. 그리고 주말에 이렇게 같이 봉사활동을 하는 데이트도 나쁜 것 같지 않아요”라고 답했다. 자녀와 같이 봉사활동에 참여하는 직원들은, 교육에도 좋고 무엇보다 함께 활동을 하면서 대화하는 시간이 늘어나 관계에도 좋은 영향을 주었다고 한다. 이런 말을 듣고 나니 뿌듯하기도 했다.

그 이후, 대한민국 대사관과 산동성이 공동주최하는 〈CSR(사회공헌)활동 발표대회〉에서 당사가 우수기업으로 선정되어 시상식 대표로 발표를 맡기도 했다. 청도시, 개발구, 적십자, 학교 등으로부터 감사장도 여러 번 받아 지역사회에서 봉사활동에 대해 어느 정도 인정받았다고 생각한다. 또한, 청도시 사회공헌활동 우수자로 선발되는 좋은 결과까지

〈대한민국 대사관 및 산동성 공동주체 CSR활동 우수기업 발표 장면〉

얻었다.

수상도 영광스럽고 기쁜 일이지만, 그것보다 더 큰 것을 얻었다고 확신한다. 언어의 한계를 극복하여 직원들과 함께 몸과 땀으로 소통할 수 있게 되었고, 이 활동들로 인해 직원들은 회사에 대한 자부심이 높아졌다. 봉사활동에서 시작된 일이 조직관리에도 영향을 끼쳐 더욱 큰 빛을 발하게 된 것이다.

조선족에게 진 빚이 있다면

2012년 6월, 통역직원이 필요하여 중국어와 한국어가 모두 가능한 조선족 신입사원을 모집하게 되었다. 한국어 능력을 평가하기 위하여 전화로 인터뷰를 시도했으나, 한국말이 유창한 조선족 인재를 얻기란 쉽지 않았다. 조선족이지만 한국말을 못하는 사람이 일부 있다고는 들었지만 이 정도인지는 몰랐다.

인터뷰를 했던 여러 사람들 중 기억에 남는 사람이 있다. 젊은 조선족 여자였는데, 내 전화번호를 어떻게 알았는지 계속 연락이 왔다. 개인적인 접촉을 정중히 거절했더니 한국말은 잘 못 하지만 영어는 잘하니까 꼭 만나서 평가를 해 달라는 것이다. 전화로 계속 거절만 하는 게 곤란해 직접 만나게 되었는데, 그녀의 상황은 이랬다.

고향 동네에는 조선족 학교가 없어 한국말을 배울 수가 없었고, 부모님은 모두 한국에 가셔서 할머니 밑에서 자랐다. 누구보다 열심히 공부했으니 당사에서 일할 수 있도록 기회를 달라는 것이었다. 그러나 당사에 필요한 인력은 한국어와 중국어가 가능한 통역직원이었다. 안타까운 마음이 들었지만, 통역이 아닌 다른 분야에서 모집을 하면 연락하겠다고 달래며 돌려보내야 했다.

젊은 조선족들은 왜 한국말(조선족은 조선말이라고 한다)을 못하는 것일까? 연변 자치주가 성립된 것은 1952년이다. 당시 그 주의 인구는 62%가 조선족이었으나 2012년에는 35.7%로 급격히 감소했다. 1995년 86만 명이 최고치로 기록된 후 계속 감소하여 2012년에는 79.5만 명에 이르게 되었다.

〈연변 자치주 조선족 인구변화〉

년도	1952	1962	1972	1982	1992	2002	2012
총 인구(만)	85	122	161	187	211	219	218
조선족 인구(만)	52.9	61.1	69.8	75.5	84.9	83.4	79.5
조선족 비율	62.0%	50.0%	43.2%	40.3%	40.2%	38.1%	35.7%

*연변 자치주 통계국 자료 인용

한 · 중 수교는 출산율 저하를 더욱 가속화 시켰다. 한국의 대중국 투자의 붐이 일면서 조선족은 북경, 천진, 상해, 광주, 청도 등 연해 개발지역으로 부를 찾아 진출하게 된다. 그리고 조선족 여성의 경우에 한국으로의 결혼 이주도 크게 늘어났다. 2000년까지 한국으로 시집을 간 여성이 6만 명이었는데, 이는 중국에서 가정을 이루어 조선족 공동체를 유지하는 여성의 1/3에 달한다. 이로 인해 결혼 적령기 남녀인구 불균형이 초래됐고, 조선족 사회에는 결혼을 못한 노총각들이 넘쳐나게 되었다. 연변 자치주는 1990년 1만 명 수준의 신생아가 태어났지만 2000년 60%이상 줄어들어 4천 명에도 미치지 못했다. 18년 동안 꾸준하게 인구가 감소하고 있다.

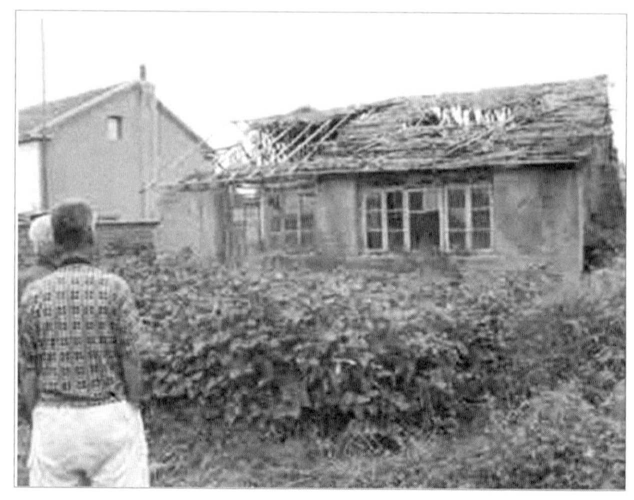

〈폐교가 된 조선족 초등학교를 해당 지역 노인이 바라보고 있다〉

공식 통계에서는 2012년 연변 자치주의 조선족은 79.5만 명으로 35.7%를 차지하고 있으나 심각한 오류가 있다. 이들 중 30만 명이 타지에서 근무하고 있으며, 한국에서 근무하는 인구도 11.4만 명에 이른다. 따라서 실제로 거주하는 조선족 인구 비율은 22%에 지나지 않는다. 일을 할 수 있는 젊은 사람들은 모두 떠나고 그 지역에는 노인과 아이들만 남겨진 것이다. 현 추세대로라면 2030년에는 65세 이상 노령인구가 27%, 2050년 39.4% 달할 것이라고 예상한다.

당사에는 조선족 직원이 12명 있다. 그중 9명은 부모님이 한국에 계시는데 30, 40대에 한국으로 간 사람은 대부분 이혼했을 거라고 했다. 연변 자치주 이혼율 조사를 보면 조선족이 한족에 비해 2배 이상

높다. 공식적으로 이혼을 하지 않았지만 실질적 이혼 상태인 부부가 매우 많아 실상은 더욱 심각하다.

젊은 부모들은 일자리를 찾아 고향을 떠난다. 그중 많은 부부가 이혼하고 아이들은 조부모의 손에 자라거나 옆집에 맡겨지기도 한다. 연길시 한 조선족 초등학교의 조사내용을 살펴보면 그 심각성을 느낄 수 있다. 631명 학생 중에 483명, 75.8%에 해당하는 학생들이 소위 말하는 결손가정에서 부모의 사랑을 받지 못하고 자라고 있다. 중국에서는 이들을 유수留守아동이라고 칭한다. 한 조선족 초등학교 유수아동 200명에 대한 심리검사 결과를 보면 불안 심리 아동 27.4%, 우울증을 앓는 아동 27.6%, 쉽게 겁을 내는 아동 24.5%, 쉽게 화를 내는 아동이 22.7%를 차지한다. 학습능력이 저조하며, 영양 및 신체발육에도 문제가 나타나고 있다. 연변 자치주 공안국에 따르면 미성년자 범죄 중 유수아동이 관련된 비중이 70%를 차지한다고 발표했다.

〈2011년 9월, 연길시 화원초등학교 결손가정(유수)아동의 현황〉

학년	1학년	2학년	3학년	4학년	5학년	6학년	계
학생 인원	88	127	110	96	89	121	631 (100%)
부모 모두 출국	20	38	29	32	29	41	189 (30.0%)
부모 중 1명 출국	16	28	33	29	25	44	175 (27.7%)
고아	0	0	0	0	1	0	1 (0.2%)
편 부모	0	1	0	3	6	4	14 (2.2%)
부모 이혼	12	16	9	15	2	11	65 (10.3%)
중국 내 외지근무	4	7	2	5	4	7	29 (4.6%)
결손 가정(유수아동)	52	90	73	84	72	107	483(75.8%)
비율	59.1%	70.9%	66.4%	87.5%	80.9%	88.4%	

19세기 말 중국 땅에서 개간, 경작, 출입을 금지했던 봉금령封禁令이 해제되면서 한반도에서 중국으로의 이주가 시작됐다. 일제시대를 거치고 1940년까지 약 114만 명이 이주했다. 그들에게 대한민국이라는 나라는 기본적인 의식주 생활을 보장할 수 없는 가난한 나라가 되었고 힘겨운 삶만 안겨 주었다. 그들은 한국을 떠날 수밖에 없었다. 살길을 찾아 고향을 등지고 건너와 청나라의 봉건통치, 군벌정권, 일본 제국주의의 착취와 유린을 겪으면서 피눈물 나는 노력으로 황무지를 개간하고 목숨을 바쳐 항일, 반봉건 투쟁에도 참여했다. 조선족의 이민과 정착의 역사는 눈물과 고통의 과정이었다.

이후 1992년 한 · 중 수교가 이루어지고 한국의 대중국 투자가 이루어지면서 일자리를 찾아 '그들의 고향' 중국을 떠나게 되었다. 한국으로 돈을 벌기 위해 고향을 떠나온 인구가 50만에 이르고 더 나은 삶을 찾아 한국으로 시집가는 여자도 늘어났다. 남아있는 아이들은 부모의 사랑과 보호를 받지 못하게 되었다. 부부가 이혼을 하게 되면서 그 아픔은 고스란히 아이들의 몫이 된 것이다. 현재의 대한민국이 그들에게 물질적 풍요를 안겨주었는지는 모르지만 수많은 가정의 붕괴를 초래한 것도 사실이다.

100년 전 중국으로 이주한 사람이나, 최근 한국으로 직장을 찾아 이주하는 사람 모두 분명 스스로만의 선택이라고 치부할 수는 없다. 우리 모두가 이에 대한 책임이 있다고 할 수는 없지만, 과연 책임이라는 말에서 얼마큼 회피할 수 있을까.

미국으로 이민 간 사람은 재미교포, 일본에 간 사람은 재일교포로 칭한다. 하지만 중국으로 이민 간 한국인은 조선족으로 불린다. 그들에게 나라 이름 '조선'이 붙었지만, 그들은 한국과 멀리 떨어져 있다.

우선 우리의 인식에도 문제가 있다. 그들을 가난한 사람이자 오래 전 나라를 떠난 사람이고 이방인이라는 이미지가 한국 사람 머리 속에 각인되어 있는 듯 한다.

대한민국이 조선족에게 두 번 빚을 진 게 아닌가 하는 생각이 든다. 그들이 함부로 나라를 떠나게 만든 것도 국가의 잘못이고, 그들이 다시 그 고향을 버리고 오게 만든 것도 일종의 책임의식을 가지고 있어야 한다. 그 일로 발생되는 가족의 아픔에 대해서 관심을 기울여야 한다. 그들을 도와야 하는 일은 우리의 몫으로 남아 있다. 그들을 따뜻한 눈길로 바라봐 줘야 하며, 나아가 국가적 차원에서 관심과 지원이 필요하지 않을까 생각해 본다.

한국에 유학하는 중국인

한국의 한 대학 교수가 우리 회사를 방문했다. 포스코 연구원 출신인 이 교수가 중국까지 찾아온 표면적인 이유는 제자들이 방학 기간에 인턴을 할 수 있도록 산학협력을 맺었으면 하는 이유였다. 하지만 실상 그가 중국까지 찾아 온 더 큰 목적은 현지 대학과 유학원을 방문하여 중국 학생들을 한국 대학으로 유치하려는 데 있었다. 그는 스스로 대학 교수인지 유학 담당자인지 모르겠다며 유감스러워 했지만, 대학에서는 중국인 유학생 유치 여부로 교수를 평가하고 있으니 도리가 없다는 식이었다.

중국 청도 소재의 한 회사 사장님은 '한국에 갔을 때 많이 놀랐다'라는 말을 했다. 인천에 있는 술집에 갔더니 여종업원 중 상당수가 중국인이라는 것이다. 한국에 유학을 갔지만, 공부는 어려우니 돈이나 벌자고 술집에서 일한다는 이야기를 직접 들었다고 했다. 이 말을 듣자, 오랫동안 한국 대학에서 외국인 학생들에게 한국어를 가르치고 있는 아내가 해준 이야기가 떠올랐다. 한국어를 배우는 외국인 유학생들은 그 동기나 목적이 참 다양하다고 한다. 한국 사람과의 결혼으로 인한 이민자도 있고, 한국 회사에 취업하여 원활한 업무를 위해 한국어를 배우는 이도 있다. 교포 2세와 3세는 자신의 뿌리를 잊지 않기 위해 열심히 배우기도 하지만, 한류 바람을 타고 단순한 호기심에 온 학생들도 있다. 그러나 대부분은 대학에 진학하기 위해 온 10대 후반, 20대 초반의 중국 학생들인데, 대학을 졸업하고 한국에서의 성공을 꿈꾸며 스스로 유학을 결정한 학생들도 있고 하릴없이 지내다 부모에게 등 떠밀려 온 학생들도 있다.

유학 왔지만 특별히 공부에 흥미가 있는 것도 아니고 대학 진학에 의지도 없는 유학생들은 돈벌이에 눈을 돌린다. 음식점에서 허드렛일을 하거나 비교적 큰돈을 벌 수 있는 공장에서 쉴 새 없이 일하기도 한다. 간혹 유흥업소로 빠진 여학생들도 있어 아내는 여간 애타는 일이 아니라고 했다.

중국인들에게 직접 들어봐도 공부를 못해서 괜찮은 현지 대학에 입학하기 어렵거나, 집안 형편이 어려운 학생들이 한국 유학을 결심하는 경우가 많다고 한다. 한국에서 대학을 졸업하고도 한국말을 제대로 하지 못하는 유학생도 있고, 돈벌이에 치이면서 무시당하거나 부당한 대우를 받는 젊은이들도 있다고 한다. 이들의 가슴 속 깊이 한국과 한국인에 대한 나쁜 감정들이 뿌리를 내리고 있는 것이다.

현재 한국 대학은 포화상태나 마찬가지다. 입학생 수가 해마다 줄어드는 상황이라, 대학의 생존을 위해 중국 학생을 유치하려는 상황을 이해하지 못하는 것은 아니다. 하지만 아무런 의식 없이 부랴부랴 중국인 학생들을 불러모아 대학의 위기를 모면하려는 것은 인공호흡기를 달고 급한 숨을 몰아쉬는 것 아닐까? 점차 덩치를 키우는 문제를 급하게 가방 안에 구겨 숨긴다고 해서 그 문제가 줄어들지는 않을 것이다. 오히려 보이지 않는 가방 안에서 더 썩어가고 있을 가능성이 높다.

언어로 소통하는 한 · 중

청도포항불수강에서 인사부장을 맡고 있는 내가 직무를 수행하며 가장 중점을 두는 사항 중 하나는 '한 · 중 직원 간의 상호 이해' 이다.

현장에서만큼은 한국인, 중국인이라는 민족 나누기를 버리고 포스코인으로서 가져야 하는 이해와 배려를 최우선으로 생각해야 한다고 믿는다. 그래서 한가족, 한나라, 한민족이라는 슬로건을 내세울 수 없는 거대 조직에서 '한마음' 을 무엇으로 이루어 낼 것인가에 대해 항상 고민한다. 그리고 문득, 시간을 공유하는 공동체 안에서 통하는 '절대원리' 는 바로 역지사지와 인지상정이 아닐까 하는 생각이 들었다. 그러나 문화가 다르고 언어가 다른 개개인들 사이에서 역지사지는 어렵거나 오히려 오해를 불러일으키기도 한다. 인지상정도 우선적으로 대화가 가능하고 나아가 진정한 소통이 이루어져야 통할 수 있다. 이를 위한 대안으로 나는 특히 한국어 교육을 강조했다(물론 우리 주재원들도 일과 후에 중국어 수업을 들어야 한다).

〈한국어 동호회 공연 장면〉

청도 당사에서 현지 직원의 한국어 사용 능력은 관리자 승진의 필수 조건 중 하나이다. 현재 한국어 자격증을 취득하면 추가 수당을 지급하고 있으며 한국어 강좌도 매일 열고 있다. 그 결과 이미 16%에 달하는 직원들이 초급 이상의 한국어 능력 자격을 취득했으니 어느 정도 효과를 거두었다고 볼 수 있다. 한국어 학습 과정에서 현지 직원들은 한국 문화와 한국인의 사고를 인지했을 것이다. 이 인지 과정이 조직 문화에 있어 수치로 환산이 불가능한 '긍정적인 파급 효과'를 가져왔다고 생각한다. 그래서 더 광범위한 시너지 효과를 기대하며 포스코배 'K-POP 대회'를 개최하게 되었다. 이 대회는 중국 직원들의 한국어 학습의 성취감과 한국 문화에 대한 이해도를 높이는데 큰 반향을 불러일으켰다.

이러한 활동을 지역 대학생들과 함께 진행하면서 한국어과 선생님들과의 교류도 활발해졌다. 그 당시에는 한국어과의 인기가 좋은 것으로만 알고 있었다. 그런데 선생님들의 이야기를 듣고 보니, 학과의 유지조차 어려워졌다는 게 그들의 한결같은 말이었다.

〈포스코배 'K-POP 대회' 참가 모습〉

구체적인 상황은 이렇다. 산동기술학원(3년제 전문대)에서 2008년 한국어과 학생을 모집할 당시에는 4개 반으로 나누어 200명 이상의 입학생을 뽑았다. 그러나 현재는 3학년 19명, 2학년 20명, 1학년 20명이 재학 중이라고 한다. 학생 수가 적다보니, 한국어과 선생님들은 수업이 없어서 여러 가지 교양수업으로 전전하고 있었다. 산동농업관리학원의 경우도 마찬가지다. 2006년과 2007년에는 100명 이상의 입학생을 모집하였으나, 2008년과 2009년에는 50명으로 모집 인원이 줄어들었다. 이후 점점 정원을 채우지 못하고 학과가 축소되기에 이르렀다. 현재 3학년은 8명, 2학년은 4명, 1학년은 8명만 남아 있다. 정식 선생님은 2명만 있고 필요할 때만 외부에서 강사를 구하는 형식으로 겨우 학과를 유지하고 있다고 한다. 산동성에서 가장 유명한 산동대학교의 경우 본교에서는 아예 한국어과 학생을 뽑지 않고, 위해에 있는 분교에서 학생을 모집하여 교육하고 일부 사람들을 제남의 본교로 보낼 계획이라고 한다.

실상을 알고 보니 안타까운 일이 아닐 수 없다. 당사 근처의 대학도 상황은 매한가지였다. 사회적 인력 수급 현실을 고려하지 않고 학생 수 채우기에 급급했던 학교의 잘못이 고스란히 학생과 선생님들의 책임으로 돌아가고 있었다. 이러한 상황의 가장 중요한 해결책은 한국어과 졸업생들의 취업 활로를 찾는 일이다. 한국인으로서, 한국 대기업의 직원으로서 내 나름의 역할을 해야 한다는 생각이 들었다. 그래서 2011년부터는 매년 인근 대학 한국어과 학생들을 대상으로 기업이 원하는 사람과 기업 취직을 준비하는 방법에 대한 강의를 시작했다. 그리고 강의를 하는 것에서 멈추지 않고, 실무에 대한 도움도 필요하다고 생각되어 여름방학 기간에 3학년 학생들을 인턴으로 채용했다. 졸업 전에 실무를 익혀 취업을 준비 할 수 있도록 돕는 좋은 기회인 셈이다.

회사 내부에서는 한국과 중국의 관계를 완만하게 하는 일을 멈추지 않았다. 대화는 우호적인 관계를 만들 수 있도록 해준다. 그러나 내부에서의 소통만이 전부는 아니다. 회사 외부로는 한국과 한국 기업에 대한 이해와 호감을 품은 사람을 인재로 만들고, 그 인재를 육성하는 일을 멈춰서는 안 된다. 내부에서부터 시작되어 외부적으로도 뻗어나간 이 일이, 기업이라는 작은 틈바구니에 머물러 있지 않고 한국과 중국의 신뢰와 이해를 이루어가는 또 다른 첩경이 되기를 바란다.

하부장의

中國

인사비책

계약서 견본 4종 / 용어집

劳动合同书

노 동 합 동 서

用人单位(甲方):

고용 업체 (갑측):

法定代表人(负责人): ○○○

법인 대표(책임자): ○○○

企业法人营业执照注册号:

기업법인 사업자등록번호:

单位性质:中外合资经营

기업 성격: 중외합자경영

单位地址:

기업 주소:

劳动者(乙方):

노동자 (을측):

姓　　名:____________　　性　　别:____________

성　　명: ____________　　성　　별:____________

出生年月:__________　　户籍地址:____________

출생년월일:__________　　호적 주소:____________

家庭住址:________________________________

집 주소: ________________________________

身份证号码:__________　　签订日期:____________

신분증번호:__________　　체결 날짜:____________

根据《中华人民共和国劳动合同法》、《中华人民共和国劳动法》和《江苏省劳动合同条例》以及有关法律、行政法规的规定，甲乙双方在遵循平等自愿、诚实信用、协商一致的基础上，签订本合同。

《중화인민공화국 노동합동법》, 《중화인민공화국 노동법》, 《강소성 노동합동조례》및 관련 법률, 행정 법규에 의거하여 갑 · 을 양측은 평등과 자원, 신의성실을 원칙으로 상호 협상 동의를 거쳐 본 노동합동서를 체결한다.

一、合同期限

1. 계약 기한

甲乙双方选择以下第____种形式确定本合同期限：

갑 · 을 양측은 아래의____유형을 선택하여 본 계약 기한을 확정한다.

(A) 固定期限，自_____年_____月_____日起至_____年_____月_____日止。其中试用期自____年 __月____日起至____年 ____月____日止。

(A) 고정기한, _____년_____월_____일부터 _____년_____월_____일까지이며 그중에 시용기는 _____년_____월_____일부터 _____년_____월_____일까지이다.

(B) 无固定期限，自_____年_____月_____日起至解除或劳动合同终止情形时终止。

(B) 무고정기한, _____년_____월_____일부터 노동합동을 해제하거나 중지할 때까지이다.

(C) 以完成一定的工作任务为期限：自_____年_____月_____日起至________________________工作任务完成时即行终止。

(C) 일정한 업무를 완성하기 위한 기한: _____ 년_____월_____일부터 ________________________업무 완성할 때까지 이다.

二、工作内容和工作地点

2. 근무내용 및 근무장소

(A) 乙方同意按甲方需要安排操作工作（工种）。甲方可以根据生产和工作需要及乙方的身体状况，工作能力和表现，升降乙方的职务，调整乙方的工作岗位，乙方愿意服从甲方的安排。

(A) 을측은 갑측이 수요에 따라 을방의 업무(직종)를 배치하는데 동의한다. 갑방은 생산 및 업무 수요, 을방의 건강상태, 업무능력 및 태도에 의하여 을방의 직무를 승강(승진 또는 강등)하고 을방의 직무를 조정할 수 있다. 을방은 갑방의 배치에 복종한다.

(B) 乙方应按甲方的要求，并保质保量完成生产、工作任务。

(B) 을측은 갑측의 요구에 따라 맡은 업무를 충실하게 완성한다.

(C) 乙方同意在甲方安排的中国境内○○投资法人从事工作。根据甲方的工作需要，经甲乙双方协商同意，可派遣乙方到国外工作。

(C) 을측은 갑측이 배치한 ○○가 투자한 중국 내 법인회사에서 근무하는데 동의한다. 갑측 업무 수요에 따라 쌍방이 협의 후 을측을 해외로 파견할 수도 있다.

三、工作时间和休息休假

3. 근무 시간 및 휴식, 휴가

(A) 甲方安排乙方每日工作时间不超过8小时，每周不超过40小时为原则。常白班：实行一周五天、一天八小时的标准工时制，具体内容如下：上午工作时间：08：00 - 11：30；下午工作时间：12：30 - 17：00. 倒班：白班，08：00-16：00；中班，16：00-24：00；夜班，00：00-08：00。公司根据经营需要，在法律允许的范围内可以调整员工的工作时间。特殊人员的工作时间按照国家相关的规章制度执行。

(A) 갑측은 매일 8시간, 매주 40시간 초과하지 않는 것을 원칙으로 을방의 근무 시간을 조정한다. 상주 근무: 매일 8시간, 매주 5일 표준근무제를 시행한다. 자세한 근무 시간은 오전: 08:00 - 11:30 오후: 12:30 - 17:00. 교대 근무 2근: 08:00–16:00 3근: 16:00–24:00

1근: 00:00–08:00. 회사는 경영 수요에 따라 법률 허락하는 범위 안에 직원의 근무 시간을 조정할 수 있다. 특수 인원의 근무 시간은 국가 관련 규정에 따라 시행한다.

(B) 乙方依法享受国家规定的节假日、婚假、丧假、产假、年休假等。

(B) 을측은 법에 따라 국가가 규정한 법정 휴가, 결혼 휴가, 복상 휴가, 출산 휴가, 연휴가 등을 향유할 수 있다.

四、劳动报酬

4. 노동 보수

(A) 甲方应遵循按劳分配的原则，实行同工同酬，并根据乙方的劳动技能、劳动强度、劳动责任、劳动条件和实际贡献，确定工资报酬，并以货币形式每月25日支付给乙方一个周期的报酬，并不得克扣、无故拖欠或故意压低工资。

(A) 갑측은 노동의 양과 질에 따라 분배하는 원칙으로 같은 일에 같은 임금 제도를 시행하고 을측의 노동 기능, 노동 강도, 노동 책임, 노동 조건 및 실제 기여도에 의거하여 노동 보수를 확정한다. 매월 25일, 화폐 형식으로 을측에게 1주기 급여를 지급한다.

(B) 甲方实行预备岗位制，具体实行方式参照甲方的预备职基准。

(B) 갑측은 예비 직무제를 실행한다. 구체적인 실행 방식은 갑측의 예비직 기준을 참고한다.

(C) 乙方在试用期内的工资为正式岗位工资的80%，试用期满后按照劳动合同约定的工资进行支付。

(C) 을측 시용기 급여는 정식 급여의 80%이며 시용기 만료한 후 노동합동 약정대로 급여를 지불한다.

(D) 乙方在工作时间的劳动报酬不得低于国家和省规定的最低工资标准。

(D) 을측은 노동 기간 내에 받은 노동보수가 국가 및 성 규정한 최저급

여 수준보다 낮으면 안 된다.

(E) 甲方安排乙方在工作时间外延长工作的，如不能安排乙方补休的，应支付乙方加班加点工资，职务工资为计算加班加点的基数。

(E) 갑측은 을측의 근무 시간을 연장하고 대체휴무 시간을 조정하지 못할 경우 을측에게 시간 외 근무 수당을 지불해야 한다. 직무급은 시간 외 근무 수당을 계산하는 표준 금액이다.

五、社会保险和福利

5. 사회보험 및 복리후생

(A) 甲乙双方必须按照国家、省、市有关规定，参加社会保险，及时足额缴纳社会保险费。

(A) 갑·을 양측은 국가, 성, 시의 관련 규정에 따라 사회보험을 가입하며, 제때 사회보험료를 전액 납부해야 한다.

(B) 甲方创造条件，改善乙方的福利待遇。

(B) 갑측은 을방의 복리후생 개선을 위한 여건을 조성해야 한다.

(C) 乙方患病或非因工负伤，待遇按国家、省、市的有关规定执行。

(C) 을측은 질병이나 비산재 부상을 당한 경우 국가, 성, 시의 관련 규정에 따라 대우를 향유한다.

六、劳动保护、劳动条件和职业危害防护

6. 노동보호, 작업조건 및 직업위험 보호

(A) 甲方必须对乙方进行劳动纪律、业务技术、劳动安全卫生等方面基本知识教育和培训，从事特种作业的，必须经过专门培训，并取得特种作业资格。

(A) 갑측은 을측에게 근무 규율, 업무 기술, 작업안전 위생 등 기본적인 지식교육을 실시해야 한다. 특수 작업자는 전문교육을 받아 특수 작업 자격증을 취득해야 한다.

(B) 甲方根据国家对劳动者的劳动安全卫生、劳动保护等规定，为乙方提供符合国家规定的劳动安全卫生条件和必要的劳动防护用品，保障乙方在劳动过程中的安全和健康。

(B) 갑측은 국가의 노동안전 위생, 노동보호 등 규정에 따라 을측에게 국가 규정에 부합되는 노동안전 위생 조건 및 필요한 안전보호 용품을 제공하여 을측 근무 과정 중의 안전 및 건강을 보장해야 한다.

(C) 乙方依法享有职业卫生保护的权利。

(C) 을측은 법에 의해 작업위생보호 권리를 향유한다.

(D) 甲方建立健全生产工艺流程、操作规程、工作规范和劳动安全卫生制度及其标准。甲方做好劳动过程中职业危害的预防工作，乙方应严格遵守相关操作规程与安全制度，并有权拒绝违章指挥。

(D) 갑측은 생산프로세스, 작업 규정, 업무 규범, 노동안전 위생제도 및

표준을 제정하고 보완해야 한다. 갑측은 근무 중 위험을 예방해야 하고 을측은 관련 작업규정 및 안전제도를 엄격히 준수해야 하며 규정을 위반하는 지시에 대해 거절할 수 있다.

七、规章制度和劳动纪律

7. 규장제도 및 노동기율

(A) 乙方应自觉遵守国家的法律、法规和甲方依法制定的各项规章制度(包括以后的依法修订内容)。

(A) 을방은 국가 법률, 법규 및 갑측이 법에 의해 만든 각종 규정(이후 법에 의해 수정한 내용 포함)을 자발적으로 준수해야 한다.

(B) 乙方理解了甲方所依法制定的服务规定及有关规定制定的劳动条件、劳动报酬、劳动纪律等,并同意认真履行它(包括以后的依法修订内容)。

(B) 을측은 갑측이 법에 의해 만든 복무 규정 및 노동 조건, 노동 보수, 노동 기율 등을 알고 있고 이행하기를 동의한다.

(C) 甲方应当依照国家有关规定以及依法制订的规章制度给予乙方奖励或惩处。

(C) 갑측은 국가 관련 규정 및 법에 의해 만든 규정에 따라 을측에게 표창이나 처벌을 준다.

八、劳动合同的 变更
8. 노동합동의 변경

(A) 订立合同所依据的法律、行政法规、规章发生变化，合同应变更相应的内容。

(A) 계약 체결 시 관련 법률, 행정 법규, 사규 변경에 따라 응당 계약 내용을 변경한다.

(B) 甲乙双方经协商一致可以变更劳动合同的期限和工作内容等合同条款。

(B) 갑·을 양측에서 협상 후 노동합동 기한 및 업무 내용 등 조항을 수정할 수 있다.

九、劳动合同的 解除
9. 노동합동 해지

(A) 经甲乙双方协商一致，本合同可以解除。

(A) 갑·을 양측은 협상을 거쳐 노동합동을 해지할 수 있다.

(B) 乙方有下列情况之一，甲方可以解除劳动合同。

(B) 을측이 아래 상황하에서 갑측은 본 계약을 해지할 수 있다.

(1) 在试用期间被证明不符合录用条件的；

(1) 시용 기간에 채용 조건과 일치하지 않는 사실이 증명된 경우

(2) 严重违反劳动纪律和甲方制定的服务规定及其它规章制度(包括以后的修订内容);

⑵ 노동규율과 갑측의 복무 규정 및 다른 규정(이후 수정한 내용 포함)을 엄중하게 위반했을 경우

(3) 严重失职,营私舞弊,给甲方造成重大损害的:

⑶ 엄중한 직무과실, 부정행위로 인하여 회사에 엄중한 피해를 초래한 경우

(4) 同时与其他用人单位建立劳动关系,对完成甲方工作任务造成严重影响,或者经甲方提出,拒不改正的;

⑷ 타사와 동시에 노동관계를 형성하여 갑측의 업무 수행에 엄중한 영향을 미쳤을 경우 혹은 갑측의 경고에도 시정하지 않았을 경우

(5) 以欺诈、胁迫的手段或者乘人之危,使甲方在违背真实意思的情况下订立或者变更劳动合同的;

⑸ 사기, 협박 수단이나 위급을 틈타 회사가 실제 상황을 인지 못한 상황에서 본 취지에 위배하여 노동합동을 체결하였거나 변경한 경우

(6) 被依法追究刑事责任等;

⑹ 법에 의해 형사처벌을 받을 경우

(7) 依据甲方规章制度或员工手册,可以解除合同的情形。

⑺ 갑측의 규정이나 취업규칙에 의하여 계약 해지할 수 있는 상황

(C) 有下列情况之一的，甲方可以解除劳动合同，但应提前三十日以书面形式通知乙方本人或额外支付乙方一个月工资。

(C) 아래 사항에 해당 시 갑측은 노동합동을 해지할 수 있다. 다만 30일 전에 서면으로 을측 본인에게 통보 하거나 을측에게 별도로 1개월치 급여를 지급해야 한다.

(1) 乙方患病或者非因工负伤，医疗期满后，不能从事原工作，也不能从事由甲方另行安排的工作的；

(1) 을측이 질병에 걸리거나 혹은 비산재 부상일 경우 의료 기간 만료 후 이전 업무를 감당할 수 없거나 갑측이 배치한 기타 업무도 수행할 수 없는 경우

(2) 乙方不能胜任劳动合同约定的工作，经培训或调整工作岗位仍不能胜任工作的；

(2) 을측이 노동합동서에 규정한 업무를 완수할 수 없으며 교육을 받은 후 혹은 직무 조정 후에도 여전히 업무를 감당할수 없는 경우

(3) 劳动合同订立时所依据的客观情况发生变化，致使本合同无法履行，经甲乙双方协商不能就变更劳动合同达成协议的。

(3) 노동합동 체결 시 근거로 한 객관적 상황이 변화가 생겨 계약을 이행하기 불가한 경우, 갑을 쌍방의 협의하여도 노동합동 변경에 대해 합의를 보지 못하는 경우

(D) 甲方濒临破产进行法定整顿期间或者生产经营状况发生严重困难,确需裁员的,应当按法定程序办理后,方可解除劳动合同。

(D) 갑측이 파산이 임박하여 법적 정리를 하는 시기거나 혹은 생산경영 상황이 심각하게 어려워 감원이 필요할 경우 법적 절차에 따라 처리한 후 노동합동을 해지할 수 있다.

(E) 乙方解除劳动合同,应当提前三十日以书面形式告知甲方;乙方在试用期内提前3日通知甲方,可以解除劳动合同。

(E) 을측은 노동합동 해지 시 30일 전에 서면으로 갑측에게 통보해야 한다. 시용 기간에는 을측이 3일 전에 갑측에게 통보하면 노동합동을 해지할 수 있다.

(F) 有下列情况之一的,乙方可随时通知甲方解除劳动合同。

(F) 아래 사항에 해당할 경우 을측은 언제든지 갑측에게 노동합동 해지를 통보할 수 있다.

(1) 未按照本合同约定提供劳动保护或者劳动条件的;

(1) 본 계약서 규정에 따라 노동보호 혹은 근로 조건을 제공하지 않을 경우

(2) 未及时足额支付劳动报酬的;

(2) 저정된 시기에 정액의 노동보수를 지급하지 않을 경우

(3) 用人单位的规章制度违反法律、法规的规定,损害劳动者权益的;

(3) 고용업체의 사규가 법률, 법규를 위반하거나 노동자 권익을 훼손할 경우

(4) 因《中华人民共和国劳动合同法》第二十六条第一款规定的情形致使劳动合同无效的；

(4) 〈중화인민공화국 노동법〉 제26조 제1항에 규정한 상황으로 인해 노동합동이 무효가 될 경우

(5) 法律、行政法规规定劳动者可以解除劳动合同的其他情形。

(5) 법률, 행정법규에 따라 노동자가 노동합동을 해지할 수 있는 기타 상황

(6) 甲方以暴力、威胁或者非法限制人身自由的手段强迫乙方劳动的，或者甲方违章指挥、强令冒险作业危及乙方人身安全的；

(6) 갑측의 폭력, 협박 혹은 불법으로 인신자유를 제한하는 수단으로 을측에게 노동을 강요하거나 혹은 갑측이 규정을 위반하여 지휘, 명령하여 위험 작업에 강제로 투입하여 신변의 위협을 받는 경우

(G) 属本条第(一)项，甲方按照双方协商的结果给于乙方一次性经济补偿；第(三)项、第(四)项解除劳动合同的，甲方应当按照有关法律规定给予乙方一次性经济补偿。

(G) 본 조항 제(1)항에 해당 시 갑측은 쌍방 협의 결과에 따라 을측에게 경제보상금 전액을 일시에 지불한다. 제(3)항, 제(4항)에 해당한 노동합동 해지 시 갑측은 관련 법규에 근거하여 을측에게 전액을 일시에 경제적 보상해야 한다.

十、劳动合同的终止和续订

10. 노동합동서 종료와 연장

(A) 有下列情形之一的，劳动合同终止履行：

(A) 아래 사항에 해당 시 노동합동 이행을 종료한다.

(1) 劳动合同期满的；

(1) 노동합동 기간 만료

(2) 劳动者达到法定退休年龄的，劳动合同终止；

(2) 노동자가 법적 정년퇴직 연령에 해당 시 노동합동을 종료한다.

(3) 乙方死亡，或者被人民法院宣告死亡或者宣告失踪的；

(3) 을측이 사망 시, 혹은 인민법원에서 사망이나 실종 선고를 할 경우

(4) 甲方被依法宣告破产的；

(4) 갑측이 법에 의해 파산선고 받을 경우

(5) 甲方被吊销营业执照、责令关闭、撤销或者甲方决定提前解散的；

(5) 갑측 영업 허가가 취소되거나 폐업, 철회령을 받거나 혹은 갑측이 조기해산 결정을 할 경우

(6) 法律、行政法规规定的其他情形。

(6) 법률, 행정 법규에 규정한 기타 상황

(B) 续订劳动合同:乙方在劳动合同期满后需要和甲方续订合同,应提前三十日书面通知甲方,经双方协商同意,办理合同续订手续。

(B) 노동합동 연장: 을측은 노동합동 기간 만료 후 갑측과 계약 연장 시 30일 전에 서면으로 갑측에게 통보를 해야 하며 갑을 쌍방의 협의, 동의하에 계약 연장 처리를 한다.

十一、培训

11. 교육

甲方根据法律规定为乙方提供专项培训费用,依据需要对一方进行专业技术培训,双方另行签订《培训协议》,约定服务期,因乙方原因而提前解除劳动合同,乙方应赔偿甲方的培训等费用,赔偿培训费按照递减原则计算。

갑측은 법규에 따라 을측에게 전문교육 비용을 제공한다. 전문기술 교육 실시 필요성에 따라 쌍방은 따로 〈교육협의서〉를 체결하고 의무복무 기간을 정한다. 을측의 이유로 사전에 노동합동 해지 시, 을측은 갑측에게 교육 등 비용을 배상해야 하며 교육비 배상은 근무 기간에 따른 체감 원칙에 따라 정산한다.

十二、违反劳动合同应承担的责任

12. 노동합동 위반 시 책임

(A) 本合同经依法签订后，双方必须严格履行。

(A) 법에 의해 본 계약서를 체결 후 쌍방은 반드시 엄격히 이행해야 한다.

(B) 由于甲乙双方任何一方过错，造成合同不能履行，由有过错一方承担法律责任；如属双方过错，根据实际情况，由双方分别承担各自应负的法律责任。赔偿标准按国家、省、市有关规定执行。

(B) 갑을 쌍방 어느 일방의 잘못으로 계약을 이행할 수 없을 경우 과실한 일방이 법적 책임을 진다. 만약 쌍방의 과실일 경우 실제 상황에 따라 쌍방이 각자 법적 책임을 진다. 배상 표준은 국가, 성, 시 관련 규정에 따라 집행한다.

(C) 乙方对在合同期间得到的有关甲方及其关联公司的情报、信息等商业秘密进行保密，不得将其泄露给任何第三者（亦包括无工作上需要的甲方雇员）。也不得利用甲方的技术资料、设备工具和原材料，从事其他有偿活动。乙方违反保密义务则被视为严重违反本合同，并终止本合同。乙方违反约定的保密事项，对甲方造成实际经济损失的，应当依法承担赔偿。此保密义务在本合同终止或期满后的任何时间对乙方仍有约束力。双方另行签订《商业秘密和竞业禁止合同》以约定双方的权利和义务。

(C) 을측은 계약 기간 내에 획득한 갑측과 관련된 정보 혹은 관련 회사의 정보 등 상업 비밀을 지켜야 하며 이를 제3자(갑측이 고용한 업무에 무관한 인원도 포함)에게도 누설해서는 안 된다. 갑측의 기술자료, 설비도구와 원자재 등을 이용하여 기타 영리활동을 해서는 안된다. 을측이 비밀유지 의무를 위반 시 본 계약을 심각하게 위반한 것으로 간주하며 동시에 본

계약을 종료한다. 을측이 규정 비밀사항을 위반함으로 인해 갑측이 실제로 경제적 손실을 볼 경우 법에 따라 배상을 해야 한다. 이 비밀유지 의무는 본 계약 만료 혹은 계약 기간 만료 후 일정 시점까지도 을측에게 구속력이 있다. 쌍방은 〈상업 비밀과 경쟁금지 계약서〉를 따로 체결하여 쌍방의 권리와 의무를 정한다.

(D) 乙方在本合同终止后一定时间(不得超过二年)内,必须保守甲方的商业秘密,但甲方应当给予乙方一定数额的经济补偿费(可另订协议作为合同附件)。

(D) 을측은 본 계약서 종료 후 일정 기간(2년 초과 불가)내에 반드시 갑측의 사업 비밀을 지켜야 한다. 하지만 갑측은 을측에게 일정 금액의 경제적 보상비를 지불해야 한다(따로 계약서를 작성하여 계약서 첨부 문서로 할 수 있다).

(E) 甲乙双方因涉及商业秘密事项发生争议时,先协商解决。协商不成的,按有关法律程序解决。

(E) 갑을 쌍방이 상업 비밀 사항으로 인해 논쟁 발생 시 우선 협의하여 해결한다. 협의가 안 될 경우 관련법적 절차에 따라 해결한다.

(F) 因不可抗力原因致使不能履行合同,由此给对方造成损害的,不承担法律责任。

(F) 불가항력적 이유로 계약을 이행할 수 없을 시 상대방에게 끼친 손실은 법적 책임을 지지 않는다.

十三、双方需要约定的其他事项

13. 쌍방이 규정이 필요한 기타 사항

十四、因履行本合同发生争议，甲乙双方可以协商解决；甲乙双方协商意见不一致，可以向本单位劳动争议调解委员会申请调解；也可在争议发生之日起六十日内，向当地劳动争议仲裁委员会申请仲裁。

14. 본 계약서 이행 중 쟁의 발생 시 갑을 쌍방은 협의하여 해결할 수 있다. 갑을 쌍방 협의를 통해 의견 일치를 보지 못할 경우 회사는 노동쟁의 조정위원회에 조정신청을 할 수 있으며 혹은 쟁의 발생 후 60일 내에 현지 노동쟁의 중재위원회에 중재를 신청할 수 있다.

十五、在合同履行中，发生其他事项而本合同未明确的，按国家、省、市有关规定执行。有关条款如国家、省、市有新规定，按新的规定执行。

15. 본 계약서 이행 중 기타 상황 발생 시 본 계약서에 명확히 규정되지 않은 경우 국가, 성, 시 관련 규정에 따라 집행한다. 예를 들어 국가, 성, 시에서 새로운 규정이 제정될 경우 관련 조항은 새로운 규정에 따라 실시한다.

十六、本合同中甲乙双方的单位地址、家庭地址为劳动关系管理相关文件、文书的送达地址。如发生变化，应当书面通知对方，同时对劳动合同进行相应变更。

16. 본 계약서에 있는 갑을 쌍방의 회사 주소, 집 주소는 노동

관계를 관리하는 관련 서류문서를 발송하는 주소이다. 만약 주소 변경 시 서면으로 상대방에게 통보를 해야 하며 노동합동서에도 해당 변경을 반영해야 한다.

十七、本合同的效力有无,不影响《培训协议》对服务期约定及其它条款的效力。

17. 본 계약서 효력유무는 〈교육협의서〉에 정한 복무 기간 및 기타 조항 효력발생에 영향을 미치지 않는다.

十八、本合同未尽事宜,均按国家有关规定执行,国家没有规定的,通过双方平等协商解决。

18. 본 계약의 미진한 부분은 모두 국가 관련 규정에 근거하여 집행하며 국가에서 규정하지 않은 사항은 쌍방이 평등한 협상을 통해 해결한다.

十九、本合同一式三份,甲乙双方各执一份。

19. 본 계약서는 동일 형식으로 3부를 작성하며, 갑을 쌍방은 각각 1부씩 보관한다.

二十、本合同签订后在三十日内送市劳动和社会保障行政部门鉴证。

20. 본 계약서는 체결후 30일 내에 시 노동사회보장 행정부문에 심의를 받는다.

甲方(签章):　　　　乙方(签章):

갑측(날인) :　　　　을측(날인) :

法定代表人:

법 인 대 표 :

(单位负责人) 签章:

(회사 책임자) 날인:

年　月　日　　年　月　日

년　월　일　　년　월　일

鉴证机构(签章):　　　　鉴证人(签章):

감정 기관(날인):　　　　감정인(날인):

年　月　日

년　월　일

附: 劳动合同变更记

★: 노동합동서 변경 기록

变更日期 변경 날짜	变更原因 변경 원인	变更内容 변경 내용	甲方(签章) 갑측(날인)	乙方(签章) 을측(날인)	鉴证单位(签章) 감정 회사(날인)

协商解除劳动合同协议

노동합동 해지 합의서

甲方：OO公司

갑방: OO회사

地址：

주소:

乙方：

을방:

身份证号码：

신분증번호:

甲、乙双方在平等自愿、协商一致的基础上，现就以下问题达成如下协议，供甲、乙双方共同遵守执行。

갑을 쌍방은 평등적이고 자발적으로 합의하는 기초하에 관련 문제에 대하여 아래와 같이 합의를 달성하였고 쌍방은 공동 준수, 이행한다.

一、甲乙双方签订的书面劳动合同期限为 ＿＿＿＿＿，现经双方友好协商，一致同意双方的劳动合同于 ＿＿＿＿＿ 解除，双方劳动关系终止。

1. 갑을 쌍방이 체결한 노동합동 기간은 ＿＿＿＿ 우호적인 합의

하에 노동합동을 __________ 까지 해지하기로 하며 노동관계를 종료한다.

二、甲方一次性支付乙方经济补偿金 ____________________元(大写:叁拾贰万叁佰伍拾玖元)。计算标准为:(______×乙方解除劳动合同前12个月平均工资_____)。此金额是双方在明知法律对解除及终止劳动合同经济补偿金规定的标准及金额的情况下,通过协商对自己权利进行处分的结果,今后任何一方均不会对此金额提出异议。

2. 갑방은 을방에게 경제보상금 ____________________ 원을(大写:叁拾贰万叁佰伍拾玖元) 전액을 일시에 지급한다. 계산 기준: (_____×노동합동 해지하기 전 을방 12개월 평균 월급____). 쌍방은 노동합동 종료 시 경제보상금에 대한 법률 규정을 명확히 인지한 상황에서 이 금액으로 협상하였고 자기의 권리를 이행한 결과이며 향후 어느 일방도 이 금액에 대하여 이의를 제기하지 못한다.

三、乙方确认对工作期间的所有劳动报酬(包括但不限于工资、奖金、加班费、经济补偿补助等)已结清,双方不存在其他任何纠纷及争议。

3. 을방은 근무 기간의 모든 노동 보수(월급, 상여금, 시간 외 근무수당, 경제보조 등을 포함하며 이에 한정되지 않는다)를 이미 모두 정산된 사실을 확인하였고 쌍방은 다른 분쟁이나 의견이 없다.

四、乙方应正常办理离职手续,上述金额在乙方办完离职手续之日起一周内支付给乙方以下指定账户内。

账户名:　　　　　　账号:

4. 을방은 이직 수속을 정상적으로 처리해야 하며 이직 수속 처리 완성 후 갑방은 상술한 금액을 일주일내에 을방이 지정한 아래 계좌에 송금한다.

성명:　　　　　　계좌번호:

五、除本协议书约定外，甲、乙双方基于劳动关系所产生的其它一切权利义务均已了结。双方承诺，协议生效后，不会再以任何方式（包括但不限于仲裁、诉讼、投诉等）给另一方提任何要求。

5. 본 합의서에 규정한 내용이 외에 갑을 쌍방 노동관계의 기초하에 발생한 기타 모든 권리 및 의무는 다 완료되었다. 합의서 효력발생 후 어떤 방식(중재, 소송, 고소 등을 포함하며 이에 한정되지 않는다)으로도 상대방에게 다른 요구를 제출하지 못한다.

六、本协议书内容属于双方之间的秘密，任何一方不得以任何理由将协议内容透漏给双方之外的第三方。且乙方保证不会将工作中接触到企业信息泄露给任何第三方。

6. 이 협의서의 내용은 쌍방의 비밀이며, 어느 일방이 어떤 이유로도 이 내용을 제3자에게 알려주면 안 된다. 그리고 을방은 업무 중에 취급한 기업 정보를 제3자에게 알려주지 않겠다고 보증해야 한다.

七、本协议经甲、乙双方签名（盖章）后生效，一式两份，甲、乙双方各执一份，均具有同等法律效力。

7. 본 협의서는 갑을 쌍방 서명 혹은 직인 날인 후 효력이 발생하며 동일형식 1부 작성하여 각자 1부씩 보관하며 동일한 법적 효력이 있다.

甲方(盖章)　　　　乙方(签名)

갑방(직인)　　　　을방(서명)

年　月　日　　　　年　月　日

년　월　일　　　　년　월　일

竞业限制协议
경업제한 협의서

甲方：〇〇公司

갑방: ○○회사

乙方：

을방:

鉴于：

아래 사항을 고려하여

1、员工在公司工作期间能够接触、掌握公司及其关联公司的商业秘密；

1. 직원이 본 회사 근무 기간에 회사 및 관련사의 상업 비밀을 취급, 파악할 수 있다.

2、员工理解并确认，员工离职后从事与公司有竞争业务的工作，将会严重损害公司及其关联公司的经济利益或使公司及其关联公司处于非常不利的竞争地位。

2. 직원이 이직한 후에 회사와 경쟁이 있는 일을 종사하면 회사 및 관련사의 경제적 이익을 심각하게 손상시킬 것이며 회사 및 관련사가 불리한 경쟁지위에 처하게 될 것을 인지하고 확인 한다.

现双方根据中华人民共和国和公司所在地有关法律、法规，在自愿、平等、协商一致的基础上订立本协议，共同遵照执行。

쌍방이 중화인민공화국 및 회사 소재지 관련 법률, 법규에 근거하여 자발적, 평등한 상황하에서 협상 일치를 기초하여 본 협의서를 작성하였으며 이에 따라 이행한다.

第一條 竞业限制

제1조 경업제한

1.1 竞业限制期限为员工与公司任何一方与对方终止或解除劳动合同(不论终止或解除的理由，亦不论终止或者解除是否有理由)之日起的24个月内，员工不得自营或为他人经营与公司有竞争的业务。

1.1 경업제한 기간은 직원과 회사 중의 일방이 상대방과 노동합동을 중지하거나 해지한 날부터 24개월 내를 말하며 직원은 본 회사와 경쟁 관계 있는 업무를 자영하거나 다른 사람의 위탁을 받아 경영해서는 안 된다.

1.2 负有竞业限制义务的员工不得为以下单位工作或任职:

1.2 경업제한 의무가 있는 직원은 아래와 같은 회사에서 근무하거나 임직하면 안 된다.

1.2.1 与公司业务有竞争关系的单位(包括但不限于本协议附件1所列明的单位);

1.2.1 본 회사와 경쟁 관계 있는 회사(본 합의서 첨부1에 적혀있는 회

사가 포함되며 언급된 회사에만 국한되지 않는다)

1.2.2 与公司有业务竞争关系的单位在中华人民共和国及公司关联企业所在的其他任何地方直接或间接的设立、参股、控股、实际控制的公司、企业、研发机构、咨询调查机构等经济组织;

1. 2. 2 본 회사와 경쟁 관계 있는 회사 및 그 회사와 관련이 있는 회사라 함은 중국 국내는 물론 기타 다른 지역에 소재하고 직간접적으로 설립, 지분, 지주, 실효적 지배하는 회사, 기업, 연구개발기구, 자문조사기구 등 경제 조직을 말한다.

1.2.3 其他与公司有竞争业务的单位。

1. 2. 3 본 회사와 경쟁 업무 있는 기타 회사

1.3 负有竞业限制义务的员工不得进行下列行为:

1. 3 경업제한 의무가 있는 직원은 아래와 같은 행위를 하면 안 된다.

1.3.1 与公司的客户发生商业接触。该种商业接触包括为其提供信息、提供服务、收取订单、直接或间接转移公司的业务的行为以及其他各种对公司的业务产生或有可能产生不利影响的行为,不论是否获得利益;

1. 3. 1 당사의 고객사와 상업적 접촉. 상업적 접촉이라 함은 정보 제공, 서비스 제공, 수주, 직간접 업무 이양 및 회사 업무에 불리한 영향을 줄 수 있는 각종 행위. 그 행위를 통한 이익을 취하였는지는 불문한다.

1.3.2 直接或间接在本协议第1.2条所列单位中拥有股份或利益、接受服务或获取利益；

1. 3. 2 직간접적으로 본 협의서 제1. 2조에 기재된 회사의 주식이나 이익을 보유하거나 서비스 또는 이익을 수취하는 행위

1.3.3 员工本人或与他人合作直接参与生产、经营与公司有竞争关系的同类产品或业务；

1. 3. 3 직원 본인이나 다른 사람과 합자하여 본 회사와 경쟁 관계 있는 동종 제품을 생산 혹은 경영 업무에 직접 참여한다.

1.3.4 直接或间接引诱、要求、劝说、雇用或鼓励公司的其他员工离职，或试图引诱、要求、劝说、雇用、鼓励或带走公司的其他员工，不论何种理由或有无理由，不论是否为自身或任何其他人或组织的利益。不得以其个人名义或以任何第三方名义怂恿或诱使公司的任何员工在其他单位任职；

1. 3. 4 어떤 이유 또는 본인, 타인 혹은 타조직의 이익이 있었는지를 불문하고 직간접적으로 유혹, 요구, 권유, 고용, 격려으로 본회사의 직원을 이직하도록 하는 행위 또는 유혹, 요구, 설득, 권유, 고용, 격려로 본 회사 직원을 데리고 가는 행위

1.3.5 向与公司有竞争关系的单位直接或间接提供任何形式的咨询服务、合作或劳务。

1. 3. 5 본 회사와 경쟁 관계에 있는 회사에 직접 또는 간접적으로 자문 서비스, 합작이나 노무를 제공

1.4 不论员工因何种原因离开公司，员工均应在进入新用人单位就职前向公司书面说明新的用人单位的名称、性质和主营业务。

1. 4 직원이 어떤 사유로 이직을 했는지는 불문하고 새로운 회사에 취업하려 하는 경우 당해 회사에 서면으로 새로운 회사의 명칭, 특성, 주 경영 업종에 대해 설명하여야 한다.

第二条 义务的履行和解除

제2조 의무의 이행 및 해지

2.1 员工在离开公司时即承担竞业限制义务，但公司可在员工离职前或离职后通过书面 通知的形式解除员工的竞业限制义务；本协议所约定的竞业限制义务自上述通知指 定之日起解除，同时公司将不再支付竞业限制补偿金。

2. 1 직원은 이직할 때부터 경업제한 의무를 부담하게 된다. 하지만 회사는 직원 이직 전이나 이직 후에 서면 통지로 직원의 경업제한 의무를 해지할 수 있다. 본 합의서에 규정한 경업제한 의무는 서면 통지에 지정한 날로부터 해지된다. 그리고 회사는 더 이상 경업제한 보상금을 지불하지 않는다.

2.2 在员工完全履行竞业限制义务的情况下，公司未按本协议约定支付竞业限制补偿金超过三个月的，员工可以依法解除竞业限制协议。双方如因竞业限制补偿金发生争议的，在争议解决期间，员工继续履行竞业限制义务。

2. 2 직원이 경업제한 의무를 전적으로 이행하는 상황에서 회사가 경업

제한 보상금을 3개월을 초과하여 체불하면 직원은 법에 의거 경업제한 협의를 해지할 수 있다. 쌍방이 경업제한 보상금과 관련하여 쟁의 발생시 직원은 쟁의 해결 기간 내에는 경업제한 의무를 계속 이행해야 한다.

第三条 竞业限制 经济补偿

제3조 경업제한 경제보상

3.1 负有竞业限制义务的员工,不论在任何情况下与公司终止或者解除劳动关系,在竞业限制期间内,员工应严格遵守本协议有关竞业限制的规定,公司则向员工支付竞业限制补偿金。

3.1 경업제한 의무가 있는 직원은 어떤 상황을 막론하고 회사와 노동관계를 종료할 때 경업제한 기간 내에 본 협의서의 규정을 엄격히 준수해야 하며, 회사는 직원에게 경업제한 보상금을 지불해야 한다.

3.2 竞业限制补偿金为员工离职前十二个月平均工资的三分之一,公司按月支付,并代扣代缴个人所得税。

3.2 경업제한 보상금은 직원 이직 전 12개월 평균 월급의 1/3이며, 매월 지불하고 개인소득세를 공제한다.

3.3 员工应当在每季第一个月以亲自送达或挂号邮寄的方式向公司提供履行竞业限制义务的证明,该证明包括但不限于其所就职单位的证明以及员工作出的保证履行竞业限制义务的书面承诺。

3.3 직원 이직 후 분기마다 첫째 달에 본인 직접 배달이나 등기 우편으로 회사에 경업제한 의무를 이행하는 증명서를 제출해야 한다. 증명서는 취직

회사의 증명 및 본인이 작성한 보증서를 포함하며 이에 한정되지 않는다.

3.4 员工应在离职前向公司书面提供其本人的银行账户用于公司支付竞业限制补偿金，员工未提供账户、提供账户错误、账户注销等各种原因导致公司无法支付该等竞业限制补偿金的，因此造成的损失由员工自行承担，且在此期间不免除员工的竞业限制义务。

3. 4 회사가 경업제한 보상금을 지불할 수 있도록 직원 이직전 본인의 계좌번호를 서면으로 회사에 제출해야 한다. 계좌번호 미 제출, 잘못된 계좌번호, 계좌번호 취소 등 여러 사유로 회사가 보상금을 지불하지 못하게 된 경우 직원 본인이 손실을 부담한다. 그 기간 내에도 직원의 경업제한 의무는 면제되지 않는다.

3.5 员工拒绝接受、自行放弃、不领取竞业限制补偿金，或因员工原因导致公司无法正 常发放竞业限制补偿金的，因此造成的损失由员工自行承担，且不免除员工的竞业 限制义务。

3. 5 직원은 보상금을 거절, 스스로 포기, 수령하지 않거나 개인 원인으로 회사가 보상금을 지불하지 못하게 될 경우 직원 본인이 손실을 부담한다. 그 기간 내에도 직원의 경업제한 의무는 면제되지 않는다.

3.6 若本合同约定的竞业限制补偿金标准低于公司所在地政府强制性规定的最低标准 的，则公司在竞业限制期限届满前予以补足到最低标准，在此之前，员工仍应履行 竞业限制的义务。

3. 6 만약 본 합의서에 규정한 경업제한 보상금 표준이 현지 정부의 강제 규정보다 낮으면 회사가 경업제한 기간 만료 전 최저 표준까지 보장해

주어야 한다. 보완하기 전에도 직원은 계속 경업제한 의무를 이행해야 한다.

第四条 违约责任

제4조 계약 위반 책임

4.1 如员工违反本协议约定,公司将停止支付竞业限制补偿金,并有权利要求员工纠正 违约行为。

4.1 직원이 본 계약 규정을 위반 시 회사는 경업제한 보상금 지불을 정지하고 직원에게 위약행위 시정을 요구할 수 있다.

4.2 负有竞业限制义务的员工如违反本协议,应当一次性向公司支付违约金,违约金为本协议第3.2条约定的竞业限制补偿金总额的10倍。如违约金不足弥补公司实际损失的,公司还有权要求员工按照实际损失向公司承担 赔偿责任。

4.2 경업제한 의무가 있는 직원이 본 계약 위반 시 회사에 일시불로 위약금을 지불해야 한다. 위약금은 본 계약서 제 3.2조에 규정한 경업제한 보상금 총 금액의 10배이다. 위약금이 회사 실손실을 보완하기에 부족한 경우 회사는 직원에게 실제 피해 금액에 근거하여 배상을 요구할 수 있다.

4.3 员工依照本协议约定承担赔偿损失和其他民事责任后,公司仍保留提请司法途径追 究员工刑事及行政责任的权利。

4.3 직원은 본 계약서 규정에 의하여 손해 배상과 기타 민사상 책임을 진 후에도 회사는 법적 수단을 통해 직원에게 형사 및 행정책임을 물을 수

있는 권리를 갖는다.

第五条 争议处理

제5조 쟁의 처리

5.1 公司与员工双方在本协议履行过程中发生争议的，如果协商解决不成，任何一方可 以提请公司注册登记地的劳动争议仲裁委员会裁决。

5. 1 회사와 직원 쌍방이 본 계약서 이행 중 쟁의 발생 시 협상이 안될 경우 양측은 모두 회사 주재지 노동중재 위원회에 중재를 요구할 수 있다.

第六条 损失

제6조 손실

包括但不限于以下：

아래 내용이 포함되며 이에만 국한되지 않는다.

6.1 公司由于员工违反竞业限制的行为所遭受的直接和间接的损失；

6. 1 직원이 경업제한 위반 행동을 하여 회사에 직접 혹은 간접적으로 미치는 손해

6.2 公司为了调查、处理、纠正员工违反竞业限制的行为所付出的经济损失，包括但不 限于律师费、诉讼费、评估费、调查取证费等。

6. 2 회사가 직원의 경업제한위반 행위에 대한 조사, 처리, 시정으로 인

해 발생한 경제손실, 그리고 변호사비, 소송비, 손해사정 비용, 증거 조사비 등이 포함되며 이에만 한정되지 않는다.

第七条 适用法律

제7조 법률 적용

7.1 本协议的订立、生效、解释、执行及争议解决适用中华人民共和国法律。

7. 1 본 계약서의 체결, 발효, 해석, 집행 및 쟁의해결은 중화인민공화국 법률에 근거한다.

7.2 国家和地方颁布新的法律、法规或者修改现行法律、法规时，如果按照法律、法规 规定，本协议适用新的法律法规的，则本合同内容与新的法律、法规抵触之处，按 照新的法律、法规执行。

7. 2 국가와 지방에서 새로운 법률, 법규가 발표되거나 혹은 현행 법률, 법규 수정 시 본 계약서가 새로운 법률, 법규를 적용해야 할 경우 본 계약서 내용이 새로운 법률, 법규와 상충되면 새로운 법률, 법규에 따라 집행한다.

第八条 其他

제8조 기타

8.1 本协议各条款的标题仅为参照方便而设，并不限制或从其他角度影响本协议条款的含义和诠释；对本协议条款的修改须经双方协商一致并以书面形式确认。

8. 1 본 계약서 내의 각 조항의 제목은 참조, 편리를 위해 정하였으며 다른 시점에서의 계약서 조항에 대한 해석은 제한하지 않는다. 본 계약서 조항에 대해 수정 시 양측이 합의가 되어야 하며 서면 형식으로 확인해야 한다.

8. 2 双方确认,在签署本协议前已仔细审阅过本协议的内容,并完全了解本协议各条款的法律含义,并同意遵守执行。

8. 2 양측은 본 합의서를 체결하기 전 내용을 자세히 숙지하였고, 각 조항의 법적 의미를 완전히 이해하였으며 공동으로 준수, 이행하겠다고 동의하였다.

8. 3 本协议一式贰份,双方各持壹份,经双方签字盖章后生效,每份协议具有同等的法律效力。

8. 3 본 협의서는 동일 양식으로 2부를 작성하여 양측이 각각 보관하며, 서명 혹은 직인이 있는 경우 효력이 발생하고 매 협의서는 동등한 법적 효력이 있다.

甲方(盖章):	乙方(签字):
갑방(날인):	**을방(서명):**
代表人:	身份证号码:
대표인:	**신분증번호:**

约 日 期： 年 月 日

서명 날짜 : 년 월 일

附件1

첨부1

与公司业务有竞争关系的单位名单

당사 경쟁회사 명부

序号 **NO.**	单位名称 **회사명칭**	备注 **비고**
1		
2		
3		
4		
5		
6		
7		
8		
9		
10		
11		
12		
13		
14		
15		

培 训 合 同

교육훈련 계약서

甲方:　　　　　公司地址:

갑방:　　　　　회사 주소:

乙方:　　　　　,为甲方员工　　　身份证号:

을방:　　　　　, 갑방의 직원　　　신분증번호:

第一条 说明

제1조 설명

根据《劳动法》等有关规定,甲乙双方在平等互惠、协商一致的基础上达成以下相关协议条款,以共同遵守。

〈노동법〉등 관련 규정에 의하여 갑을 쌍방은 호혜평등, 협상일치의 기초하에 아래 협의 사항에 대해 동의하며 공동 준수한다.

第二条 适用对象

제2조 적용 대상

1. 甲方出资提供乙方赴国内外考察、研修、交流项目等学习培训的;

1. 갑방이 비용으로 을방이 국내외에 시찰, 연수, 교류 등 항목의 교육을 받는 경우

2. 乙方进行学历类、资格类培训的，其培训费用达到或超过第七条中既定标准。

2. 을방은 학력, 자격증 등 종류의 교육을 받을 시 교육비용이 제7조에 규정한 표준에 도달 혹은 초과하는 경우

第三条 培训内容及期间

제3조 교육 내용 및 기간

1. 培训内容：

1. 교육 내용:

2. 培训期间： 年 月 日~ 年 月 日

2. 교육 기간: 년 월 일~ 년 월 일

第四条 出资范围

제4조 비용 범위

1. 培训、复训期间的报名费、学费、保险费、资料费、证书费；

1. 교육, 재교육 기간의 신청비, 학비, 보험비, 자료비,증서 비용

2. 差旅费、餐费、服装费等配合培训或与之相关的杂费；

2. 출장여비, 식비, 의류비 등 교육과 관련된 비용과 관련 잡비

3. 相关补贴

3. 관련 수당

4. 其它与培训有关的费用。

4. 기타 교육과 관련된 비용.

第五条 出资依据

제5조 비용산출 근거

1. 报名表、报销凭证、出差学习申请计划等甲方实际应付帐款记帐凭证；

1. 신청서, 결산증빙, 교육 출장신청 계획 등 갑방이 실제로 지불해야 할 증빙

2. 以甲方名义组织并支付的，根据受训人数进行培训总费用的分摊决定每人受训者的出资金额；

2. 갑방의 명의로 지불 시 교육 인원수에 따라 총비용을 분담하여 매 교육인원의 지불된 금액

3. 甲方购买设备时购买合同标的中已包含的培训费。

3. 갑방이 설비구매 시 구매계약서에 이미 포함된 교육 비용

第六条 劳动用工约定

제6조　노동고용 약속

假如在劳动合同期间乙方接受甲方出资培训，甲方有权在乙方培训前与乙方协商，对劳动合同的期限进行重新约定，并变更原来劳动合同相关条款或签订《培训合同》作为《劳动合同》的补充文件。

노동합동 기간에 을방이 갑방의 비용으로 교육을 받게 될 경우 갑방은 교육하기 전 을방과 협상을 통해 노동합동 기간에 대해 재약정할 권리가 있으며, 원 노동합동서상의 관련사항 변경 혹은《교육훈련 계약서》를 체결하여《노동합동서》의 보충문서로 활용한다.

第七条 培训后的义务服务期限

제7조 교육 후 의무복무 기간

1. 培训后的服务期按照培训的总费用拟订，培训后的服务期计算开始日，从培训结束之日第二日起算。

具体标准如下：

1. 교육 후 의무복무 기간은 교육 총 비용에 의하여 결정되며 교육 후 복무기간 시작일은 교육이 끝난 이튿날부터 기산한다.

구체적인 표준은 다음과 같다.

甲方出资费用(人民币) 갑방 출자비용(인민폐)	培训期间 교육 기간	服务期 복무 기간	备注 비고
5000-10000元(원)	4周未满 4주 미만	1 年(년)	甲方出资费用与培训期间规定服务期不一致时以服务期高者为准 갑방이 출자한 비용이 규정된 교육복무 기간과 일치하지 않을 시 복무 기간이 높은 것을 택한다.
10001-20000元(원)	4周以上-8周未满 4주 이상-8주 미만	2 年(년)	
20001-30000元(원)	8周以上-12周未满 8주 이상-12주 미만	3 年(년)	
30001-50000元(원)	12周以上-24周未满 12주 이상-24주 미만	4 年(년)	
50000元以上 (이상)	24周以上 24주 이상	5 年(년)	

2. 多次培训情况说明:

2. 여러 차례의 교육 상황 시 해석

-乙方结束第1次培训后,在服务期内进行第2次培训时,第2次培训单独拟定义务服务期,义务服务期开始日为本次培训结束次日,第三次及多次培训依次类推,每次培训根据义务服务标准单独拟定义务及期间费用,不累加计算。

—을방은 1차 교육 후 복무 기간 내에 2차 교육을 받을 시 별도의 2차 교육 의무서비스 기간을 정하며 의무복무 기간은 본회 교육만료일 이튿날부터 기산한다. 3차 교육 및 다차교육도 마찬가지로 이와 같은 방법으로 한다. 매번 교육 시 의무복무 표준에 의하여 따로 의무 및 기간, 비용을 정하

며 누계계산하지 않는다.

3. 根据此培训合同的费用、培训期间预算，乙方义务服务期为年（但，与根据实际培训费用、培训期间计算所得的义务服务期不一致时，以实际为准）。

3. 금회 교육훈련 계약의 비용, 교육 기간 예산에 의하여, 을방의 복무기간은 년(그러나 실제 교육비용, 교육 기간에 의하여 계산된 의무복무기간과 일치하지 않을 시 실제를 기준)으로 한다.

第八条 解除合同

제8조 계약 해제

1. 甲方提出解除与乙方的劳动合同，对乙方合同期间的培训费用免责处理，但如因乙方故意或严重违纪造成甲方解除与乙方的劳动合同（按公司工作规定和有关法律法规处理），甲方有权对乙方追究相关责任，在办理完赔偿损失、离职手续后，才予允许解除用工关系；乙方不辞而别逃避赔偿之责，甲方有权保留乙方人事档案和人事关系等，待办理相关手续等后才予解除劳动关系，同时保留追究赔偿培训费用的权利，具体计算标准同下款。

1. 갑방이 노동합동 해지를 제출 시 을방 계약 기간 교육비용에 대해 면책처리를 한다. 그러나 만약 을방의 고의 혹은 심각한 규율위반으로 인해 갑방이 을방과 노동합동을 해지할 경우에는(회사 업무규정과 관련 법률, 법규에 의거 처리) 갑방은 을방에 대해 관련 책임을 물을 권리가 있으며 손해배상, 이직 수속이 종료된 후 고용관계를 해지할 수 있다. 을방이

이유없이 배상책임을 피할 경우 갑방은 을방의 인사기록 자료와 인사관계 등을 보류할 권리가 있으며 관련 수속을 마친 후에야 노동관계 해지가 가능하며 동시에 교육비용 배상을 요구할 권리가 있다. 구체적인 계산방법 표준은 아래 조항과 같다.

2. 乙方如在培训期间提出解除劳动合同，须赔偿甲方出资的全部培训费用。在培训结束后提出解除劳动合同，以培训结束之日第二日起，按月为基准进行递减计算培训费用，不满十五天不计入递减范围。

2. 을방이 교육 기간 중에 노동합동 해지를 요구할 경우 갑방이 출자한 모든 교육비용을 배상해야 한다. 교육이 끝난 후 노동합동 해지 요구 시 교육이 종료된 다음날부터 기산하여 월 단위로 체감하여 계산하며, 15일 미만 시 체감 범위 내에 속하지 않는다.

第九条 培训结果

제9조 교육 결과

甲方有权对乙方培训过程中有下列情形者进行处罚：

을방이 교육과정 중 아래 사항이 발생할 경우 갑방은 을방을 징계할 권한이 있다.

1. 不认真接受培训

1. 교육태도 불량

2. 培训期间缺勤、违纪;

2. 교육 기간 결석, 규율 위반

3. 拿不到培训的相关证书;

3. 교육수료증 등 관련 증서 미취득

4. 培训后拒绝对甲方员工培训。

4. 교육받은 후 갑방의 소속 직원에 대한 교육 거부

第十条 保证人(甲方根据具体情况,可不要求乙方提供保证人)

제10조 보증인(갑방은 구체적인 상황에 따라 을방에게 보증인 제공을 요구하지 않을 수 있다)

经甲方同意,由(姓名)______________,乃乙方的(与乙方的关系)______________,(身份证号码为______________________)为乙方外派培训的保证人,保证乙方执行本合同。

如乙方违约,保证人须承担连带保证责任,保证期限为本合同和甲方与乙方劳动合同、补充劳动合同最后的履行期限届满之日起两年,如甲方与乙方在本合同、劳动合同和补充劳动合同履行期内对本合同、劳动合同和补充劳动合同进行修改,保证人仍应按本合同约定承担保证责任。

갑방의 동의하에, (성명) ______________, 은 을방의(을방과의 관계) ______________, (신분증번호는______________________), 을방의 교육파견 보증인이며, 을방이 본 계약서를 이행할 것을 보증한다.

을방이 계약 위반 시 보증인은 반드시 연대보증 책임을 져야 하며 보증기간은 본 계약서와 갑을 쌍방의 노동합동서, 보충 노동합동서의 최종 이행기한 만료일부터 2년이다. 만약 갑방과 을방이 본 계약서, 노동합동서와 보충노동합동서 이행 기간 내에 본 계약서, 노동합동서와 보충노동합동서를 수정해도 보증인은 여전히 본 계약서 규정대로 보증책임을 져야 한다.

第十一条 附则

제11조　　부칙

1. 合同自双方签字或盖章之日起生效。其他未尽事项，遵照甲方的工作规定执行。

1. 계약서는 양측이 서명 혹은 직인을 날인한 당일부터 유효하다. 기타 미진한 부문은 업무규정에 따라 집행한다.

2. 根据具体情况本合同可以进行公证。

2. 구체적인 상황에 따라 계약서를 공증할 수 있다.

3. 必要时，经甲方、乙方协商一致后，可对本合同书进行修改或补充。有关担保人的条款必须经过乙方保证人的同意。

3. 필요 시 갑방과 을방이 협상일치 후 본 계약서에 대해 수정 혹은 보완할 수 있다. 보증인 관련 조항은 반드시 을방 보증인의 동의를 받아야 한다.

4. 本合同书正本一式二份，各方各持一份，具有同等效力。

4. 본 계약서는 동일 형식의 2부이며, 각자 1부씩 보관하되, 동일한 효력을 가진다.

第十二条 异议处理

제12조　이의 처리

假如甲乙双方对培训费用的赔偿处置协商不一致，可通过甲方工会出面协调。如三方意见不统一时，由甲方所在地劳动部门与人民法院行使管辖权。

만약 갑을 쌍방이 교육비용의 배상처리에 대해 협상이 일치되지 못할 경우 갑방 공회의 조정을 거친다. 만약 3 당사자의 의견이 일치하지 않는 경우 관할권은 갑방 소재 노동관련부문과 인민법원에 있다.

甲方公章　　　　乙方(签字)

갑방(날인)　　　　**을방(서명)**

年　月　日　　　　年　月　日

년　월　일　　　　**년　월　일**

乙方保证人(签字)

을방 보증인(서명)

年　月　日

년　월　일

용어집

조직	组织	zǔzhī
조직도	组织结构图	zǔzhī jiégòutú
조직문화	组织文化	zǔzhīwénhuà
조직설계	组织设计	zǔzhīshèjì
강사	讲师	jiǎngshī
강의	授课	shòukè
과정	课程	kèchéng
교육계획	教育计划	jiàoyùjìhuà
교육비	教育费用	jiàoyùfèiyòng
교육생	教育生/学生	jiàoyùshēng/xuéshēng
교육체제	教育体系	jiàoyùtǐxì
동기유발	诱发动机	yòufādòngjī
학습	学习	xuéxí
리더십 교육	领导力教育	lǐngdǎolì jiàoyù
역량개발, 능력개발	能力开发	nénglìkāifā
연수효과측정	教育评估	jiàoyùpínggū
원격교육	远程教育	yuǎnchéngjiàoyù
수료	结业	jiéyè
자기주도학습	自我主导教育	zìwǒzhǔdǎojiàoyù
자기학습	自我教育	zìwǒjiàoyù
집합교육	集中教育 集合教育	jízhōngjiàoyù jíhéjiàoyù

체험학습	体验教育	tǐyànjiàoyù
토론법	讨论方式	tǎolùnfāngshì
통신교육	函授教育	hánshòujiàoyù
퍼실리테이터	教育促进者 教育主导者	jiàoyùcùjìnzhě jiàoyùzhǔdǎozhě
평생학습	终身教育	zhōngshēnjiàoyù
학습자 중심 교육	学习者为中心教育	xuéxízhěwéizhōngxīnjiàoyù
학습효과의 전이	学习效果的转移	xuéxíxiàoguǒdezhuǎnyí
진단	诊断 测试	zhěnduàn cèshì
출석	出席	chūxí
결석	缺席	quēxí
교수이론	指导理论	zhǐdǎolǐlùn
학습이론	学习理论	xuéxílǐlùn
액션러닝	行动教育	xíngdòngjiàoyù
e러닝	网络教育	wǎngluòjiàoyù
글로벌 교육	全球化教育	quánqiúhuàjiàoyù
교육시설	教育设施	jiàoyùshèshī
사례연구	案例分析	ànlìfēnxī
역할연기	角色扮演	juésèbànyǎn
교육장소	教育场地	jiàoyùchǎngdì
직무외 훈련	职外训练	zhíwàixùnliàn
직업교육	职业教育	zhíyèjiàoyù
투자수익율	投资收益率	tóuzīshōuyìlǜ
영상학습	视频教育	shìpínjiàoyù

튜터	家庭教师 导师	jiātíngjiàoshī dǎoshī
멘토	导师	dǎoshī
훈련내용	教育内容	jiàoyùnèiróng
사례개발	事例开发	shìlìkāifā
성인학습	成人教育	chéngrénjiàoyù
결근	缺勤	quēqín
무단결근	矿工	kuànggōng
공가	公假	gōngjià
근무시간	工作时间	gōngzuòshíjiān
근태	考勤	kǎoqín
근태관리	考勤管理	kǎoqínguǎnlǐ
법정공휴일	法定假日	fǎdìngjiàrì
법정근로시간	法定工作时间	fǎdìnggōngzuòshíjiān
비근무	非工作日	fēigōngzuòrì
선택적 근로시간제	弹性工作制	tánxìnggōngzuòzhì
연장근무, 연장근로	加班	jiābān
조퇴	早退	zǎotuì
휴일	假期	jiàqī
여비규칙	差旅费制度	chāilǚfèizhìdù
출장	出差	chūchāi
경조휴가	红白事假	hóngbáishìjiǎ
배우자출산휴가	护理假 陪产假	hùlǐjiǎ péichǎnjià
무급휴가	无薪假期	wúxīnjiàqī
연차휴가	年休假	niánxiūjià

연차수당	未休年休假工资报酬	wèixiūniánxiūjiàgōngzībàochou
유급	带薪	dàixīn
유급휴가	带薪休假	dàixīnxiūjià
산전후휴가	产假	chǎnjià
휴가	休假	xiūjià
경영성과급	奖金	jiǎngjīn
고정급	固定工资	gùdìnggōngzī
근속급, 연공급	工龄工资	gōnglínggōngzī
근속수당	工龄津贴	gōnglíngjīntiē
급여	工资	gōngzī
급여대장	工资台帐	gōngzītáizhàng
급여명세서	工资表	gōngzībiǎo
급여체불	拖欠工资	tuōqiàngōngzī
기본급 인상	基本工资增长	jīběngōngzīzēngzhǎng
법정수당	法定津贴	fǎdìngjīntiē
변동급	可变薪酬	kěbiànxīnchóu
변동적 근무시간제도	可变性工作时间制度	kěbiànxìnggōngzuòshíjiānzhìdù
보상	补偿	bǔcháng
비금전적보상	非金钱性补偿	fēijīnqiánxìngbǔcháng
상여	奖金	jiǎngjīn
연도 성과급	年奖金	niánjiǎngjīn
수당	津贴	jīntiē
스톡옵션	股票认购权	gǔpiàorèngòuquán
시간 외 수당	加班津贴	jiābānjīntiē

시급	时薪（小时工资）	shíxīn（xiǎoshígōngzī）
야간근로수당	夜班津贴	yèbānjīntiē
업적급	业绩薪酬	yèjìxīnchóu
월급제	月薪制	yuèxīnzhì
인건비, 노무비	劳务费	láowùfèi
인상률	增长率	zēngzhǎnglǜ
일급	日薪	rìxīn
임금구성	工资构成	gōngzīgòuchéng
임금동결	工资冻结	gōngzīdòngjié
임금수준	工资水平	gōngzīshuǐpíng
임금제도	工资制度	gōngzīzhìdù
임금조사	工资调查	gōngzīdiàochá
임금지불 형태	工资支付方式	gōngzīzhīfùfāngshì
임금체계	工资体系	gōngzītǐxì
임금표	工资表	gōngzībiǎo
자격급	资历薪酬	zīlìxīnchóu
정액급	固定薪酬	gùdìngxīnchóu
직능급	职能工资	zhínénggōngzī
직무급	职务工资	zhíwùgōngzī
직무정지	停职	tíngzhí
초임	底薪	dǐxīn
최저임금	最低工资	zuìdīgōngzī
최저임금법	最低工资法	zuìdīgōngzīfǎ
통상임금	平均工资	píngjūngōngzī

특별상여금	特别奖励金	tèbiéjiǎnglìjīn
피크임금제	最高工资制度	zuìgāogōngzīzhìdù
휴일근로수당	假期津贴	jiàqījīntiē
인사평가	人事评价	rénshìpíngjià
업적평가	绩效评价	jìxiàopíngjià
목표에 의한 관리 (MBO)	目标管理	mùbiāoguǎnlǐ
목표설정	目标设定	mùbiāoshèdìng
중간면담	中间面谈	zhōngjiānmiàntán
최종평가	最终评价	zuìzhōngpíngjià
역량평가	能力评价	nénglìpíngjià
다면평가	360度评价	360dùpíngjià
상대평가	相对评价	xiāngduìpíngjià
절대평가	绝对评价	juéduìpíngjià
자기평가	自我评价	zìwǒpíngjià
그룹토의평가	团体讨论评价	tuántǐtǎolùnpíngjià
피평가자	被评价者	bèipíngjiàzhě
평가자	评价者	píngjiàzhě
평가척도	评价尺度	píngjiàchǐdù
고성과자	高成果者	gāochéngguǒzhě
저성과자	低成果者	dīchéngguǒzhě
평가의견	评价意见	píngjiàyìjiàn
가중치	加权平均值	jiāquánpíngjūnzhí
해외유학	海外留学	hǎiwàiliúxué
감봉	减薪	jiǎnxīn

보직해임(懲戒)	免职	miǎnzhí
견책	谴责	qiǎnzé
직무태만	职务怠慢 或 玩忽职守	zhíwùdàimàn huò wánhūzhíshǒu
징계	惩戒	chéngjiè
권고해직	劝告解雇	quàngàojiěgù
징계해고	惩戒解雇	chéngjièjiěgù
경력사원	有经验的职员	yǒujīngyàndezhíyuán
구인	招聘启示	zhāopìnqǐshì
구조적 면접	结构性面试	jiégòuxìngmiànshì
구직	求职	qiúzhí
군별	群别	qúnbié
노동합동	劳动合同	láodònghétong
면접사정표	面试表	miànshìbiǎo
면접위원	面试委员	miànshìwěiyuán
모집공고	募集公告 招聘公告	mùjígōnggào zhāopìngōnggào
사원모집	职员招聘	zhíyuánzhāopìn
서류전형	简历筛选	jiǎnlìshāixuǎn
서열평가명단	排名评价名单	páimíngpíngjiàmíngdān
선발 (Staffing, 채용)	选拔(Staffing, 采用)	xuǎnbá(Staffing, cǎiyòng)
선발절차	选拔程序	xuǎnbáchéngxù
신입사원	新员工	xīnyuángōng
외국인유학생	外国留学生	wàiguóliúxuéshēng
이력서	个人简介 履历书	gèrénjiǎnjiè lǚlìshū
인턴사원제	实习生制度	shíxíshēngzhìdù

입사	入社	rùshè
입사구분	聘用类型	pìnyònglèixíng
자격	资格	zīgé
재입사	重新聘用 再入社	chóngxīnpìnyòng zàirùshè
적성검사	适当性考察	shìdàngxìngkǎochá
정기채용	定期招聘	dìngqīzhāopìn
채용	招聘,雇佣	zhāopìn,gùyōng
채용건의	招聘建议	zhāopìnjiànyì
채용계획	招聘计划	zhāopìnjìhuà
채용관리	招聘管理	zhāopìnguǎnlǐ
채용담당자	招聘担当	zhāopìndāndāng
채용조건	录用条件	lùyòngtiáojiàn
채용지원서, 입사지원서	入社申请书	rùshèshēnqǐngshū
추천자	推荐者	tuījiànzhě
충원	充员	chōngyuán
채용유형	招聘类型	zhāopìnlèixíng
해외전문인력	海外专门人力	hǎiwàizhuānménrénlì
수시채용	随时招聘	suíshízhāopìn
입사구비서류	入社具备材料	rùshèjùbèicáiliào
신원진술서	身份陈述书	shēnfènchénshùshū
부서배치	部门分配	bùménfēnpèi
입사율	入社比率	rùshèbǐlǜ
퇴직율	离职率	lízhílǜ
해드헌팅	猎头	liètóu

시용(기간)	试用(期)	shìyòng(qī)
임신	怀孕	huáiyùn
가치관	价值观	jiàzhíguān
가치판단	价值判断	jiàzhípànduàn
거주	居住	jūzhù
고령자	高龄者	gāolíngzhě
고용	雇佣	gùyōng
국적	国籍	guójí
군대	军队	jūnduì
근로자	工人	gōngrén
근속기간	服务期限	fúwùqīxiàn
근속연수	服务年限	fúwùniánxiàn
기관	机构	jīgòu
기본부양자	基本赡养人	jīběnshànyǎngrén
기안	草案	cǎoàn
기안자	起草者	qǐcǎozhě
단과대학	专科学校	zhuānkēxuéxiào
대인관계	人际关系	rénjìguānxì
대학	大学	dàxué
독해력	阅读能力	yuèdúnénglì
등록	注册	zhùcè
모국어	本国语	běnguóyǔ
문제해결방식	问题解决技巧	wèntíjiějuéjìqiǎo
미혼	未婚	wèihūn

민족	民族	mínzú
발령, 인사발령	人事发令	rénshìfālìng
배우자	配偶	pèiǒu
법률	法律	fǎlǜ
보고, 보고서	报告	bàogào
복무	服务	fúwù
복무기간	服务期	fúwùqī
본적	本籍	běnjí
부가가치	附加价值	fùjiājiàzhí
부양가족	抚养家庭	fǔyǎngjiātíng
부전공	辅修	fǔxiū
비공식적인	非正式	fēizhèngshì
비자발적 실업	非自愿失业	fēizìyuànshīyè
사내	社内	shènèi
사례연구법	事例研究法	shìlìyánjiūfǎ
사원, 직원, 종업원	社员,职员,服务员	shèyuán,zhíyuán,fúwùyuán
산학장학생	获得校企奖学金学生	huòdéxiàoqǐjiǎngxuéjīnxuéshēng
생년월일	生年月日	shēngniányuèrì
성(姓)	姓氏	xìngshì
성명	名字	míngzì
성별	性别	xìngbié
소속	所属	suǒshǔ
수상기관	颁奖机构	bānjiǎngjīgòu
수여	授予	shòuyǔ

시력	视力	shìlì
시뮬레이션	模拟	mónǐ
신장	身高	shēngāo
실업	失业	shīyè
심의위원	审议委员	shěnyìwěiyuán
어학	语言学	yǔyánxué
여권	护照	hùzhào
연공주의	资历主义	zīlìzhǔyì
이름	名字	míngzì
이민	移民	yímín
이주	移居	yíjū
이주비	迁居费	qiānjūfèi
이주자	移居者	yíjūzhě
이직	离职	lízhí
이직율	离职率	lízhílǜ
이혼	离婚	líhūn
인구	人口	rénkǒu
인력	人力	rénlì
인력운영계획	人力运营计划	rénlìyùnyíngjìhuà
인사	人力资源 人事	rénlìzīyuán rénshì
인사관리	人事管理	rénshìguǎnlǐ
인사정책, 인사방침	人事政策,人事方针	rénshìzhèngcè,rénshìfāngzhēn
인사철학	人事哲学	rénshìzhéxué
인원수	人员数	rényuánshù

인재개발위원회	人才开发委员会	réncáikāifāwěiyuánhuì
인적자원개발	人力资源开发	rénlìzīyuánkāifā
인종	忍受, 逆来顺受	rěnshòu, nìláishùnshòu
인증	认证	rènzhèng
임시직원	临时工	línshígōng
임직원(사내 임원과 직원 총칭)	任职员	rènzhíyuán
입사전경력	入司前经历	rùsīqiánjīnglì
자격증	资格证	zīgézhèng
자녀	子女	zǐnǚ
잠재력, 잠재능력	潜在能力	qiánzàinénglì
잠재적 인재	有潜力的人才	yǒuqiánlìderéncái
장애가족보호	残疾人家庭保护	cánjírénjiātíngbǎohù
장애인고용 의무	残疾人雇佣义务	cánjíréngùyōngyìwù
장학금	奖学金	jiǎngxuéjīn
재단	基金会 财团	jījīnhuì cáituán
재적	在籍	zàijí
재직	在职	zàizhí
재직사원	在职员工	zàizhíyuángōng
전공	专业	zhuānyè
정량지표	定量指标	dìngliàngzhǐbiāo
정성지표	定性指标	dìngxìngzhǐbiāo
정직	停职	tíngzhí
제안자	提案者	tíànzhě
졸업식	毕业式	bìyèshì

종결(계약의 종결)	终结(合同终结)	zhōngjié(hétongzhōngjié)
종신고용	终身雇佣	zhōngshēngùyōng
주거지	户籍所在地	hùjísuǒzàidì
주민등록번호	身份证号码	shēnfènzhènghàomǎ
주재원	驻在员	zhùzàiyuán
지식경영	知识经营	zhīshijīngyíng
직무권한	职务权限	zhíwùquánxiàn
직무기술서	职务说明书	zhíwùshuōmíngshū
직무명세서	职务明细书	zhíwùmíngxìshū
직업의식	职业意识	zhíyèyìshí
직업적성	职业适当性	zhíyèshìdàngxìng
직원번호, 사원번호	职员号码/工号	zhíyuánhàomǎ/gōngháo
질병	疾病	jíbìng
청취력	听力	tīnglì
체류자	滞留者	zhìliúzhě
체중	体重	tǐzhòng
출생지	出生地	chūshēngde
친화성	亲和性	qīnhéxìng
코디네이터	协调员	xiétiáoyuán
이직율	离职率	lízhílǜ
특기	特长	tècháng
품의, 개진, 제안	禀议,改进,提案	bǐngyì,gǎijìn,tíàn
학교	学校	xuéxiào
학기	学期	xuéqī

학력	学历	xuélì
학위	学位	xuéwèi
학점	学分	xuéfēn
현지직원	本地员工	běndì yuángōng
혈액형	血型	xuèxíng
형제자매	兄弟姐妹	xiōngdì jiěmèi
혼인상태	婚姻状况	hūnyīnzhuàngkuàng
후임자	继任者	jìrènzhě
BSC(균형성평가제도)	均衡性评价制度	jūnhéngxìngpíngjiàzhìdù
고용보험	雇佣保险	gùyōngbǎoxiǎn
단체정기보험	团体定期保险	tuántǐdìngqībǎoxiǎn
보건관리자	保健管理者	bǎojiànguǎnlǐzhě
보건교육	保健教育	bǎojiànjiàoyù
보험기관	保险机构	bǎoxiǎnjīgòu
사회보장제도	社会保障制度	shèhuìbǎozhàngzhìdù
연금	年金	niánjīn
연금기관	年金机构	niánjīnjīgòu
연금보험	年薪保险	niánxīnbǎoxiǎn
연금수령자	领取保险金(领取保险者)	lǐngqǔbǎoxiǎnjīn (lǐngqǔbǎoxiǎnzhě)
연령급	年龄金	niánlíngjīn
격차	差距	chājù
과업	学业	xuéyè

군병과	兵役科	bīngyìkē
군병역	兵役	bīngyì
기준표	基准表	jīzhǔnbiǎo
내부형평성	内部均衡性	nèibùjūnhéngxìng
대외경쟁력	对外竞争力	duìwàijìngzhēnglì
산업재해	工伤	gōngshāng
산학협동, 산학협력	产学协同,产学协力	chǎnxuéxiétóng,chǎnxuéxiélì
선행지표	领先指标	lǐngxiānzhǐbiāo
수혜범위	受惠范围	shòuhuìfànwéi
숙련	熟练	shúliàn
스킬	技能	jìnéng
업무구조	业务结构	yèwùjiégòu
역할	作用	zuòyòng
의욕	意欲	yìyù
이의제기	提出疑义	tíchūyíyì
인계	交接	jiāojiē
임무할당	任务分割	rènwufēngē
잉여인력	过剩劳动力	guòshèngláodònglì
잔여	剩余	shèngyú
재량권규정	斟酌裁量权	zhēnzhuócáiliàngquán
정규직	正规职	zhèngguīzhí
최고위원	最高委员	zuìgāowěiyuán
취업규칙	就业规则	jiùyèguīzé
파견	派遣	pàiqiǎn

후보	候选人	hòuxuǎnrén
교대근무제(工作制度)	倒班	dǎobān
근무계획구분	工作计划分类	gōngzuòjìhuàfēnlèi
근무기록카드	考勤卡	kǎoqínkǎ
근무일수	工作日	gōngzuòrì
근무지	工作地	gōngzuòdì
근무표	工作表	gōngzuòbiǎo
야근	夜班	yèbān
의무복무	义务服务,义务上班	yìwùfúwù,yìwùshàngbān
재택근무	在家上班	zàijiāshàngbān
지각	迟到	chídào
철야	整夜	zhěngyè
휴무	休息	xiūxī
휴무카렌다	假期日历	jiàqīrìlì
휴식시간	休息时间	xiūxīshíjiān
휴일근무	假期工作	jiàqīgōngzuò
고충처리제도	投诉制度	tóusùzhìdù
근로기준법	劳动法,劳工基准法	láogōngjīzhǔnfǎ
근로자대표, 공회주석	职工代表,工会主席	láogōngdàibiǎo
근로조건	工作条件	gōngzuòtiáojiàn
근로조건관리	工作条件管理	gōngzuòtiáojiànguǎnlǐ
기업별 노동조합	企业别劳动组织	qǐyèbiéláodòngzǔzhī
기준교섭	基准交涉	jīzhǔnjiāoshè

남녀고용평등법	男女平等就业法	nánnǚpíngděngjiùyèfǎ
노동3권	劳动三权	láodòngsānquán
노동력	劳动力	láodònglì
노동비용	劳动力成本	láodònglìchéngběn
노동생산성	劳动生产性	láodòngshēngchǎnxìng
노동생산성 지수	劳动生产性指数	láodòngshēngchǎnxìngzhǐshù
노동쟁의	劳资纠纷	láozījiūfēn
노동조합(중국 공회)	工会	gōnghuì
노동조합 규약	工会章程	gōnghuìzhāngchéng
노무관리	劳务管理	láowùguǎnlǐ
노사관계	劳资关系	láozīguānxì
노조(공회)	工会	gōnghuì
노조원	工会委员	gōnghuìwěiyuán
단체교섭	集体协商	jítǐxiéshāng
단체협약	集体合同,团体协议	tuántǐxiéyì
미성년자 고용금지	未成年雇用禁止	wèichéngniángùyòngjìnzhǐ
부분파업	部分罢工	bùfenbàgōng
사고	事故	shìgù
사고분석	事故分析	shìgùfēnxī
사고 조사	事故调查	shìqìdiàochá
산업별노조	产业别工会	chǎnyèbiégōnghuì
성희롱	性骚扰	xìngsāorǎo
신체장해등급	残障等级	cánzhàngděngjí
아웃소싱	外包	wàibāo

직업병	职业病	zhíyèbìng
총파업	总罢工	zǒngbàgōng
태업	怠业	dàiyè
파업	罢工	bàgōng
휴퇴구분	休退区分	xiūtuìqūfēn
휴직	休职	xiūzhí
육아휴직	产假	chǎnjià
해고면담	解雇面谈	jiěgùmiàntán
해고예고수당	代通知金	dàitōngzhījīn
해고	解雇	jiěgù
퇴직일	辞职日期	cízhírìqī
퇴직사유	离职原因	lízhíyuányīn
퇴직사원	退休职员	tuìxiūzhíyuán
퇴직면담	退休面谈	tuìxiūmiàntán
퇴직구분	退休类型	tuìxiūlèixíng
퇴직	退休	tuìxiū
비자발적 퇴직	非自愿退休	fēizìyuàntuìxiū
가점	加分	jiāfēn
감점	减分	jiǎnfēn
겸무, 겸업	兼职	jiānzhí
경력	经历	jīnglì
경력개발, 직업적발달	经历开发,职业性开发	jīnglìkāifā,zhíyèxìngkāifā
경력개발계획	经历开发计划	jīnglìkāifājìhuà
경력경로	职业生涯	zhíyèshēngyá

경력계획	经历计划	jīnglìjìhuà
내부충원	内部充员	nèibùchōngyuán
사내공모	司内招聘	sīnèizhāopìn
승급	升级	shēngjí
승진, 진급	晋升	jìnshēng
육성	培养	péiyǎng
인사권	人事管理权	rénshìguǎnlǐquán
인사기록카드	个人信息记录卡	gèrénxìnxījìlùkǎ
인사이동	人事调动	rénshìdiàodòng
적재적소	适才适用	shìcáishìyòng
전근, 전출	调动	diàodòng
전문직경로	专门职通道	zhuānménzhítōngdào
정기승급	定期升级	dìngqīshēngjí
정원	定员	dìngyuán
정원관리	定员管理	dìngyuánguǎnlǐ
직군	职群	zhíqún
직급	职级	zhíjí
직급년차	年度职级差	niándùzhíjíchà
직급체계	职级体系	zhíjítǐxì
직능	职能	zhínéng
직무	职务	zhíwù
직무등급	职务等级	zhíwùděngjí
직무만족	职务满足	zhíwùmǎnzú
직무분석	职务分析	zhíwùfēnxī

직무설계	职务设计	zhíwùshèjì
직무순환, 로테이션	轮岗	lúngǎng
직무조사	职务调查	zhíwùdiàochá
직책	职责	zhízé
직책자격요건	职位资格条件	zhíwèizīgétiáojiàn
핵심인재	核心人才	héxīnréncái
기본급	基本工资	jīběngōngzī
부분연봉제	部分年薪制	bùfenniánxīnzhì
연봉제	年薪制	niánxīnzhì
공적, 기여	贡献	gòngxiàn
상벌	奖励和处罚	jiǎnglìhéchǔfá
포상(奖金)	褒偿	bāocháng
시상식	颁奖仪式	bānjiǎngyíshì
연봉계약(年薪制度)	年薪制合同	niánxīnzhìhétong
연봉조정	年薪调整	niánxīntiáozhěng
업적연봉	绩效年薪	jìxiàoniánxīn
건강	健康	jiànkāng
건강검진	体检	tǐjiǎn
건강관리	健康管理	jiànkāngguǎnlǐ
건강상담	健康咨询	jiànkāngzīxún
건강장해	健康障碍	jiànkāngzhàngài
경조	红白喜事	hóngbáixǐshì
법정복리후생	法定社会福利	fǎdìngshèhuìfúlì
보건관리대행기관	保健管理机关	bǎojiànguǎnlǐjīguān

복리후생, 복지후생	福利	fúlì
우리사주, 종업원지주제도	员工持股制度	yuángōngchígǔzhìdù
유족보상	遗嘱补偿	yízhǔbǔcháng
일반건강진단	一般健康检查	yìbānjiànkāngjiǎnchá
정기건강진단	定期健康检查	dìngqījiànkāngjiǎnchá
직장내후생시설	职场内福利设施	zhíchǎngnèifúlìshèshī
특수건강진단	特殊健康诊断	tèshūjiànkāngzhěnduàn
회사복리후생	公司福利	gōngsīfúlì
승계퇴직금	退休津贴	tuìxiūjīntiē
퇴직금	退休金	tuìxiūjīn
노사협의회	劳资协议会	láozīxiéyìhuì
노조총회	工会大会	gōnghuìdàhuì
노조간부	工会干部	gōnghuìgànbù
노조규약	工会制度	gōnghuìzhìdù
노조대표	工会代表	gōnghuìdàibiǎo
노조전임간부	工会专职干部	gōnghuìzhuānzhígànbù
노조조직률	工会组织率	gōnghuìzǔzhīlǜ
노동조합비	工会费	gōnghuìfèi
노동조합비 원천공제	工会费源泉扣缴	gōnghuìfèiyuánquánkòujiǎo
부당노동행위	不正当劳动行为	bùzhèngdāngláodòngxíngwéi
교섭	交涉/谈判	jiāoshè/tánpàn
교섭거부	拒绝谈判	jùjuétánpàn
교섭권	谈判权	tánpànquán
교섭단위	交涉单位	jiāoshèdānwèi
교섭력	交涉能力	jiāoshènénglì